LUGAR DE POTÊNCIA

RICARDO BASAGLIA

LUGAR DE POTÊNCIA

LIÇÕES de CARREIRA e LIDERANÇA de mais de 10 MIL ENTREVISTAS, CAFÉS e REUNIÕES

ALTA BOOKS
EDITORA

Rio de Janeiro, 2022

Lugar de Potência

Copyright © 2022 da Starlin Alta Editora e Consultoria Eireli.
ISBN: 978-65-552-0311-0

Impresso no Brasil — 1ª Edição, 2022 — Edição revisada conforme o Acordo Ortográfico da Língua Portuguesa de 2009.

Dados Internacionais de Catalogação na Publicação (CIP) de acordo com ISBD

B2971 Basaglia, Ricardo

Lugar de Potência: lições de carreira e liderança de mais de 10 mil entrevistas, cafés e reuniões / Ricardo Basaglia. - Rio de Janeiro : Alta Books, 2022.
416 p. ; 16m x 23cm.

Inclui bibliografia e índice.
ISBN: 978-65-552-0311-0

1. Administração. 2. Carreira. 3. Liderança. I. Título.

2022-328
CDD 650.14
CDU 658.011.4

Elaborado por Vagner Rodolfo da Silva - CRB-8/9410

Índice para catálogo sistemático:
1. Administração : Carreira 650.14
2. Administração : Carreira 658.011.4

Todos os direitos estão reservados e protegidos por Lei. Nenhuma parte deste livro, sem autorização prévia por escrito da editora, poderá ser reproduzida ou transmitida. A violação dos Direitos Autorais é crime estabelecido na Lei nº 9.610/98 e com punição de acordo com o artigo 184 do Código Penal.

A editora não se responsabiliza pelo conteúdo da obra, formulada exclusivamente pelo(s) autor(es).

Marcas Registradas: Todos os termos mencionados e reconhecidos como Marca Registrada e/ou Comercial são de responsabilidade de seus proprietários. A editora informa não estar associada a nenhum produto e/ou fornecedor apresentado no livro.

Erratas e arquivos de apoio: No site da editora relatamos, com a devida correção, qualquer erro encontrado em nossos livros, bem como disponibilizamos arquivos de apoio se aplicáveis à obra em questão.

Acesse o site www.altabooks.com.br e procure pelo título do livro desejado para ter acesso às erratas, aos arquivos de apoio e/ou a outros conteúdos aplicáveis à obra.

Suporte Técnico: A obra é comercializada na forma em que está, sem direito a suporte técnico ou orientação pessoal/exclusiva ao leitor.

A editora não se responsabiliza pela manutenção, atualização e idioma dos sites referidos pelos autores nesta obra.

Produção Editorial
Editora Alta Books

Diretor Editorial
Anderson Vieira
anderson.vieira@altabooks.com.br

Editor
José Ruggeri
j.ruggeri@altabooks.com.br

Gerência Comercial
Claudio Lima
comercial@altabooks.com.br

Gerência Marketing
Andrea Guatiello
marketing@altabooks.com.br

Coordenação Comercial
Thiago Biaggi

Coordenação de Eventos
Viviane Paiva
eventos@altabooks.com.br

Coordenação ADM/Finc.
Solange Souza

Direitos Autorais
Raquel Porto
rights@altabooks.com.br

Produtora da Obra
Illysabelle Trajano

Produtores Editoriais
Larissa Lima
Maria de Lourdes Borges
Paulo Gomes
Thales Silva
Thiê Alves

Equipe Comercial
Adriana Baricelli
Daiana Costa
Fillipe Amorim
Kaique Luiz
Maira Conceição
Victor Hugo Morais

Equipe Editorial
Beatriz de Assis
Brenda Rodrigues
Caroline David
Gabriela Paiva
Henrique Waldez
Marcelli Ferreira
Mariana Portugal

Marketing Editorial
Jessica Nogueira
Livia Carvalho
Marcelo Santos
Thiago Brito

Atuaram na edição desta obra:

Produção Textual
Hellen Suzuki

Revisão Gramatical
Fernanda Lutfi
Kamila Wozniak

Diagramação
Joyce Matos

Projeto Gráfico | Capa
Paulo Gomes

Editora afiliada à:

ASSOCIADO

Rua Viúva Cláudio, 291 – Bairro Industrial do Jacaré
CEP: 20.970-031 – Rio de Janeiro (RJ)
Tels.: (21) 3278-8069 / 3278-8419
www.altabooks.com.br — altabooks@altabooks.com.br
Ouvidoria: ouvidoria@altabooks.com.br

PREFÁCIO

Em 2019, tive a oportunidade de conhecer pessoalmente o Ricardo Basaglia, embora já o seguisse nas redes sociais, lendo seus posts e textos sempre inteligentes, provocativos e extremamente reflexivos.

Conhecendo um pouco mais sobre sua trajetória, pude constatar como as jornadas profissionais nada têm de linear e "previsível". Um "nerd" da tecnologia, que se transformou num especialista em gente, a mais complexa das "máquinas" do universo. Hoje ele é um dos grandes experts na área de carreiras e orientação profissional, e, além disso, Basa se tornou um amigo, sócio e mentor.

Seu livro é um verdadeiro manual de orientação para o autoconhecimento e o autodesenvolvimento... Em um mundo de transformações tão intensas e rápidas, o livro não funciona como um GPS, lhe propondo caminhos fixos e certeiros, mas lhe faz entender como caminhar seguindo um "waze" que permanentemente recalcula e revê as rotas. Ricardo lhe convida e prepara para ser alguém com capacidade de adaptação, característica fundamental para a trajetória profissional e para a vida nos dias de hoje.

Este livro transcende a área de carreiras profissionais e apresenta ferramentas para a construção de um plano de vida.

Por meio de inúmeros artigos, estudos e exercícios práticos, o livro nos traz inúmeros insights e reflexões. Nos instigando a colocar em prática, a sair do campo do aprendizado e acúmulo de conhecimento, para o campo da ação e da execução.

VI LUGAR DE POTÊNCIA

Ele traz ainda temas que para mim são de suma importância — como liderança, disciplina, desenvolvimento de bons hábitos, e a quebra de hábitos tóxicos (como a procrastinação, por exemplo) — são apresentados de forma rica, com estudos consistentes e sugestões de livros e artigos que podem lhe ajudar.

Questões relevantes como a necessidade da atualização permanente das hard skills, e a importância do desenvolvimento das soft skills e social skills são fundamentais para qualquer área de atividade que se queira explorar.

O livro é uma verdadeira viagem por carreiras, talentos, comportamentos... que lhe conduz a uma profunda reflexão, lhe convida à ação, que trará as mudanças que nos levarão ao crescimento e à consequente satisfação. Mas uma satisfação passageira, pois você será instigado a responder a novas questões e a buscar novas competências, para que uma nova montanha possa ser escalada.

— **BERNARDO ROCHA DE REZENDE,** conhecido como Bernardinho, é técnico e campeão olímpico, treinador de voleibol, economista, e empresário brasileiro.

SOBRE O AUTOR

Ricardo Baságlia é Mestre em Administração de Empresas pela FGV/EAESP com extensão em Behavioral Science of Management pela Universidade de Yale. Iniciou a carreira na área de tecnologia, atuou em projetos de transformação digital em grandes corporações, mas descobriu que sua grande paixão estava em transformar a vida das pessoas. Ingressou na Michael Page em 2007, responsável pelo startup de negócios e escritórios no país. Hoje, como CEO, lidera as operações da Michael Page no Brasil.

Produzindo conteúdo em redes sociais se consolidou como uma das maiores referências em carreira e liderança no Brasil, impactando milhares de pessoas diariamente.

AGRADECIMENTOS

À minha esposa, Fernanda, pelo apoio irrestrito aos meus mais diversos projetos, ideias e loucuras; e ao meu filho, Felipe, minha principal produção, que me faz uma versão melhor a cada dia.

Sumário

Introdução, 1

Parte 1 Conheça-te e Potencialize a ti Mesmo

A Evolução do Mercado de Trabalho, 6
Quem É Você na Fila do Pão, 20
A Importância e o Poder das Soft Skills, 52
Olhando para Trás para Seguir em Frente, 74

Parte 2 Crescimento Profissional — Habilidades e Ferramentas

Comunicando Ideias, Integrando Pessoas, 96
Entre Relações e Gerações, Qual É a Saída?, 114
Do Poeta ao Louco, Todos Querem Chegar ao Topo, 132
Esteja em Versão Beta Constantemente, 164
Maratona, Não uma Corrida de 100 Metros, 190

Parte 3 — Próximos Passos

Carreira Trem-bala ou Carrinho de Mão?, 218
Colocando a Cara no Mercado, 232
Prepare-se para Detonar, 252
Embarcando com o Pé Direito, 280

Parte 4 — No Topo

Os Primeiros Passos na Liderança, 296
Rumo à Escalação Campeã, 314
O Outro Lado do Espelho da Alta Performance, 340
O Céu É o Limite, 366
Erros Comuns que Pessoas Espertas
   Não Vão Cometer – E Isso Inclui Você, 384

Conteúdo Online

Entrevista 1
Carol Garrafa Fundadora e CEO da Santé e Head de People Skills da Link School of Business

Entrevista 2
José Cláudio Securato CEO Saint Paul Escola de Negócios e do LIT, empreendedor, professor e autor

Entrevista 3
Bruno Szarf Diretor Executivo de Gente e Gestão

Entrevista 4
Luis Vabo Jr Fundador da Vabo23 Educação, professor da Link School of Business e Empreendedor Endeavor

Acesse o QR Code e assista a playlist com entrevistas exclusivas com os convidados.

Introdução

A palavra-chave do século XXI é disrupção. O processo de partir do convencional e transformá-lo em soluções completamente inovadoras e de alto impacto ultrapassou a barreira dos modelos de negócios e chegou à formação profissional, à educação e às relações de trabalho. Esse percurso exige uma mentalidade aberta ao aprendizado e à experimentação, uma vez que a liderança vai além da empresa e das relações hierárquicas — e o líder precisa compreender o seu papel, se adaptar a esse novo ambiente e compreender que a autogestão é pré-requisito para ir além.

Com as novas configurações sociais e de trabalho, a entrada de novos players no mercado global e a diversificação dos perfis profissionais, ainda que a tecnologia seja indissociável de nossa vida hoje — e principalmente por esse motivo —, o autoaprimoramento e as boas relações são essenciais. Neste livro, você vai se aprofundar nas habilidades fundamentais para o seu desenvolvimento e encontrar ferramentas estratégicas que o ajudarão a fazer escolhas bem-sucedidas — e a não fazer bobagens que possam queimar a sua carreira.

Esta é uma pergunta que todo mundo me faz: "Basa, como é possível alcançar sucesso na carreira e como líder?" É uma das dúvidas mais comuns! Então, este livro foi escrito com o objetivo de respondê-la. O mundo corporativo, conforme você verá ao longo da leitura, está cada vez mais complexo. Entender sua empresa, o setor em que você atua, se conhecer e, a partir daí, traçar uma es-

2 LUGAR DE POTÊNCIA

tratégia e conseguir executá-la é o principal desafio. E o seu plano é exclusivamente seu. Além disso, o contexto de cada um é diferente, no que se refere ao ambiente da empresa, às pessoas que estão nela e à própria maturidade do negócio. Portanto, é importante ressaltar que não existe um método que funcione para todo mundo. Cada trajetória é única.

A estrutura do livro foi pensada para que você possa acessar o conteúdo que lhe interesse mais, sem precisar ler tudo de ponta a ponta: é possível avançar e recuar como quiser. Quer entender como o mercado de trabalho ficou tão complexo — e como você, que não é um robô de inteligência artificial multifuncional de bateria infinita e de última geração, se encaixa nele? Comece pela Parte 1. Está iniciando sua carreira, buscando entender seu perfil profissional ou quer dar um *up* em seus talentos e suas habilidades? Bacana! Vá até a Parte 2. Deseja se recolocar no mercado, está em processo de mudança na carreira ou deseja se desenvolver ainda mais como profissional? A Parte 3 é para você! Chegou à tão desejada posição de liderança, mas precisa refinar suas habilidades e se aperfeiçoar — ou tem se perguntado "O que é que eu estou fazendo aqui?"? Vamos lá, a Parte 4 vai ajudá-lo.

E eu gostaria muito de ressaltar que este não é um livro apenas com as minhas ideias e teorias, e sim um compilado de muitas fontes: mais de 10 mil pessoas com quem conversei ao longo da minha carreira como headhunter; tudo o que estudei — mestrado e especializações; muita leitura, muito estudo e muita conversa com gente experiente na área. Os meus objetivos ao dizer isso são:

1. desmistificar a ideia de que existe alguém genial, ou alguém que nasceu sabendo; e

2. mostrar que todo esse conhecimento vem de bastante estudo (como você poderá notar com base na bibliografia, no final do livro!). Não é genialidade ou inspiração para acordar e sair escrevendo.

INTRODUÇÃO

Este livro, portanto, é uma jornada rumo à liderança de sucesso, partindo do pressuposto de que não há atalhos, nem um perfil único predestinado a ser bem-sucedido, mas de que é possível superar os obstáculos com planejamento, orientação aos resultados, ética e conhecimento. Ele é fruto de uma vasta experiência com os mais diversos perfis de profissionais, e a consolidação de uma análise de práticas que podem potencializar carreiras e empresas. Não há receita para alcançar bons resultados; há a possibilidade de construir uma trajetória de aperfeiçoamento, autoconhecimento, bons hábitos e ousadia, para obter resultados excelentes.

Parte 1

CONHEÇA-TE E POTENCIALIZE A TI MESMO

Acesse o QR Code e assista a entrevista exclusiva com o convidado

Carol Garrafa
Fundadora e CEO da Santé e Head de People Skills da Link School of Business

Capítulo 1

A Evolução do Mercado de Trabalho

Há muito tempo, numa galáxia muito, muito distante... Calma! Vamos voltar um pouco ao passado, sim, mas como forma de entender por que o mercado de trabalho está cada vez mais complexo; por que entender o papel do trabalhador é progressivamente mais difícil; por que as referências do passado não são mais válidas; a mudança rápida das empresas; e, principalmente, o que nos trouxe até aqui.

A EVOLUÇÃO DO MERCADO DE TRABALHO 7

A Fila Anda

O objetivo de abordar a evolução do mundo dos negócios, e a forma como as empresas se organizam e coordenam seus funcionários, é que, se você não entender o contexto, dificilmente entenderá para onde as profissões estão indo e qual é o rumo que o mercado de trabalho está tomando. Para saber se posicionar é preciso compreender o que o cerca.

Ainda que tenha uma carreira técnica, é importante entender o universo dos negócios; caso contrário, vai depender de um *guidance* para se situar — confiando que existirá um. Ou pior, poderá ter um estoque de conhecimento técnico e ficar esperando que alguém o identifique, encontre um valor para ele e saiba onde encaixá-lo na empresa. Sem entender o mercado, você é o coadjuvante da sua própria carreira, à espera de que alguém descubra o seu talento.

As regras do jogo mudam de empresa para empresa. Cada qual tem a própria cultura, que define as formas de se relacionar, mostrar resultados e criar relações, mas é possível dizer que há três critérios-chave a serem considerados:

CULTURA | CONFIANÇA | POSICIONAMENTO

As pessoas que estão no poder têm critérios diferentes para decidir quem vai crescer. Parte deles é baseada na cultura da empresa, nos planos de carreira, comportamentos esperados e nos aspectos organizacionais; outra é mais pessoal e subjetiva. Porém, no final do dia, a decisão de quem será promovido é tomada com base na confiança; portanto, busque entender qual é o modelo mental dos tomadores de decisões e o que eles valorizam. Lembrando que cada gestor, além de defender os interesses da empresa, defende também seus próprios interesses e escolherá alguém aliado ao seu plano. E quanto ao terceiro item: como você se posiciona? Costumo dizer que, para ser promovido, você depende de dois fatores: um é a fila andar; e o outro é ser o primeiro da fila. Você não controla o andamento da fila, mas pode ser o responsável por ser o primeiro quando isso acontecer — ou ter a convicção que chegou a hora de mudar de fila. Conhecer as estruturas nas quais está inserido, ser engajado, demonstrar confiabilidade, apresentar bons resultados e ter boas soft skills o deixam mais bem posicionado quando a hora chegar, o que facilitará a justificativa da liderança sobre por que você foi o escolhido.

Conhecer essas variáveis é ponto fundamental para dimensionar um plano com prazos equalizados à realidade da empresa, ou buscar uma empresa na qual essas variáveis combinadas com o seu perfil lhe trazem uma condição mais vantajosa.

Como Viemos Parar Aqui

O mercado de trabalho é um ambiente vivo que reflete as transformações da sociedade. Há alguns séculos, os pequenos comércios locais não eram capazes de atuar com um raio de abrangência maior do que cem quilômetros. Havia um mercado restrito para ser atendido; logo, o tamanho das empresas — e o potencial delas — era muito menor. Os ambientes de trabalho que se formavam eram generalistas. Todo mundo fazia de tudo, e todos se conheciam, uma vez que provinham das mesmas comunidades.

A ampliação e o aprimoramento das rotas comerciais de transportes, e, mais tarde, a consolidação dos meios de comunicação, quebraram as barreiras da distância e possibilitaram uma atuação

A EVOLUÇÃO DO MERCADO DE TRABALHO

e competição em terrenos distantes, aumentando assim o tamanho do mercado que as empresas poderiam conquistar. O desenvolvimento industrial, tecnológico e a globalização trouxeram à luz um mercado mais amplo e permitiram que as empresas crescessem; à medida que isso acontece, e a forma-padrão de se organizar não se mostra escalável, surgem a divisão entre áreas e a especialização (em contraste com aqueles trabalhadores generalistas dos primórdios), e intensifica-se o desafio de fazer negócios, administrar a empresa, coordenar, gerir, apurar resultados e motivar pessoas.

Uma das transições mais importantes foi o desenvolvimento de tecnologias de produção em massa, a partir do início do século XX, como o Processo de Bessemer para produção de aço ou das caldeiras refratárias no processo contínuo. Tais tecnologias possibilitavam produzir a custos muito mais baixos do que os alcançados por quem utilizava tecnologias antigas. Empresas como DuPont, General Motors e Alcoa se expandiram horizontalmente, utilizando a nova tecnologia de produção estabelecida para diversificar os seus produtos, e se tornaram gigantescas. E, conforme cresciam, as áreas funcionais específicas, como compras, vendas, distribuição, finanças, se tornavam cada vez mais importantes, e um proprietário gestor não podia mais administrá-las sozinho. A necessidade de especialização era cada vez mais latente. As grandes empresas, então, abriam escritórios dedicados aos gestores profissionais, que garantiam que os processos ocorressem da melhor forma e que o produto chegasse ao mercado.

Em paralelo à ampliação dos negócios, o mercado financeiro também se desenvolveu em escalada. Sua interferência acelera o ritmo com que a empresa cresce, mas também permite que novos concorrentes entrem no mercado — ou que novos mercados surjam.

Porque o Tempo Não Para

Este mundo extremamente dinâmico é um desafio para as empresas. Principalmente nos últimos vinte anos, o modo de fazer negócios se transformou. Antigamente, as práticas empresariais eram baseadas em estabilidade política e econômica — consegue imaginar isso hoje? Agora, é preciso lidar com um mundo rápido e imprevisível, o mundo VUCA (de *volatilidade*, *incerteza* [do inglês *uncertainty*], *complexidade* e *ambiguidade*), que rompe as organizações de trabalho como estávamos habituados e apresenta ameaça, mas também oportunidade àqueles que são flexíveis. Contudo, como o mundo é tão dinâmico, até o termo VUCA ficou para trás, perdendo espaço para o BANI (Brittleness/Anxiety/Nonlinearity/Incomprehensibility — Fragilidade, Ansiedade, Não linearidade, Incompreensibilidade).

As organizações estavam acostumadas a competir só com a rival doméstica ou eram protegidas pelo custo de entrada muito alto em determinado mercado. Agora, os processos de produção, com toda a tecnologia, permitem que empresas de nicho específico ofereçam produtos feitos sob medida, a custos que, antes, só as grandes corporações conseguiam alcançar por causa da economia de escala e de forma mais rápida com suas estruturas mais enxutas. E as corporações que dominavam a economia, cada vez mais, buscam alianças, ou joint ventures, para encontrar um novo caminho.

Com essa nova configuração, as empresas necessitam de um novo olhar sobre sua estrutura interna, seja na cadeia de produção, seja na gestão. Até a década de 1960, a maioria das empresas que diversificavam eram grandes, tinham um modelo de organização "M" (multidivisional), como o da General Motors — em que cada unidade de negócios era responsável por um setor, uma área geográfica ou um produto. Atualmente, as companhias estão menos hierárquicas, reduzindo o quadro de funcionários e repensan-

A EVOLUÇÃO DO MERCADO DE TRABALHO

do se a forma como se organizavam faz sentido para atender a um mercado mais complexo e ágil. E as empresas modernas, cada vez mais, focam uma variedade menor de atividades.

Pense no café que você toma todos os dias. Para algumas pessoas, o café é essencial, o combustível para começar e dar conta do dia. Ele é cultivado, colhido, beneficiado, torrado, moído e embalado, e chega até sua casa pronto para fazê-lo feliz. Você pode ter um quintal com espaço para plantar ou morar em apartamento, não importa — por razões práticas, que lhe permitem poupar tempo, trabalho e, consequentemente, dinheiro, você não produz seu próprio café. Você pode fazê-lo usando uma cafeteira elétrica, colocando a cápsula em uma máquina automática ou até mesmo como os nossos ancestrais — esquentando a água no fogão; mas você transfere a produção do seu café, algo tão essencial para o seu dia a dia, a quem entende do assunto, especialistas no processo que o leva da terra à xícara. Algumas empresas que saíram na frente e simplificaram sua hierarquia, como Benetton, Nike, Harley-Davidson, fizeram como você — dadas as devidas ressalvas, é claro — e transferiram suas funções essenciais, como produção, distribuição e varejo, para especialistas de mercados independentes, ou seja, terceirizaram. E, assim como você escolhe qual café é merecedor de ser posto em sua xícara, as empresas passam a entender o que é importante para elas terem dentro de casa, que tipo de parcerias fazer e quem trabalhará para elas.

Quando Tudo Muda

À medida que você sai de um ambiente menor, com menos trabalhadores, rumo a uma corporação, a gestão fica mais complicada. Com menos gente, é mais fácil trabalhar no *freestyle*, apenas por colaboração; se você tiver gente capacitada e bem-intencionada trabalhando em colaboração, as coisas saem. Conforme a empresa cresce, é necessário coordenação e motivação — e aí está o grande desafio das empresas, inclusive as startups. Afinal, como realizar a coordenação? Você coordena estabelecendo funções, processos, normas, como o trabalho deve ser feito, quais são as responsabilidades de cada pessoa, o que cada um precisa entregar, e como essas áreas se integram. Se você faz isso da forma certa, o trabalho flui; se faz da forma errada, cria uma burocracia excessiva — o que acontece em grande parte das organizações.

Parte das transformações ocorridas nos últimos cinquenta anos se deve a um rápido aumento da força de trabalho, ocasionado principalmente pelo estabelecimento das mulheres no mercado, a integração da China e da Índia, e o aumento da expectativa de vida dos baby boomers. No início do século passado, quando os ambientes de trabalho (em escritórios corporativos) eram homogêneos — compostos, basicamente, de homens brancos que estudaram em boas escolas —, era muito mais fácil administrá-los, porque todos tinham histórias, linhas de pensamentos e objetivos parecidos. A diversidade trouxe consigo novas complexidades.

Este contexto dinâmico precisa de especialistas. A exigência por qualificação cada vez maior atrasa a entrada dos jovens no mercado de trabalho, antigamente você ouvia histórias muito bonitas de diretores de bancos que entraram como contínuos e com pouco estudo, mas com muito trabalho e atitude alcançaram altos níveis hierárquicos. Infelizmente hoje o número de casos como esses tende a diminuir. O aumento na expectativa de vida também retarda a aposentadoria da geração anterior. Com isso, há diferentes gerações trabalhando e convivendo em um mesmo espaço, com pessoas de etnias, religiões e gênero diversos. É imprescindível pensar em uma gestão que dê espaço e voz para todos. Não apenas para que todos se sintam acolhidos, respeitados e queiram ficar nas organizações, mas também porque em um mundo que evolui tão rápido, não se pode desperdiçar as ideias de ninguém, planos estáticos de cinco ou dez anos, que precisam de gente apenas para executá-los, não funcionam mais.

Convivemos, ainda, com um maior poder de escolha. Há 500 anos, não podíamos escolher os nossos governantes ou religião; quem levantasse a voz quanto a isso estaria morto. Até 100 anos atrás, os casamentos eram organizados com base nas relações sociais; possivelmente, minha bisavó não pôde escolher um marido sem a influência da família. Até 50, 60 anos atrás, as boas — as grandes — empresas escolhiam quem trabalharia para elas; hoje, os bons profissionais escolhem onde vão trabalhar. O poder de escolha, inclusive, se estende ao âmbito do urbanismo.

As cidades que têm uma infraestrutura melhor, mais opções de lazer de qualidade, e bons meios de transporte, conseguem atrair os melhores cérebros, que querem morar em uma cidade que lhes ofereça qualidade de vida; logo, se os melhores cérebros querem morar em determinada cidade, isso atrai as melhores empresas para que se instalem nela. Com melhores empresas, a cidade vai arrecadar mais impostos, resultando em aprimoramento da sua infraestrutura; isso gera um ciclo virtuoso. Por isso, algumas tendências dizem que a longevidade de uma cidade estará diretamente ligada à sua capacidade de fornecer um ambiente que atraia bons cérebros.

Ninguém Aqui É Robô

No cenário atual, é importante dizer que a tecnologia destrói empregos, mas não trabalho. Porém normalmente ela destrói os empregos antigos antes de gerar os novos. É por isso que costumo dizer que governos e sindicatos precisam parar de tentar proteger o emprego e focar em proteger o trabalhador. As capacidades de empatia e de rápida adaptação às mudanças, além da habilidade de reflexão, que permite ao cérebro tornar-se ainda mais criativo e inovador, são diferenciais próprios dos seres humanos, que não poderão ser substituídos pelas máquinas. Portanto, o trabalhador deve ser protegido por meio de formação e preparo que o qualifiquem, e essa é uma responsabilidade do governo e da sociedade, que estão sendo incapazes de preparar os profissionais e adaptá-los a esse mundo em transformação. A obsolescência não é culpa da tecnologia.

Existem algumas histórias que dizem que a classe de trabalhadores com maior número de profissionais no início do século passado era a de acendedores de lamparinas, e que a chegada da energia elétrica a dizimou completamente. Depois, havia um número gigantesco de trabalhadores que trocavam ferradura de cavalo; e os automóveis chegaram e dizimaram completamente, ou grande parte, dessa categoria. O curioso é que quem trabalhava acendendo lamparina não necessariamente conseguiu trabalhar na companhia de energia elétrica, e quem trocava ferradura não virou borracheiro; e não há apenas os exemplos antigos, isso também é visto no mundo atual. Por exemplo, dez anos atrás o RH era dominado por psicólogos; hoje, ele é composto de administradores, economistas, advogados, entre outras formações. Se você olhar o que vem acontecendo no mercado de marketing, o profissional criativo da mídia offline, com o novo marketing digital, está perdendo espaço para matemáticos, estatísticos, profissionais de tecnologia e de dados, que gradualmente ganham destaque. Este é um grande desafio para quem está em sua área de atuação porque, normalmente, quem está dentro não consegue perceber a mudança. Então, fica a provocação: o que você não está enxergando, na área em que trabalha, que talvez um profissional com outra formação, ou com outra visão, possa agregar e conquistar o "seu espaço"?

A enorme preocupação quanto a "qual é a função do homem, dado o avanço da tecnologia" é uma discussão que existe desde

A EVOLUÇÃO DO MERCADO DE TRABALHO

que o mundo é mundo. Quando era nômade, o homem era valorizado pela sua força e sua resistência; com a domesticação dos animais, a força começou a ser menos importante. Com a invenção da roda, o vigor físico passou a ser menos enaltecido. Depois veio a Revolução Industrial e a máquina a vapor. Enfim, o homem vem buscando a sua função e se reposicionando desde sempre. À medida que máquinas e ferramentas são inventadas, o ser humano tem que se adaptar e encontrar o seu espaço naquele novo ambiente. Até mesmo com o surgimento da escrita, na Antiguidade, os gregos acreditaram que as habilidades intelectuais ficariam comprometidas, uma vez que não seria mais necessário memorizar informações e, portanto, os cérebros "se acomodariam"; contudo, foi a escrita que permitiu que as grandes narrativas clássicas fossem transmitidas ao longo dos tempos e servissem como base para as civilizações. A temida ameaça do "novo" muitas vezes é apenas reflexo do nosso medo do desconhecido.

O que muda agora é que você começa a ter tecnologias que substituem o homem em capacidades cognitivas mais amplas, e o avanço da tecnologia acontece a uma velocidade muito maior do que antes. Até hoje, a Lei de Moore, que afirma que o poder de processamento dos computadores seria exponencial, dobrando a cada 18 meses, se mantém válida. Tecnologias de realidade aumentada, como Pokémon Go, já existem há 20 anos; realidade virtual com óculos 3D, com óculos virtuais do Google, óculos Go ou qualquer outra ferramenta da Sony, por exemplo, já existem há 30 anos; a inteligência artificial existe há 60 anos. Mas a velocidade com que as transformações acontecem hoje no mundo é o grande fator que faz toda a diferença.

Essas tecnologias têm causado um enorme impacto nos negócios e no mercado de trabalho, porque já saíram dos laboratórios e, atualmente, estão a nosso dispor e fazem parte das nossas vidas. *Black Mirror,* a série de TV futurista que deixa todo mundo assustado, normalmente mostra uma tecnologia específica por episódio; e o que acontece hoje na vida real são inúmeras tecnologias disponíveis e interagindo simultaneamente — isso é muito *Black Mirror*!

De Onde Viemos e para Onde Vamos

Como se posicionar em um mercado como este? A maior parte das profissões e suas respectivas formações se configuraram há muito tempo, conforme um modelo que tem ficado defasado. Segundo Ana Elena Schalk, doutora em ciências da educação pela Universidade de Sevilha, nosso modelo de educação é o do século XVIII; ela estima que, em dez anos, diversos bacharelados já estarão completamente ultrapassados, talvez até extintos, e que as instituições de ensino superior não estão preparadas para formar os profissionais desta nova era. E quem se forma hoje pode não estar pronto para atender às demandas reais das empresas.

Temos presenciado um aumento cada vez maior do número de instituições de ensino, com faculdades pipocando aqui e ali. Porém o método educacional, em sua grande parte, ainda é "bancário", em que professor é visto como detentor absoluto do conhecimento e só "deposita" seu saber nos alunos. Um modelo fordista de (tentar) ensinar, em uma relação militarizada de autoridade entre professor e aluno. Por isso, não é raro o aluno terminar o curso com a sensação de não estar pronto, e com uma ansiedade enorme.

Então, a referência que tínhamos até uma década atrás — "Vou fazer uma graduação, depois uma pós-graduação e estarei pronto para o mercado" — não funciona mais. Não é mais suficiente. O protagonismo agora é do próprio profissional, que tem que cuidar da sua carreira e do seu desenvolvimento, e se atualizar por seus próprios meios. Como você aprende? Os próximos capítulos vão ajudá-lo com isso.

A EVOLUÇÃO DO MERCADO DE TRABALHO 17

Outro problema é que a maior parte das universidades forma os profissionais com base nas hard skills, que são os conhecimentos técnicos — matemática, finanças, administração etc. Mas o que mais vem destruindo os empregos hoje são as soft skills. A maior parte dos profissionais é contratada por suas habilidades técnicas e, depois, demitida por questões comportamentais: o profissional é contratado porque tem experiência na área, certificação, passou por bons projetos... e depois é demitido por problemas de comportamento, falta de atitude, dificuldade de trabalhar em equipe entre outros *gaps* de comportamento. Há uma lacuna a ser preenchida. As hard skills estão evoluindo cada vez mais rápido, mas as soft skills estão cada vez mais sutis e necessárias. Existe um elefante na sala e ninguém tem falado dele, menos de 1% do conteúdo hoje ensinado em graduações, pós-graduações e MBA's são focados no desenvolvimento de soft skills.

> E eis o tripé que o mercado tem demandado hoje em dia: hard skills (atualizadas!), soft skills (bem desenvolvidas!) e social skills (o impacto na sociedade). Sim, não basta ser um excelente conhecedor da área — sua habilidade de se relacionar e de manter relações saudáveis e éticas socialmente é essencial para compor um profissional completo.

Este jogo é como uma luta de arte marcial, em que o conhecimento técnico é a força, e as soft skills são a técnica. Alguém que só é forte nunca vai ganhar uma competição de arte marcial de alto nível. Ao mesmo tempo, alguém só com a técnica, se não tiver um bom preparo físico, também não ganha. A combinação e o equilíbrio de ambos é a chave para vencer.

LUGAR DE POTÊNCIA

Com a palavra...

João Kepler
CEO Bossanova Investimentos

Ao longo da minha vida e trajetória profissional, em diferentes momentos eu precisei me reinventar. Nesse processo, busquei incansavelmente me preparar para me tornar o líder que eu gostaria de ser, para inspirar e ajudar outras pessoas a fazer o mesmo. Em outros tantos momentos, aprendi na prática mesmo, errando e acertando. Mas a cada novo recomeço ou escolha, eu buscava fazer algo diferente, não apenas em relação a um novo direcionamento, mas em relação a minha postura. Então, passei a perceber que a forma como qualquer situação podia ser moldada na minha mente é o que me levava a outros patamares.

Para me tornar um "empreendedor que investe em empreendedores", de office boy em 1980 a atual CEO da Bossanova Investimentos — que realizou mais de 700 investimentos em startups nos últimos 5 anos, premiado e reconhecido como melhor Investidor-anjo do Brasil pelo Startup Awards, a evolução foi minha base.

O ponto é que, independentemente do momento ou da decisão, sempre me vali do autoconhecimento, da minha adaptabilidade em diferentes cenários e circunstâncias e, claro, das minhas ações. Nada é mais poderoso do que o conhecimento, principalmente quando ele é

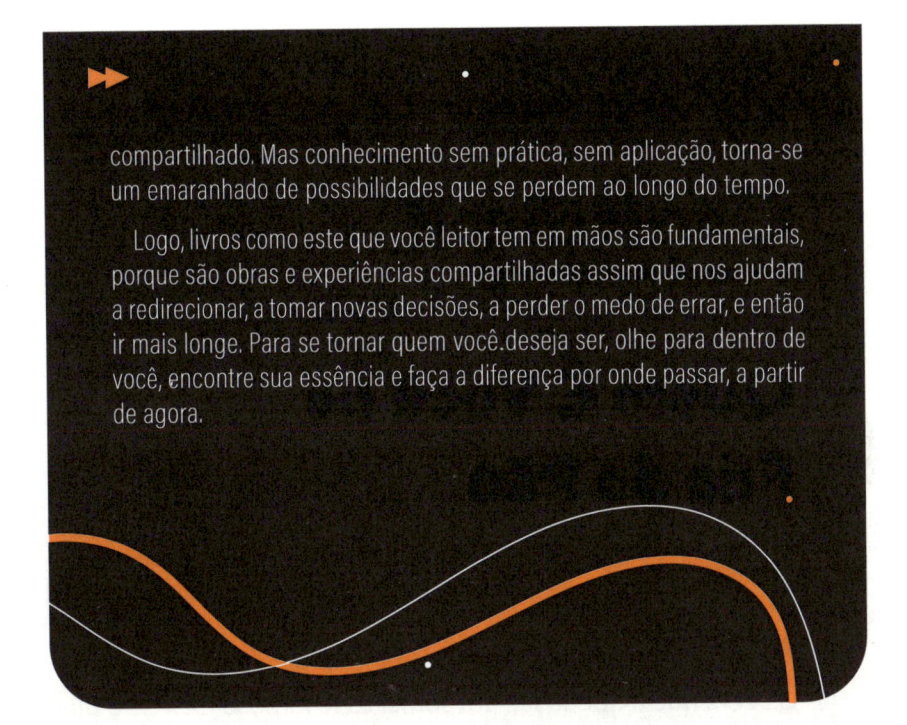

A EVOLUÇÃO DO MERCADO DE TRABALHO 19

compartilhado. Mas conhecimento sem prática, sem aplicação, torna-se um emaranhado de possibilidades que se perdem ao longo do tempo.

Logo, livros como este que você leitor tem em mãos são fundamentais, porque são obras e experiências compartilhadas assim que nos ajudam a redirecionar, a tomar novas decisões, a perder o medo de errar, e então ir mais longe. Para se tornar quem você deseja ser, olhe para dentro de você, encontre sua essência e faça a diferença por onde passar, a partir de agora.

Capítulo 2

Quem É Você na Fila do Pão

"Se uma árvore cai na floresta e ninguém está perto para ouvir, será que a queda faz um som?" Esse famoso exercício filosófico e mental nos põe para refletir se apenas o que é sentido e percebido efetivamente existe. Afinal, algo pode existir sem ser percebido?

Um dos grandes desafios quando você pensa em crescer na carreira ou em encontrar seu espaço no mundo corporativo — seja como executivo, seja como empreendedor — é sair da visão da árvore e adotar a visão da floresta: entender que as pessoas são remuneradas ou têm sucesso nas suas empresas — e frutificam — com base no que entregam para a maior parte das pessoas. Quanto maior for a sua entrega e o impacto que você provoca, e quanto mais diferenciado você for, maior a sua chance de ser bem-sucedido.

Você Vale Mais do que um Pingado

Sem entrar no julgamento de mérito, o fato é que nós somos um produto no mercado de trabalho. Portanto, temos que nos posicionar perante as demandas do mercado, levando em conta o que ele tem a oferecer.

Jacob Morgan, importante futurista norte-americano, autor do best-seller *The Future of Work*, costuma dizer que as pessoas são como um app. Ou seja, os principais questionamentos que devemos nos fazer são: "Qual foi a última versão que lancei do meu app?" "Ele está atualizado de acordo com as tendências do mercado?" E o mais importante: "Quais novas funcionalidades esta última versão trouxe e como foi a correção de bugs?" Ora, como os apps, todo mundo tem bugs a serem corrigidos.

Depois, se pedisse aos usuários do seu app que deixassem uma avaliação, quantas estrelas eles lhe dariam? Quais seriam os comentários? Ou se eu pedisse para eles o colocarem em um ranking, com outros apps da mesma categoria, qual seria a sua posição? Este é o grande ponto: se nos olharmos como para um app — como um produto no mercado, com alta oferta e demandas específicas —, começamos a entender a relevância de nos posicionarmos, sobretudo de acordo com nossas potencialidades. Quem é você nesse ranking? Qual é o seu valor no mercado?

Para responder a essas questões, é preciso entender quais são os principais pilares que sustentam a estrutura na qual você pretende se estabelecer. Vou começar pelos dois principais.

O primeiro é **o que o mercado está buscando**: quais são as demandas do mercado comprador, de que ele tem mais apetite. Mas, para poder oferecer alguma coisa com base no que o mercado procura, você precisa se conhecer. Afinal, não adianta querer colocar um produto no mercado sem conhecer suas características, seus diferenciais, seus concorrentes e, principalmente, todo o valor percebido pelo cliente.

Já o segundo pilar pode ser dividido entre **características** e **força**. Características são o que você traz de habilidades e experiências; a força é a sua motivação, a energia que você traz — quando falo de motivação, me refiro ao seu propósito, a ter valores alinhados aos da empresa ou às suas necessidades, esses são os pilares da motivação: paixão ou necessidade.

E é aí que a brincadeira começa a ficar muito mais complexa. Afinal, conhecer o mercado já não é a coisa mais simples; conhecer a si mesmo é ainda mais difícil. Então, para que fique claro: você dificilmente vai conseguir extrair o máximo de seu potencial profissional (como um produto no mercado) se não tiver certeza de que conhece a si mesmo. Esse é o seu grande desafio.

Decifre-se ou Seja Devorado

Além de toda a complexidade que é entender o produto que você tem a oferecer por meio de sua atitude, soft skills, energia, motivação, necessidades, experiências e habilidades, e ainda entender o que o mercado está buscando, atualmente o mercado muda tão rápido que o retrato que você tem dele está em constante desenvolvimento.

Outra questão é que as universidades, as escolas e a criação familiar não costumam nos preparar, de fato, para o mercado de trabalho. A maior parte das pessoas permanece com a visão da árvore e não consegue evoluir para a visão da floresta.

Mas, antes de sentir vontade de realmente ir para a floresta e gritar "O que eu faço?" desesperado por entre as árvores, calma! É possível compreender o contexto no qual está inserido e, principalmente, o que você tem para oferecer. Só é preciso acessar as ferramentas certas e se debruçar sobre elas.

A maior parte das pessoas acredita que existe um caminho perfeito e pré-formatado, que lhes dará segurança. Mas isso não existe mais. Caso esteja lendo este livro à procura de "Dez passos para obter sucesso na carreira", ou algo do tipo, que funcione para todo mundo, me desculpe, mas você não encontrará isso aqui.

Por exemplo, um grande erro é se preocupar mais em tentar saber o que precisa falar em uma entrevista de emprego, como se posicionar, do que buscar entender efetivamente qual é o seu valor e como posicionar esse valor perante o mercado. Isso é muito mais difícil e desafiador, porém muito mais seguro em termos de longevidade profissional. Como você vende o seu app?

Outro grande erro é se basear na história de outras pessoas e, em vez de tomá-las como inspiração, querer copiá-las. É impossível replicar o caminho do outro. Não se esqueça de que as pessoas são diferentes, os contextos são diferentes, e os cenários são diferentes. Sua configuração é única.

Estamos vivendo o mundo do imediatismo, que resulta em uma geração imediatista e ansiosa. A depender do contexto no qual você foi criado ou das suas referências, você pode cair, ainda, em uma outra armadilha: a de achar que o mundo lhe deve alguma coisa, que as empresas lhe devem alguma coisa, e esquecer que todo profissional, justamente por ser um produto perante o mercado de trabalho, é um prestador de serviço. Portanto, se este serviço não for bom, ele dificilmente vai frutificar. E toda fruta produzida, normalmente tem prazo de validade. Simples assim.

E nada é capaz de assegurar que você está no caminho certo. Estabelecer um plano e traçar uma trajetória não lhe garantem sucesso imediato. Você dificilmente vai ter sucesso na carreira antes de cinco ou dez anos de dedicação — é uma questão de consistência e comprometimento. Muitas vezes, por ansiedade e insegurança, as pessoas mudam de carreira a cada dois anos, trocam de plano anualmente, achando que não encontraram o caminho ideal ou não têm as habilidades adequadas. É possível até que elas estejam no caminho certo, mas, por não se darem o tempo de obter consistência nos resultados, abrem mão de suas carreiras.

Por outro lado, a maior parte das empresas, por meio dos seus líderes, não se esforça o suficiente para desenvolver essa visão nos profissionais e os deixa aprender isso a duras penas, batendo a cabeça.

Na evolução humana, o conhecimento acumulado servia como ponto de partida para a próxima geração. Entretanto, isso não se aplica ao mercado de trabalho. A meu ver, não estamos acumulando conhecimento e habilidade para que as próximas gerações possam partir desse ponto para avançar e evoluir. Todo mundo permanece no mesmo ciclo, no qual quem tem mais experiência acaba tendo resultados um pouco melhores, e todos têm a mesma visão de que "a escola não me formou", "as faculdades não me prepararam". Eu mesmo tive que descobrir a duras penas como poderia evoluir no trabalho.

Costumo dizer que o plano de carreira antigamente era como o arcaico GPS Garmin (se é que você se lembra dele), estático — não importava o que acontecesse ao longo do caminho, o plano era fixo, era exatamente aquele caminho que você seguiria. Mas talvez o plano de carreira fosse ainda mais estático, como o Guia Quatro Rodas — você traçava o caminho na página e desenhava exatamente o trajeto pelo qual seguiria (mas, se o Garmin já foi esquecido, este então...).

Hoje, o plano de carreira é muito mais parecido com o Waze. Você vai ouvir "recalculando" algumas vezes, ficará na dúvida se pegou a rota certa ou a errada e, a partir daí, descobrirá novos caminhos — pode ser que em algum deles você entre em uma enrascada. Mas o ponto principal é que você terá um caminho muito dinâmico e talvez até possa explorar novas rotas ao longo da jornada.

Outro aspecto a ser considerado é que antigamente era muito fácil ter uma carreira e uma vida pessoal muito bem separadas. Basicamente, a caneta caía às 5h da tarde, você saía da empresa e, mesmo que você ficasse até mais tarde, os problemas continuavam na empresa. Depois da evolução da tecnologia e do advento de smartphones e tablets, a divisão entre trabalho e vida pessoal praticamente acabou. Na empresa, você está lendo o grupo do WhatsApp da família; ao chegar em casa, recebe uma mensagem de um cliente. Então, mais do que nunca, se não estiver trabalhando com algo de que goste, que o inspire e realmente o energize, você terá um sério problema — será apenas uma questão de tempo. Atualmente, sua vida pessoal, seu trabalho, seus hobbies e sua carreira estão intrincados.

Essa junção de ambientes torna ainda maior a necessidade de ter seus objetivos e propósitos alinhados. Isso pode parecer papo para millennials, mas costumo dizer que, mesmo tirando todos os millennials da empresa, ainda haverá pessoas preocupadas com valores, propósitos, e que querem ser ouvidas. Tais necessidades são da natureza humana, e não se limitam a uma geração. Não é porque antes não se falava disso que o sentimento não existia.

Depois de ter conversado com mais de 10 mil profissionais, incluindo executivos do Brasil e do mundo todo, cada vez mais me convenço de que não existem pessoas geniais. Existem pessoas que leem muito, aprendem muito, executam muito, trocam experiências e, com isso, entregam e alcançam melhores resultados.

> Se você deixasse de existir agora — se o seu app saísse do ar —, o que a sua empresa (o mercado, a sociedade e assim por diante) perderia? O que pararia de acontecer? Há algo em que você seja insubstituível? Tudo isso em que você acabou de pensar é positivo ou negativo? Caso alguém peça indicação para seus conhecidos de quem é o melhor na sua área de atuação, quantos recomendariam você? As respostas a essas perguntas servem como um belo termômetro da sua empregabilidade.

E nada disso você aprende na faculdade ou na escola. O mais curioso é que, na escola, primeiro ensinam uma lição e depois aplicam uma prova. Na sua carreira normalmente acontece o inverso: primeiro aplicam a prova, e só depois você aprende uma lição. Seu grande desafio é descobrir como aprender muito sem precisar errar tanto.

Qual É o Seu Talento?

É muito comum as pessoas confundirem talento com dom. Dom é uma capacidade nata que o diferencia; é quando existe uma habilidade ou uma facilidade em desempenhar determinada função; é algo que nasce com você. Talento é uma habilidade que você pode desenvolver — você treina, desenvolve e, então, fica acima da média e é reconhecido por isso. Muitas vezes, as pessoas erram ao falar "aquela pessoa é talentosa", porque parece que ela nasceu com aquele talento, quando, na verdade, ela o desenvolveu.

O primeiro aspecto a ser considerado é que o seu valor no mercado será mensurado com base na quantidade de talentos e habilidades que você tem, combinados com a sua experiência, nos quais você é acima da média e costuma superar os demais. O segundo é que, quanto mais escasso, mais valorizado o talento é. E o terceiro aspecto é quanto o mercado deseja esse talento (muitas vezes, poucas pessoas podem ter o que você tem, mas não é algo que o mercado valoriza). Por último, a grande cereja do bolo, é o quanto esse talento potencializa os resultados da empresa. Vale lembrar que o resultado é o que mexe o ponteiro nas metas da alta liderança da empresa e, portanto, para os acionistas.

Então, a combinação desses quatro fatores é o que vai fazer exatamente com que você consiga extrair um resultado.

Vale lembrar, porém, que os seus talentos, de maneira isolada, não farão você chegar a lugar nenhum. A força motriz que impulsiona e evidencia o seu talento está diretamente ligada ao seu propósito; ele é fundamental, porque é o que lhe dá energia para continuar — é o que faz as tarefas chatas do dia a dia valerem a pena.

Scott Adams, economista e cartunista, criador dos quadrinhos *Dilbert*, que retratam o dia a dia corporativo de maneira descontraída e bem-humorada, afirma que há duas possibilidades para ser bem-sucedido:

1. Ser o melhor (o mais reconhecido, talentoso e lembrado) em uma única área ou em uma posição específica.

2. Estar entre os melhores (no grupo que representa aproximadamente um quarto dos colaboradores que se destacam) em duas ou mais áreas ou posições.

A primeira estratégia é a mais difícil, e ser bem-sucedido nela beira o impossível (quantas pessoas você conhece que dirigem grandes empresas ou jogam na Seleção Brasileira de Futebol?). Por isso a segunda é muito mais recomendável e acessível. Adams exemplifica com seu próprio caso: "Eu sempre fui um bom desenhista, mas não a ponto de ser considerado um artista. Eu sempre fui engraçado, mas não a ponto de ser considerado um humorista. E sempre fui conhecido no mundo corporativo, mas não a ponto de ser considerado um grande líder empresarial. Porém, a combinação dessas três habilidades me colocou em um posicionamento tão único no mercado que ninguém até hoje me alcançou."

Exercício

Consulte o maior número de pessoas possível, dos mais variados ambientes de seu convívio e com os mais diferentes perfis. Peça-lhes para responderem às perguntas abaixo de forma sincera. Dica: escolha as pessoas não pela amizade, e sim por confiar que elas são capazes de fazer uma boa análise de você e serão sinceras nas respostas.

- No que eu me destaco?
- O que eu faço com facilidade?
- O que eu faço com prazer?
- A seu ver, o que costumo aprender facilmente?
- A seu ver, o que faço com naturalidade?
- O que você diria que são os meus talentos?

30 LUGAR DE POTÊNCIA

Liste as respostas e analise:

1. Quais apareceram mais de uma vez?

2. Quais foram bastante recorrentes?

3. Os talentos mais mencionados estão relacionados a que área?

Leve-me ao Seu Líder

Algo que ouço bastante é: "Poxa, Basa, eu faço tudo certinho no trabalho, chego no horário, faço o que me pedem, tento ser o exemplo, mas não consigo ganhar dinheiro, não consigo crescer." Um ponto importante para analisar é: que tipo de problema você está resolvendo? As pessoas serão mais bem remuneradas à medida que resolverem problemas mais complexos e de maior impacto.

Então, olhe para o conjunto de atividades do seu dia a dia. É o conjunto das experiências, das habilidades, do seu comportamento e da sua capacidade de se relacionar com as pessoas que o permitirá mensurar a sua performance e a solução que você está desenvolvendo.

Sempre costumo dizer que a equação da performance é muito simples:

PERFORMANCE = TALENTO - INTERFERÊNCIA

Não adianta nada você ser uma pessoa supertalentosa — lembrando que talento são as suas habilidades e experiências, resultando na capacidade de entregar resultados — se as suas interferências também são altas. As interferências podem ser muitas, dentre elas: falta de treinamento ou de organização, problemas pessoais ou com seus pares e assim por diante. Portanto, uma das habilidades do líder é como ele potencializa o talento de alguém e diminui as interferências, afinal, não adianta nada você ter alguém com talento nota 9 e interferência nota 7. Faça a conta: 9 - 7... e essa pessoa vai entregar 2. Muitas vezes, a pessoa que tem talento nota 7, mas interferência nota 2, entrega mais resultado: 7 - 2 = 5.

Então, reflita: como você está lidando com as suas habilidades? Como você lida com sua experiência e diminui as interferências, a fim de que sua performance se sobressaia? Todo mundo conhece alguém que é extremamente talentoso, mas parece que a pessoa sempre está com um problema ou passando por uma situação difícil; é quando os componentes da equação colidem.

No passado, o quociente intelectual (o famoso QI) era o mais relevante. Depois, à medida que as relações humanas ganharam mais importância na entrega de resultados, o QE — quociente emocional — se destacou. E hoje, num mundo tão complexo e que muda a todo momento, o QA, que é o quociente de adaptabilidade, se torna fundamental para você conseguir resultados.

Até mais ou menos 2008, o recrutamento era puramente técnico. Os recrutadores basicamente olhavam currículos com foco nas empresas pelas quais você passou, a faculdade e cursos que fez, os cargos que ocupou, e isso era o suficiente para você ser contratado.

Entretanto, há uns dez anos, se fortaleceu o recrutamento por competências, que se volta para soft skills. Hoje, as empresas vêm adotando cada vez com mais força o recrutamento por propósito. Isso muda todo o paradigma, porque você começa a ser avaliado sob mais prismas, para os quais, até então, não foi preparado. É possível que você nem se conhecesse sob esses prismas, e agora precisa compreender seu perfil, talentos e propósitos, uma vez que um currículo, mesmo notável, não é suficiente.

E como se não bastassem as dificuldades para conseguir encontrar o próprio caminho, ler a empresa, os ambientes e identificar seu perfil, ainda há as famigeradas lendas urbanas que acabam surgindo sobre "o que é ter sucesso na carreira" ou "como ser bem-sucedido", que só atrapalham ainda mais.

Por exemplo, hoje, no Brasil, existe uma ideia generalizada de que, se até os seus 30 e poucos anos você não se tornou gestor, você não deu certo na carreira. Papo furado! Nem todo mundo vai querer ser gestor ou nasceu para ser gestor. Muitos têm talentos ou técnicas para serem excelentes especialistas, e essas pessoas serão felizes e bem-sucedidas assim. Outra pérola é noção de que é preciso ser extrovertido para ser líder; isso é uma grande bobagem também! Jorge Paulo Lemann, um dos maiores líderes do Brasil, é bastante introvertido. E, por outro lado, o mercado está cheio de picaretas extrovertidos e carismáticos. Uma coisa não tem nada a ver com a outra.

Exercício

Em seu artigo "5 Questions to Help Your Employees Find Their Inner Purpose" [5 Perguntas para Ajudar Seus Funcionários a Encontrar Seu Próprio Propósito, em tradução livre], Kristi Hedges, coach de liderança que ajudou a formar CEOs e equipes de empresas listadas na Fortune 10, propõe cinco perguntas-chave que o ajudarão a identificar seu propósito e compreendê-lo melhor.

Caso você seja um bom especialista e não saiba se o caminho da gestão é para você, este exercício pode jogar luz sobre essa questão. Se for um líder, poderá usá-lo com seus funcionários para ajudá-los a encontrar o que os impulsiona.

Leia cada uma delas e suas ramificações com atenção. Anote as respostas e reflita sobre elas.

1. No que você é bom?

Pense em quais atividades você precisa se esforçar menos do que a maior parte das pessoas e, ainda assim, entrega mais do que a média. O que você faz que, a seu ver, supera os demais? Pelo que você normalmente é notado na sua carreira? Isso ajuda as pessoas a identificar quais são as suas forças, e a partir daí se abrir para as possibilidades com base nesses aspectos.

2. O que você gosta no que faz?

Dentre tudo o que você faz, o que lhe dá mais prazer? Em uma semana comum, no que você mergulha de cabeça e realiza feliz da vida. Ao olhar para a sua agenda, tire um momento para analisar quais são as tarefas que o energizam. Se pudesse elaborar uma job description sem restrições, como ela seria e a que você dedicaria o seu tempo? Essas questões também o ajudam a descobrir o que gosta em seu trabalho atual.

3. O que faz você se sentir mais útil?

Que tipo de trabalho tem um retorno que o deixa orgulhoso? Pense em quais tarefas dentre as que você realiza são mais críticas para o time ou para a organização. Reflita sobre quais são as maiores prioridades da sua vida e como você faz para encaixá-las no seu dia a dia. Esses são os pontos para se sentir útil no que faz, aqueles nos quais é possível ver que você faz a diferença.

4. O que faz você sentir que está avançando?

O que você está aprendendo que será útil para você no futuro? Como você se vê nos próximos anos? Como o seu trabalho de hoje lhe aproxima do que quer para si mesmo no futuro? Essas perguntas, basicamente, servem para que você compreenda o que você está fazendo hoje para chegar ao seu objetivo.

5. Como você se relaciona com os outros?

Que tipo de parceria é melhor para você? Se você estivesse em um escritório qual seria o tipo de pessoa com quem você gostaria de estar no dia a dia? Essas questões fazem com que as pessoas pensem sobre que tipo de relação faz mais sentido para elas.

O Propósito É o Corrimão do Sucesso

O aspecto fundamental para construir qualquer plano de carreira — ou migrar dele — é o seu propósito. É difícil que logo no início da carreira você já saiba exatamente o que quer para a vida, seja a corporativa ou a pessoal. Por isso, é comum as pessoas criarem um objetivo imaginário, com uma perspectiva que nem sempre está alinhada com os seus valores, talentos e objetivos.

Muitas vezes eu ouço "estou desmotivado", "meu dia a dia não me realiza". Dificilmente alguém tem uma rotina na qual 100% das atividades são prazerosas. Arrisco dizer que talvez a maior parte das atividades do dia a dia não seja mesmo composta de coisas que dão prazer. Entretanto, é o conjunto dessas atividades que vai fazer com que você alcance algo maior, chegue aonde estão o seu propósito, seus valores, sua paixão e aquilo que você entregar.

A melhor analogia é com o esporte: dificilmente alguém treina para uma corrida ou pratica uma corrida de longa duração porque gosta de sentir dor no joelho, de ter lesões, de sentir o cansaço e ir à exaustão. Essas são atividades que as pessoas administram porque têm um objetivo maior, que é cruzar a linha de chegada. E a realização, muitas vezes, não está apenas em completar a prova, mas também em completá-la no melhor tempo. Ou até mesmo em saber que foi capaz de ultrapassar todo esse processo árduo de preparação — e idealmente curtir essa jornada.

Por isso, se você não souber onde está a sua força motriz, entender seus valores e o que exatamente você quer para a sua carreira, vai ser difícil encontrar sentido nas atividades desafiadoras ou tediosas. E é aí que a maioria das pessoas terá que encarar aquela palavrinha chamada *resiliência*, a capacidade de conseguir passar pelos desafios do dia a dia.

Se não tiver paixão — propósito! —, você vai ser apenas mais um daqueles funcionários que estão na empresa para bater o ponto; vai ficar esperando as atividades mais fáceis; aliás, vai ficar realmente esperando as tarefas, em vez de buscá-las; não terá atitude ou ambição; e isso definitivamente não o levará a lugar nenhum.

É muito comum acharmos que pessoas bem-sucedidas nascem com algum talento especial, com uma predisposição ou com algum dom. Porém as pesquisas mostram, e a minha experiência em salas de entrevistas também, que as pessoas bem-sucedidas, que chegaram ao topo das suas carreiras, o fizeram muito mais em função das suas atitudes do que devido às suas características naturais.

Muitas pessoas ficam esperando ser reconhecidas, esperando ser promovidas, esperando ter bons projetos para assumir, esperando... que algo caia do céu para, então, ter alguma motivação e entregar o seu melhor.

Fato é que em qualquer empresa, ou ao menos na maior parte delas, é justamente o contrário: primeiro você entrega, mostra do que é capaz, e só depois, talvez, você comece a ter o que espera. Em alguns casos, pode ser que a resposta que espera não chegue, mas é essa capacidade de fazer acontecer que vai diferenciá-lo.

É muito comum falarem em "brilho no olho". Recrutadores adoram dizer "quero alguém com brilho no olho", bem como profissionais buscam oportunidades que façam seus olhos brilharem. A definição de "brilho no olho", do prisma dos contratantes e dos altos executivos, é aquela pessoa com vontade de vencer. Essa vontade transparece pela energia que a pessoa coloca na fala, em sua postura e no seu no dia a dia; é aquela vontade e curiosidade de procurar mais; é aquela vontade de não se contentar com o que está acontecendo; é aquela energia e atitude de questionar, de não aceitar o *status quo*, o comum, o corriqueiro, o óbvio, e querer sempre mais. A pessoa com brilho no olho é aquela que, quando tem uma meta a ser atingida, não aceita parar antes de alcançá-la; não aceita nãos; essa pessoa vai comprar as brigas certas da forma certa; vai representar exatamente o que a empresa precisa, o senso de atitude fundamental. Novamente, propósito é uma força motriz.

Muitas vezes não é fácil para quem tem esse tipo de perfil, pois essa atitude, normalmente, é vista como puxa-saquismo. A pessoa é vista como chata, a que quer aparecer. Mas, no final do dia, boa parte desse julgamento é muito mais porque ela é o agente que está incomodando todo mundo. Incômodo esse que, naturalmente, faz com que muitos não gostem de ver alguém se destacando. Porém, pode ter certeza de que essa é a pessoa que vai crescer mais rápido, justamente porque algo que a liderança sempre procura é tirar as pessoas da zona de conforto. Como diria Peter Drucker: "As únicas coisas que evoluem por vontade própria em uma organização são a desordem, o atrito e o mau desempenho." E alguém que é esse agente de mudança e faz essa diferença no dia a dia, normalmente, é quem tem as melhores oportunidades.

Gostaria de deixar claro que essa é uma característica que eu vejo nas pessoas que saem na frente. Principalmente quando você está na base da pirâmide, para sair dela e ter as primeiras oportunidades, seja de liderança ou de bons projetos, você precisa encontrar um modo de se destacar.

Lembre-se de que quanto mais alto é o posto dos gestores, menos contato diário com ele você tem; portanto, ele não está vendo 100% daquilo que você faz. Ele vê retratos, que são pequenos recortes que lhe dão uma visão sobre você. Ele pode passar pela sua mesa a caminho de uma reunião e, desse recorte, sairá o retrato que ele vai guardar de você. Quando essa imagem é positiva, soma pontos; quando é negativa, tira pontos. É claro que, quanto maior for seu saldo de pontos, maior a chance de você ser lembrado quando surgir algum projeto ou promoção — alguma oportunidade de você ser lembrado e na qual precisará de um patrocinador.

Exercício

Escolha de 5 a 10 pessoas nas quais você confia, de diferentes ambientes de seu convívio. Converse com elas dizendo que você está buscando seu desenvolvimento e gostaria que elas fossem muito sinceras nas respostas.

- Quando as pessoas não gostam de mim, normalmente qual é o motivo?
- No que eu me diferencio em relação à maioria?
- Quando alguém tem alguma dúvida ou algum problema, e eu sou a primeira pessoa que lhe vem à mente, geralmente qual é o assunto?

LUGAR DE POTÊNCIA

- Em que eu sou referência?
- No que eu geralmente preciso de ajuda?
- Quando alguém precisa de ajuda, como eu costumo contribuir?

Observe as respostas e reflita sobre como você se identifica com cada uma delas. Então, analise as respostas sob dois prismas:

1. O quanto o mercado realmente valoriza ou precisa dessas habilidades?

2. Se fizer um ranking das pessoas que você conhece e que estão inseridas no mercado, em que posição você, com essas características, está ranqueado?

O Mindset Certo para a Ocasião Certa

A psicóloga Carol Dweck, em seu clássico livro *Mindset — A nova psicologia do sucesso*, basicamente nos diz que o mundo se divide entre as pessoas que estão abertas ao aprendizado e as que estão estagnadas no seu mundo. Pessoas bem-sucedidas normalmente sabem que não estão 100% preparadas quando assumem um desafio, mas se valem da confiança de que vão aprender ao longo do caminho; para tanto, farão as devidas conexões, buscarão aprendizado, dedicarão muita energia e vão fazer acontecer.

Uma vez que o desenvolvimento vem por meio da experiência perante novas situações, as pessoas abertas para o aprendizado se distinguem das que não terão sucesso, porque estas sempre estão esperando estar 100% prontas — algo que nunca vai acontecer.

Kerry Johnson, em seu livro *Novo Mindset, Novos Resultados*, corrobora isso ao descrever como nossa configuração mental molda nosso cérebro e, em consequência disso, condiciona nossas ações. Pessoas com o mindset de aprendizado, portanto, tendem a se desenvolver mais rápido e a se destacar sempre. E essa dinâmica faz com que tenham mais sucesso do que aquelas que estão sempre esperando estar prontas para assumir algo. Irônico, não?

Nesse sentido, é muito importante calibrar sua atitude de acordo com o ambiente em que você está. A análise da cultura da sua empresa serve como um termômetro para você medir sua atitude para não ser malvisto.

Pense em uma empresa que tem uma cultura de alta performance, de provocação, de sair do *status quo*; nela, demonstrar atitude é fundamental para crescer e até mesmo para continuar no jogo.

Porém, onde houver uma cultura em que o ritmo é mais lento, os ciclos são muito mais longos e as pessoas estão mais acomodadas, muita atitude talvez não seja bem interpretada.

Então, não há certo e errado, mas é importantíssimo que esteja claro para você qual é a sua ambição. Você quer crescer um pouco mais rápido ou mais devagar? Você quer mais desafios ou não? Quer se desenvolver um pouco mais até chegar lá? Encontre uma cultura que privilegie e, principalmente, valorize esses aspectos.

> Quais foram as situações em que, mesmo não conhecendo um determinado assunto, você se propôs a aprender sobre ele e ficou acima da média? Isso é **vitalidade intelectual**. Essa é uma característica que tem se destacado no mercado atualmente. Qual é a sua vitalidade intelectual? Esse misto de curiosidade, atitude, capacidade de aprender e de executar é o que faz a diferença ao longo do tempo e é o que frutifica.

Portanto, é evidente que o talento inato é um péssimo indicador de quem terá sucesso no futuro. Quem tem sucesso, se destaca e cresce são os que tomam as decisões adequadas para si; que têm boas estratégias e, para isso, têm objetivos muito claros; que entendem os obstáculos; sobretudo, são pacientes e compreendem que o processo será gradativo.

Ao longo da minha carreira, vi muita gente procurando atalhos. Várias vezes as pessoas até conseguem dar um próximo passo com toda essa ansiedade, mas tal atitude normalmente não encontra um caminho sólido que permita dar o segundo e o terceiro passos.

A pessoa acaba tropeçando e, muitas vezes, até voltando para um patamar anterior ao que ela partiu.

A psicóloga social e especialista em liderança e motivação Heidi Grant Halvorson, em seu livro *9 Atitudes das Pessoas Bem-sucedidas*, reforça, com base em suas pesquisas, que as pessoas são bem-sucedidas graças ao que entregam — às suas atitudes —, e não simplesmente pelo que são.

Esta é uma lista bem prática para norteá-lo e ajudá-lo a manter o mindset ideal, de acordo com seus objetivos e com a cultura na qual você está inserido:

- Ser específico ajuda seu cérebro a visualizar melhor os alvos.
- O método "se-então" ajuda seu cérebro a se lembrar de momentos cruciais ("se eu realizar determinada tarefa, então serei notado").
- Busque monitorar seu progresso, isso gera motivação.
- Seja otimista, porém realista; pense nos problemas antes que eles apareçam.
- Querer aprender sempre nos ajuda a manter a motivação.
- Tenha garra e acredite que suas habilidades podem melhorar.
- Sua força de vontade é como um músculo que precisa ser exercitado.
- Fuja do pensamento de negação quando estiver enfrentando algum tipo de tentação.
- Quando quiser se livrar de um comportamento nocivo, substitua-o por um benéfico.

O Caminho das Pedras

Durante esse processo de descoberta, a coisa mais fácil é você ser influenciado pela mídia, pela criação que obteve de sua família, pelos seus amigos, enfim, por toda a informação que já vem formatada a fim de direcioná-lo a um caminho. Naturalmente, essa é uma tentação muito grande, pois o processo de descoberta nos deixa muito inseguros, visto que não há um caminho único. Por isso, quando alguém aparece dando um conselho sobre carreira, falando sobre oportunidades, dando o exemplo de alguém de sucesso e destrinchando lendas urbanas que já conhecemos, parece tão mais simples pegar um caminho já traçado e que já foi escrito por alguém.

Outra lenda urbana comum é tentarem convencê-lo de que ou você é de humanas ou é de exatas (o que não tem nenhuma base científica). Normalmente, o que acontece é que você começa a se destacar em alguma das áreas e, em determinado momento, alguém vira e fala: "Você é bom em português e é ruim de matemática, porque você é de humanas." Se você já não ia bem em matemática, fica feliz com essa desculpa razoável e bem-intencionada, e para de focar a matemática. Seu mindset se torna fixo, seu cérebro se molda, e você se limita.

Podemos incluir também as grandes carreiras da moda, das quais se destacam um ou dois casos de pessoas que ganharam muito dinheiro e, então, passam a ser uma espécie de totem e tais carreiras se tornam exemplos de sucesso. Preconceitos como essas só atrapalham. Some a isso toda a oferta de programas de desenvolvimento, faculdades, cursos de pós-graduação, formações e coach, e é natural que você se sinta completamente perdido.

Claro, à medida que compreende que cada história é única, assim como a sua, você pode até se inspirar no caminho de alguém, mas não cometerá o erro de tentar imitá-lo.

Por isso, neste livro, sempre enfatizo a importância de você descobrir o seu caminho com base em quem você é. É claro que você pode ter suas aspirações, necessidades e ambições, mas para estruturar uma carreira sólida você precisa, sobretudo, de conhecimento — do mercado, da cultura e de si mesmo.

Então, o objetivo deste livro é justamente ajudá-lo a encontrar um norte, tendo como base a minha experiência por mais de quinze anos como headhunter, conversando com pessoas e estudando sobre esses temas. O importante, aqui, é que você faça uma reflexão profunda e direcionada para, a partir daí, encontrar o seu caminho e extrair o máximo dele, de acordo com seu perfil, suas ambições e motivações.

Nesta Roda da Vida, Ninguém Pode Parar

A psicóloga Tasha Eurich aponta em sua pesquisa a hipótese de haver uma consciência interna e outra externa no ambiente profissional, e que somente de 10% a 15% das pessoas têm habilidades de autoconhecimento desenvolvidas.

O cerne deste capítulo é entender o que está dentro de você — o que o move, o que você quer construir, o que lhe dá prazer, o que o diferencia, pelo que você é reconhecido. Toda essa energia é o seu combustível.

Exercício

A Roda da Vida é uma ferramenta de autoconhecimento que serve para avaliar os diversos âmbitos da sua vida. Este exercício o ajuda a compreender o que é importante no momento a fim de recuperar o equilíbrio entre as esferas. O objetivo é que, no futuro, você não pague um preço alto por ter deixado alguma dessas esferas sem a devida atenção.

Mesmo que você já tenha feito esse exercício em algum momento, gostaria que experimentasse novamente, agora sob a ótica de tudo o que leu até aqui. Inclusive, você sempre poderá retornar a ele e refazê-lo, caso deseje ter um retrato atualizado.

1. O primeiro passo é revisar as categorias que constam na Roda da Vida. Os nomes das categorias são sugestões: fique à vontade para renomear ou até incluir novos segmentos.

2. Classifique de 0 a 10 seu grau de satisfação com cada uma dessas áreas, sendo: 1 — muito insatisfeito; e 10 — completamente satisfeito. Pinte os números para facilitar a visualização.

3. Após preencher toda a Roda da Vida, observe-a e reflita: se você fosse, agora, rodar por essa estrada da sua vida, seria um passeio tranquilo ou seria um *bumpy ride*, cheio de altos e baixos?

QUEM É VOCÊ NA FILA DO PÃO   47

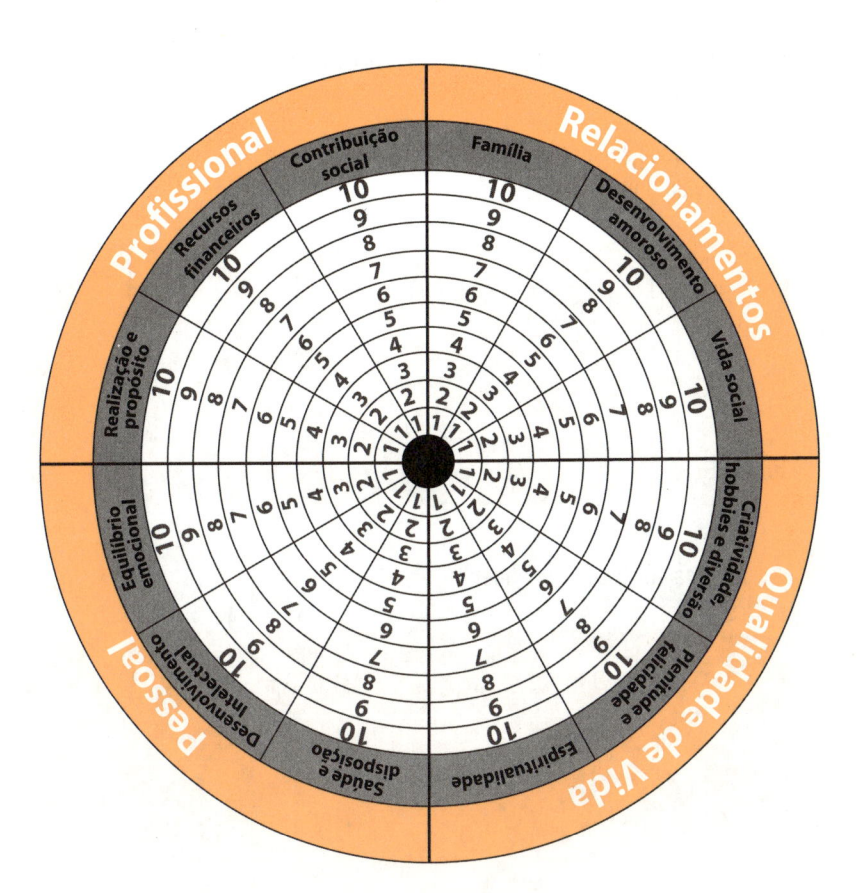

Fonte: Instituto José Loureiro.

48 LUGAR DE POTÊNCIA

Ao terminar o exercício, reflita e responda:

1. Como você se sente depois de ter feito esse exercício e visto o retrato da sua vida hoje?

2. Alguma coisa o surpreendeu?

3. O que faria você colocar nota 10 para cada um dos prismas?

4. Quais dessas categorias você gostaria de melhorar?

5. Em que e como você precisa de suporte para melhorar na(s) categoria(s) que você escolher?

6. O que você viu que o deixou satisfeito, e com base nisso o que você deveria continuar fazendo?

Com a palavra...

Sylmara Requena
Head de Recursos Humanos na Siemens Energy

Eu trabalhava e pagava minha faculdade. Sempre tive muito orgulho disso, de ser uma mulher batalhadora. Depois de dois anos estagiando no período da faculdade, assumi uma posição de liderança, era bem mais jovem que os profissionais do time que lideraria. Nesse momento estava trabalhando na Santista Têxtil. Foi um contínuo aprendizado, que, apesar de parecer precoce, creio que tive muito acertos. Meu nível de dedicação sempre foi muito alto. Foi uma experiência de sucesso e de muito aprendizado.

O que eu faria diferente nesse processo? Dosaria a autocobrança, acho que ela foi além do necessário, tanto pelo fato de eu ser muito mais jovem que os demais quanto por ser Mulher, tinha que provar que, no que dependesse de mim, daria certo, mas MUITO certo. Contudo, temos que nos humanizar um pouco mais, com menos cobrança, porque é ruim para a própria pessoa e para o entorno, que toma o seu exemplo como base.

▶▶

Meu propósito é ter influência na construção de um futuro mais inclusivo. Faz dez anos que fui a primeira mulher a ocupar uma posição de direção-geral executiva na Siemens no Brasil, no corpo diretivo de governança da empresa; depois disso, outras profissionais vieram. Protagonizar referências demanda sermos modelos inclusivos de sucesso.

O seu diferencial é ser você mesmo. E demora para percebermos isso. É preciso coragem, porque sermos genuínos em alguns ambientes pode não ser nada fácil, mas precisamos de prazer para viver sendo quem somos. Para mim, o melhor feedback que recebi já nessa fase, foi: "Sylmara, sua identidade, suas características, sua espontaneidade, e acessibilidade, não mudaram com o fato de você ter chegado aonde chegou em sua carreira, consigo te reconhecer e isso é o que mais me agrada, pois não é o que acontece com muitas pessoas."

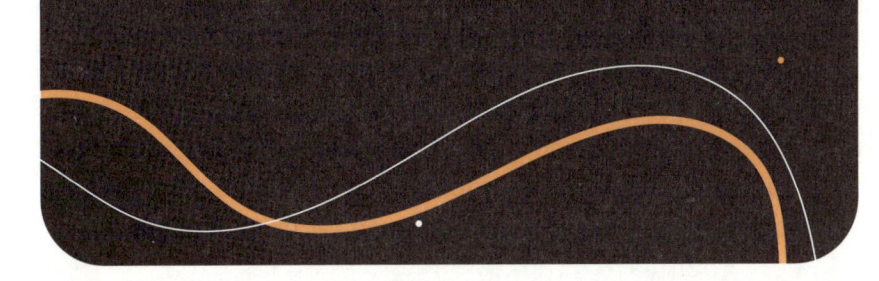

Capítulo 3

A Importância e o Poder das Soft Skills

"Rapadura é doce, mas não é mole!" Talvez essa máxima, a qual muitos de nós cresceram ouvindo, seja capaz de definir um dos paradigmas mais importantes para se dar bem em qualquer área de atuação: o que parece *soft* e tem alto potencial de fazer com que nos demos bem pode ser *hard* para conquistar — mas o resultado pode ser bastante doce.

Você É o que Você Mostra?

As soft skills — habilidades comportamentais e socioemocionais — são o que você usa para potencializar suas hard skills — habilidades técnicas — e os relacionamentos do dia a dia. O maior quê das soft skills é o fato delas não se tratarem apenas de um dom ou algo inato; é possível desenvolvê-las e, a partir daí, evoluir ainda mais.

Sempre me perguntam se a inteligência artificial e toda a tecnologia destruirão os empregos e costumo responder em duas partes:

1. Em grau maior ou menor todos já somos dominados pela tecnologia, o Waze pede para você virar para a esquerda e você vira... existem ainda aqueles que já eram dominados há muito mais tempo, quem se lembra dos tamagotchis?

2. O maior assassino de empregos continua sendo a inteligência emocional (falta de).

A maior parte das pessoas que são contratadas devido unicamente a suas habilidades técnicas, depois, são demitidas por razões comportamentais.

Certamente você, leitor, que é líder ou recrutador, já contratou com base em habilidades técnicas e demitiu por questões comportamentais. Ou provavelmente você, não importa qual seja seu cargo, consegue se lembrar de alguém com quem trabalha ou já tenha trabalhado e que se encaixa nessa estatística. Esse é um aspecto tão importante que as pessoas conseguem perceber claramente onde está o ponto falho na carreira de alguém.

Uma definição geralmente utilizada é que as soft skills são as características pessoais e interpessoais que influenciam quão bem a pessoa vai trabalhar ou interagir com as demais. Muitas vezes, isso soa excessivamente vago; o conceito é tão amplo que, para alguns, parece abarcar criatividade, gestão do tempo, capacidade de resolver problemas e inteligência emocional. Essa amplitude, em vez de enriquecê-lo, o esvazia de sentido.

Ao mesmo tempo, como a maior parte das escolas se concentra em treinar as pessoas somente em hard skills, ou seja, nas questões técnicas, as soft skills acabam saindo completamente do radar. Na graduação ou em qualquer nível acadêmico, as pessoas aprendem aspectos técnicos e fazem provas sobre eles; nessas provas, precisam tirar boas notas, avaliadas com objetividade e, adivinhe só, técnica. Então, a pessoa entra no jogo focada somente em habilidades técnicas e acha que elas se bastam. Por fim, a falta das demais qualidades pode resultar em fracassos e frustração.

Justamente pelas soft skills serem subjetivas, por muito tempo se pensava que eram habilidades com as quais a pessoa nascia. Hoje está mais do que comprovado que é possível desenvolvê-las.

Como foi a sua última consulta médica? Você entrou no consultório, apresentou sua queixa, recebeu um receituário e foi embora? Ou você teve uma longa conversa com o médico, que o ouviu cuidadosamente, o examinou e, só então, decidiu qual seria o protocolo de atendimento?

Mesmo profissões que demandam um conhecimento altamente técnico, como a medicina, exigem um bom nível de habilidades interpessoais. A maior parte dos médicos bem-sucedidos de alto nível não é composta apenas de profissionais técnicos, que são muito bons na sua especialidade — eles são pessoas com ótimas habilidades de relacionamento, que criam conexões com seus pacientes e dispendem um tratamento individualizado para cada um; em consequência disso, todo mundo faz questão de indicá-los.

A IMPORTÂNCIA E O PODER DAS SOFT SKILLS

Por mais que hoje existam ferramentas de diagnósticos de doenças, que podem ser tão precisas (ou até mais) quanto um médico, nenhuma máquina tem a habilidade de informar a um paciente, com o cuidado e a sensibilidade necessários, que ele tem uma doença grave, como o médico faz. Sem as soft skills, as hard skills não são suficientes para entregar os resultados almejados.

Em suma, o paradoxo de Moravec, apresentado por pesquisadores de inteligência artificial na década de 1980, afirma que é isto o que nos diferencia dos robôs: a nossa habilidade de criar empatia, desenvolver conexões pessoais, visto que aquilo que é considerado difícil pelas pessoas (como algoritmos e cálculos complexos, por exemplo) é fácil para as máquinas. Porém as capacidades intrinsecamente humanas (como a capacidade de interpretar emoções) são quase inatingíveis pela IA. Ou seja, o que até então achávamos difícil tem se tornado fácil, e o que achávamos fácil tem se tornado um diferencial porque nenhuma máquina é capaz de fazê-lo.

Talvez, se estiver numa área em que ninguém tenha soft skills, e suas hard skills forem muito elevadas, você se destaque. Agora, se houver alguém com um pouco menos hard skills que você, mas com muitas soft skills, pode ter certeza de que essa pessoa vai passar na sua frente.

Apesar de sua relevância cada vez maior, as soft skills ainda são um tema subvalorizado. Hoje, as pessoas ainda têm muito menos treinamentos em soft skills do que em hard skills. O mercado oferece um vasto leque de opções de formação, treinamento e desenvolvimento para habilidades técnicas; isso induz a acreditar que tais habilidades serão o fator-chave de diferenciação.

Ainda, é comum confundirem soft skills puramente com bom senso. "Ah, não, isso é bom senso"; "Isso as pessoas deveriam saber desde casa". Dessa forma, as empresas assumem que todo mundo conhece a importância de ser pontual, de ter iniciativa, de ser amigável com as pessoas com quem trabalha, de produzir com qualidade, de ter dedicação e assim por diante. Então, a entrega fica comprometida, bem como o desenvolvimento dos profissionais.

Ao notar que alguém está crescendo na organização devido a suas habilidades de relacionamento, porque tem as soft skills fundamentais, ainda que não tenha tanto conhecimento técnico quanto os outros, os demais tendem a criticar, dizendo "poxa, essa pessoa cresceu só porque é boa de papo, baba-ovo, puxa-saco". Um erro muito comum é classificar a habilidade de relacionamento como se fosse um demérito. Em pleno século XXI, as pessoas têm medo de serem substituídas por robôs, mas seguem achando que quem deveria ser promovido é aquele que tem mais hard skills.

Para deixar claro, existe, sim, quem é puxa-saco, e ninguém deveria ser promovido por isso. Contudo, puxa-saco e comunicativo, empático, corajoso, ousado, proativo, coerente e resiliente são coisas muito diferentes.

O ambiente de trabalho tem evoluído e a dinâmica das relações interpessoais não pode ser ignorada. Saber ouvir, expor ideias, resolver conflitos e ter uma conversa honesta e franca são fatores-chave para construir e manter relações. Nesse contexto, as pessoas participam e se dedicam ao máximo em seus projetos. O papel do líder, então, é reconhecer esse desempenho.

Se o mundo muda tão rápido, como você pôde notar até aqui, o conhecimento que você adquire já está datado, se torna perecível e logo atinge o prazo de validade. Suas soft skills, então, permanecem sendo seu diferencial. Com isso, podemos chegar a algumas conclusões.

A IMPORTÂNCIA E O PODER DAS SOFT SKILLS

A primeira delas é que hard skills sem soft skills tornam-se inúteis; na maior parte dos empregos, o conhecimento técnico por si só não é o suficiente para entregar os resultados mais efetivos. Um desenvolvedor independente pode ser um grande conhecedor de programação, ter uma ideia inovadora, estar atualizado e trabalhar com base nas melhores práticas, mas terá pouco ou nenhum sucesso se não compreender quais são as demandas do mercado para seu conhecimento, ou não souber estabelecer contato, entender a demanda das áreas de negócio e oferecer suporte para desenhar a melhor solução.

Um gerente pode saber muito bem o que deve ser feito e ter uma boa estratégia, mas se ele não tiver a habilidade de escutar os funcionários, comunicar, engajar e pensar de forma criativa, ele não terá os resultados necessários, pois não conseguirá extrair a melhor versão do seu time. Praticamente todas as carreiras exigem soft skills.

A segunda é que as soft skills são muito mais difíceis de aprender que as hard skills. Por mais que seja possível aprendê-las, elas estão diretamente ligadas ao que cada um carrega em si. As hard skills são mais fáceis de aprender; as soft skills, porém, não têm a ver com o conhecimento e com a expertise da pessoa, e sim com as características pessoais de cada um. Nesse sentido, é preciso ser muito autoconsciente e conhecer seus próprios pontos de desenvolvimento, querer aprimorá-los, e estar comprometido com esse autodesenvolvimento a fim de melhorar suas habilidades como um todo.

Pense em um universo no qual todos os oriundos do mesmo curso têm o mesmo cargo ou a mesma posição — partindo do princípio de que todos têm quase as mesmas hard skills daquela formação, já que todos ingressaram no curso, passaram nas provas e se formaram. Isso parece realista? Por mais que, muitas vezes, sejam as hard skills que se destacam no currículo, no fim das contas, o que faz as pessoas crescerem e acontecerem são as soft skills. Afinal, são essas características que vão diferenciá-lo das outras pessoas que têm o mesmo conhecimento técnico que você.

Agora, imagine que você precisa desenvolver um trabalho para o qual é totalmente apto. Você tem experiência e conhecimento técnico para tanto, mas depende também da atuação de outra área da empresa ou da colaboração de alguém. Se você não tem nenhum tipo de relação com essa pessoa, pode ser difícil. Caso não se dê bem com ela, é ainda pior. Então, como você chega nessa pessoa, firma a parceria e realiza o trabalho necessário? Como extrair e gerar o valor necessário?

Perceba que sempre existem aquelas pessoas na empresa que parecem conhecer todo mundo, que chamam a todos pelo nome, e sabem os nomes do cachorro e do gato de cada um. Normalmente essa é a pessoa que consegue resolver a maior parte dos problemas — inclusive, é ela a quem procuram quando necessário, porque sabem que na hora em que ela se envolve, devido à relação que tem com as outras pessoas, faz toda a diferença — e isso não tem nada a ver com ser introvertido ou extrovertido. E é comum ver esse profissional avançando na carreira.

Lembre-se, ainda, daquela pessoa em que todo mundo confia; a quem pede conselhos, que é um bom ouvinte. Você mesmo, possivelmente, tem uma pessoa de confiança, com quem se sente à vontade para falar. Todo esse magnetismo se deve, possivelmente, a soft skills muito boas e que, por isso, atraem outras pessoas.

Por outro lado, talvez haja alguém no seu trabalho conhecido por ser "difícil"; todos evitam conversar e, principalmente, levar qualquer assunto até ele, porque costuma parecer rude e reativo. Muitas vezes, quem o conhece de perto sabe que ele não é má pessoa — ou não é uma pessoa do mal. Não se pode confundir o caráter com a falta de habilidades interpessoais. Como mencionei no capítulo anterior, há vários picaretas que são excelentes em lidar com pessoas. Porém um olhar atento é capaz de distinguir quem realmente é comunicativo e sociável de quem finge para esconder que mentiu no currículo.

> Imagine que você está em uma empresa competindo no mercado de TVs. Você desenvolve uma nova tecnologia para uma TV totalmente diferenciada. Isso, então, catapulta totalmente os seus lucros, sua marca e sua reputação, e você começa a ter bastante sucesso. Depois de um tempo, seus concorrentes passam a produzir TVs tão boas quanto as suas. De uma hora para a outra, a qualidade técnica do produto passa a não ter tanta diferença. Com isso, as margens começam a cair. Seria necessário desenvolver uma nova tecnologia para conseguir se diferenciar novamente? Esse pode ser um caminho, mas não é o único. Talvez você tenha uma excelente reputação, uma marca sólida, um atendimento ao cliente excepcional — e isso lhe rende um diferencial gigantesco.

Muitas pessoas relacionam soft skills à inteligência emocional, que é a habilidade de reconhecer e gerenciar a si mesmo e a suas emoções. Mas, na realidade, elas vão além disso, pois envolvem a forma como você se organiza e autogerencia, mas também sua atitude perante a vida e aos demais.

Fato é que as soft skills não podem ser mensuradas facilmente. Quando alguém lhe diz que você é ruim de Excel, é possível justificar isso dizendo que você não sabe fazer determinadas funções, atrasa, não entrega quando é necessário. Mas, se alguém fala que você é reativo, não tem uma boa comunicação ou não consegue gerar engajamento entre seus funcionários, a explicação raramente é tão simples.

Um dos melhores parâmetros é como os outros o percebem. Você precisa observar como essas habilidades têm impactado sua performance e continuar se desenvolvendo. Não se engane, seja sincero consigo mesmo quanto às suas habilidades interpessoais. Se necessário, peça feedback, mas não seja reativo — nada de "ah, mas eu sou tão bom nisso e naquilo". Como se costuma brincar, *soft skills* são mais *hard* para desenvolver.

Outro aspecto bastante desafiador para as empresas é que não existe uma fórmula para calcular o retorno sobre o investimento em programas de treinamento e desenvolvimento de soft skills. É muito mais fácil mensurar o retorno sobre conhecimentos técnicos.

Por outro lado, está cada vez mais comprovado que equipes com altos índices de soft skills são as que geram uma cultura organizacional diferenciada, o que ocorre em empresas inovadoras, nas quais as pessoas dão o seu melhor e são engajadas de forma mais orgânica. Consequentemente, a empresa tem uma boa reputação no mercado e atrai os melhores para trabalhar lá.

Segundo David Flack, em 1972, basicamente, esperava-se do bom profissional que ele desempenhasse um bom atendimento ao cliente, se adaptasse ao ambiente de trabalho, agradasse ao seu gerente e entendesse as características do negócio. Já na década de 1990, passou a ser necessária a habilidade de fazer sem ninguém pedir — proatividade —, de assumir as rédeas.

A IMPORTÂNCIA E O PODER DAS SOFT SKILLS

Em 1983, o psicólogo Howard Gardner apresentou a teoria de múltiplas inteligências, com a inteligência intrapessoal, a inteligência interpessoal e a importância do autoconhecimento. Depois, em 1995, Daniel Goldman desenvolveu o conceito de inteligência emocional e controle das emoções com o objetivo de ter sucesso no trabalho. Então, em 2006, Carol Dweck, em seu livro *Mindset — A nova psicologia do sucesso*, defendeu a existência dos dois tipos de mentalidade, a fixa e a de crescimento, para eliminar o que ela chama de "pensamentos sabotadores para um bom desenvolvimento no trabalho".

> O termo *soft skills* surgiu no Exército Norte-americano, que entre os anos de 1968 e 1972 estava treinando as tropas sobre como usar armas e definir as funções dos soldados. Eles notaram, então, que a vitória dos soldados estava diretamente relacionada à forma como o grupo era liderado. Isso perturbou os generais, afinal, não era para isso que eles estavam treinando os soldados, mas era justamente o que fazia diferença. Naquele momento, eles criaram um método para registrar como esse conhecimento estava sendo adquirido. O pesquisador Paul G. Whitmore fez um estudo a respeito de como esses processos se davam. Quanto à origem dos termos, na época, as *hard skills* estavam relacionadas ao trabalho pesado, com as armas; já as *soft skills* eram as habilidades mais sutis, que não envolviam armas.

Hoje, a cereja do bolo e a prova do quanto o mercado está em um momento de alta demanda por soft skills é o customer experience. Ao falar tanto de *customer experience* quanto de *client centricity* — direcionados a prover uma experiência única para o cliente, colocando-o no centro de tudo —, se está falando, basicamente, de soft skills; as habilidades interpessoais são a chave para conquistar, atender e fidelizar o cliente. Menos de 10% das startups unicórnios têm alguma tecnologia superavançada e diferenciada, as demais inovaram pela abordagem ao mercado. Quando analisamos o caso do Nubank no Brasil, você acredita que eles apresentaram alguma tecnologia que os grandes bancos não tinham acesso?

Quanto mais as empresas se fragmentam em áreas distintas, mais as pessoas têm que se relacionar para conectar o trabalho de um com o outro e fazer as coisas acontecerem. Essa, inclusive, é uma carência na área da educação, que fragmenta a formação profissional em aulas de finanças, RH, operações e assim por diante; então, os cases são tratados de maneira isolada, diferentemente da vida real, em que é preciso ter uma visão holística. Sem as soft skills, portanto, o resultado não acontece.

O Fórum Econômico Mundial lista as chamadas soft skills do futuro, que incluem a capacidade de resolução de problemas complexos, por exemplo. Contudo, aqui, falaremos do essencial. Afinal, não adianta falar das soft skills do futuro, se você não tiver o que as empresas estão precisando hoje; mais do que isso, é o básico que lhe permitirá dar os primeiros passos na hierarquia para, a partir daí, exigirem de você habilidades mais complexas.

Tenha em mente que as soft skills estão diretamente ligadas à evolução e a sair da zona de conforto. Se você fala muito, por exemplo, provavelmente terá que escutar mais e falar menos; se você fala pouco, precisa se arriscar a falar mais. Por isso o mindset de querer desenvolver-se é fundamental. Você dificilmente será extraordinário naquilo que não é seu ponto forte ou não lhe agrada, mas é possível evoluir até o ponto em que determinada característica não o atrapalhe.

A IMPORTÂNCIA E O PODER DAS SOFT SKILLS

Com a palavra...

Flávio Vidigal
CFO e Diretor de Relações com Investidores da Tecnisa

Em aproximadamente 25 anos de trabalho no mercado financeiro pude vivenciar diversas experiências, porém a mais especial e marcante em minha carreira foi a transição de "sênior banker" para diretor financeiro e relações com investidores. Primeiro é importante mencionar que sempre fui um grande defensor de mudanças, pois acredito que sair da zona de conforto nos faz adquirir novas capacidades e aprimorar as qualidades que dispomos, ainda mais em um mundo em constante mudança. Com certeza, as hard skills que adquiri durante minha carreira foram importantes para que estivesse habilitado para a nova posição, mas tenho certeza de que o grande diferencial para o sucesso foram as soft skills.

Ter cultivado amizades e relacionamentos me ajudou muito na nova posição, pois pude contar com a ajuda de vários profissionais quando mais precisei de maneira espontânea e sincera. Assim, recomendo que sempre cultive seu network, ou melhor, seu netweaver, e não adianta somente acessá-lo quando precisa. Netweaver é uma troca constante

▶▶ ao longo da vida e não é uma troca de algo ou alguma coisa, mas é a capacidade de se conectar verdadeiramente e vivê-lo no decorrer da sua jornada.

Comunicação e habilidade de relacionamento interpessoal foram também muito importantes para ganhar a credibilidade do time e transmitir as mensagens de maneira transparente e assertiva para os diversos stakeholders. Porém, com certeza, o mais importante foi ter equilíbrio emocional para conseguir superar situações delicadas com serenidade e tomar decisões com bom senso. E, por fim, sempre estar preparado para situações novas. A capacidade de adaptação é um grande diferencial.

Inclusive, conheço o Basaglia há vários anos e posso afirmar que foi uma das pessoas que mais contribuiu para o desenvolvimento de minha carreira. Acho que nunca falei isso para ele, mas cada almoço ou café que tomamos sempre foram grandes aulas. Buscava respostas para algumas dúvidas que eu tinha, mas o curioso é que no final o Basaglia sempre me respondia com perguntas, e por meio delas sempre encontrei minhas respostas.

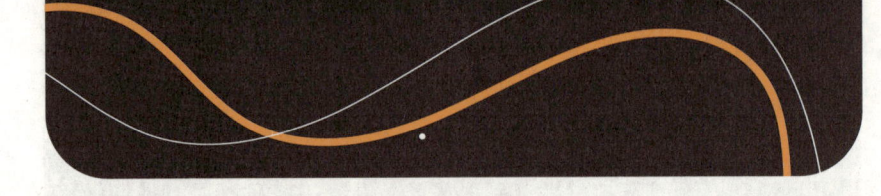

Somos Animais Sociais

Um recorte que gosto de trazer sobre as soft skills se traduz na sua competência social. Esta se refere, de fato, ao relacionamento com as pessoas e engloba seu senso de humor, empatia, o respeito que

A IMPORTÂNCIA E O PODER DAS SOFT SKILLS

você tem por elas, sua postura, sua linguagem corporal, não apenas no ambiente de trabalho, mas também no dia a dia.

Como você se comporta quando sai para almoçar com seus colegas? E em uma festa da empresa? Ou você não faz nenhuma dessas coisas? É necessário dar atenção a isso a fim de gerar um ambiente leve, harmônico, no qual as pessoas realmente queiram estar juntas. Além disso, um bom relacionamento social transmite confiabilidade.

A verdade é que ninguém gosta de trabalhar com aquela pessoa estressada, que você tem que pensar duas vezes antes falar sobre qualquer assunto com ela, porque tem medo de que ela vá estourar; ou que roube a sua ideia; que ela vai sempre ser "do contra"; que vai criticá-lo — e você pode acrescentar aqui todas as características desagradáveis que podem ser encontradas no ambiente de trabalho.

Durante a infância, aprendemos, na prática, a lidar com conflitos e transitar entre grupos diversos. Mas ninguém aprende do mesmo jeito e nem as mesmas lições. Dizem que uma habilidade que não aprendemos na escola, acabamos aprendendo, como todas as outras, com o cheiro do asfalto.

Algumas condições podem atrapalhar o desenvolvimento de uma social skill, como ansiedade, depressão ou até mesmo a ausência de modelos positivos no contexto familiar. Para o líder, mas também para todos os colegas de trabalho, esse é um desafio a ser encarado e, para tanto, você precisa estar munido de todas as skills essenciais.

> **Quanto custa estabelecer uma transação no ambiente de trabalho?**
>
> Se alguém tem uma predisposição a gostar de você, é tudo muito mais fácil. Você inicia muitas casas na frente e já parte para o trabalho que tem que ser feito.
>
> Porém, quando uma pessoa ainda não tem essa confiança estabelecida ou não tem uma boa imagem de você, vai levar tempo até que consiga estabelecer uma relação produtiva ao trabalhar com ela.
>
> Isso é o que eu chamo de *custo da transação*. Toda vez que você vai ter uma transação com aquela pessoa, é custoso, demorado e tem muito pé-atrás. Aos poucos, esse custo vai sendo reduzido.

Vale lembrar que as pessoas vão julgá-lo, antes da sua competência, pelos seus comportamentos. Sem entrar no mérito do que é certo e do que é errado, trata-se de um fato. Caso você seja aquela pessoa agressiva e estourada, talvez sem nem ao menos saber se você é bom ou ruim em determinada função, ninguém vai querer trabalhar no seu time. Se você tem atitudes desagradáveis, isso será considerado antes mesmo da sua habilidade para desempenhar o projeto.

E o mesmo vale para a forma como você chega em uma empresa — falarei mais sobre *onboarding* em outro capítulo. Você é julgado, em um primeiro momento, muito mais pelos seus comportamentos, já que pode levar um tempo para começar a expor suas habilidades.

A maior parte dos empregos mais bem remunerados exige um componente de social skills muito forte. Quanto mais você cresce,

A IMPORTÂNCIA E O PODER DAS SOFT SKILLS

mais eles serão importantes. A propósito, nos cargos mais altos, quando as pessoas tropeçam, existe uma boa chance de isso estar relacionado a uma falha em algum desses aspectos.

Exercício

Lei Han, engenheira e especialista em gestão e inovação, fornece um framework com 28 habilidades que pode ser usado como um cardápio de soft skills — 10 habilidades de autoconsciência e autogestão e 18 habilidades interpessoais. Observe-o com calma e veja quais fazem sentido para você, de acordo com a sua personalidade, o seu contexto, a sua área de atuação e a cultura da sua empresa.

HABILIDADES DE AUTOGESTÃO

Relacionam-se à sua capacidade de compreender a si e aos demais, bem como gerir seus hábitos e suas emoções perante situações inesperadas. Estão bastante ligadas à inteligência emocional e ao autoconhecimento.

1. **Mindset de crescimento:** você olha para qualquer situação e a enxerga como uma oportunidade; concentra-se em criar uma solução, em vez de botar a culpa em alguém.

2. **Autoconsciência:** você sabe o que o inspira, motiva, frustra, irrita ou constrange; está ciente de qual é a sua força motriz, bem como sabe interpretar as situações ao seu redor e suas reações a elas.

3. Inteligência emocional: você sabe administrar as próprias emoções, principalmente as negativas (como raiva, frustração, constrangimento) e reagir com educação e maturidade.

4. Autoconfiança: você acredita em si mesmo, nos seus talentos e nas suas demais habilidades, e está ciente de que tem tudo de que precisa para ser bem-sucedido.

5. Gerenciamento do estresse: independentemente da sua rotina, você se mantém saudável, calmo e focado, e busca sempre manter uma vida equilibrada, que lhe permita lidar da melhor forma com quaisquer situações que surjam.

6. Resiliência: ainda que algo o desanime, em qualquer âmbito, você é capaz de se manter firme, analisar a situação e seguir em frente, sem deixar a peteca cair.

7. Capacidade de perdoar: você perdoa a si mesmo e aos outros, compreendendo que todos são passíveis de erros, e segue adiante sem rancores, o que lhe permite se desapegar do passado e focar o futuro.

8. Persistência e perseverança: você está sempre disposto a aprender, ir atrás de seus objetivos e fazer acontecer, dedicando todos os seus esforços, apesar das dificuldades.

9. Paciência: às vezes, é preciso segurar a onda e esperar as coisas seguirem seu curso; então, você aguarda pacientemente até que a hora mais estratégica chegue para que possa agir e seguir atrás de seus objetivos.

10. Perceptividade: enxergar as entrelinhas e prestar atenção não só ao que é dito, mas também ao não dito, é uma característica sua, o que lhe permite ter empatia e uma percepção mais ampla de diferentes situações que o cercam.

HABILIDADES INTERPESSOAIS

Indicam como você se relaciona com as pessoas ao seu redor e constrói relações profundas e significativas, capazes de interferir positivamente na sua carreira. Elas são divididas em habilidades convencionais e tribais.

> Convencionais: costumam constar na maioria das *job descriptions*, e são requisitadas e avaliadas nas entrevistas.

1. Habilidade de comunicação: você ouve os demais ativamente e é bem articulado perante qualquer público. Essa habilidade inclui ainda o domínio de diferentes idiomas que sejam necessários no seu dia a dia.

2. Habilidade de trabalho em equipe: você trabalha bem com quaisquer pessoas ou grupos compostos de diferentes personalidades, estilos de trabalho ou nível de motivação para alcançar um melhor resultado em equipe.

3. Relacionamentos interpessoais: construir relações de confiança, ter empatia, encontrar semelhanças e saber se relacionar com as diferenças fazem parte do seu perfil. Essa habilidade está intimamente relacionada à comunicabilidade.

4. Habilidade de apresentação: mostrar os resultados do seu trabalho, bem como suas ideias publicamente é uma habilidade que você domina. Embora esta seja uma forma de comunicação, é considerada uma habilidade por si mesma, pois lhe permite destacar-se nas posições que ocupar, especialmente à medida que progride em sua carreira.

5. Habilidade de gerenciamento de reuniões: você lidera e conduz reuniões eficazes, visando engajar e alcançar resultados, sem perda de tempo.

6. **Habilidade de mediação:** você é capaz de dar e receber feedbacks, e de coordenar debates entre grupos com perspectivas distintas, a fim de que todos cheguem à melhor solução.

7. **Habilidade de venda:** trata-se de convencer e engajar; vender pode significar fechar negócio com um produto ou serviço, mas também conquistar a adesão para uma ideia ou um projeto. Se você é bom nisso, é um bom vendedor.

8. **Habilidade de gestão:** você tem visão analítica e é capaz de montar uma equipe de alto desempenho, com pessoas diversas, e mantê-la motivada e executando as entregas conforme necessário.

9. **Habilidade de liderança:** você planeja metas, define papéis e organiza a equipe de modo que todos desempenhem seu melhor durante a execução, com comprometimento.

10. **Habilidade de mentoria/coaching:** você compartilha o que sabe de maneira construtiva, orienta, dá feedback e ajuda outras pessoas no desenvolvimento de suas carreiras.

"Tribais": habilidades interpessoais que ninguém costuma encontrar nos pré-requisitos de uma vaga de emprego, mas são essenciais para carreiras bem-sucedidas. Lei Han as chama de "tribais" porque são habilidades intrínsecas, provenientes da experiência conquistada na sua comunidade como um todo (trabalho, vida pessoal, círculos sociais etc.).

1. **Proatividade:** você age de forma proativa e costuma atingir as expectativas do seu chefe em relação ao seu trabalho, pois sempre busca ter o melhor desempenho.

A IMPORTÂNCIA E O PODER DAS SOFT SKILLS

2. **Autopromoção:** você conhece os seus talentos e como aplicá-los; por essa razão, sabe "vender o seu peixe", de modo que seu líder saiba que você faz um ótimo trabalho.

3. **Moderação:** caso tenha que lidar com pessoas difíceis ou situações desgastantes, você ainda é capaz de executar um bom trabalho e entregar resultados.

4. **Ponderação:** em situações inesperadas, você mantém a calma e analisa qual é a melhor forma de agir.

5. **Diplomacia:** você compreende a cultura e a política da empresa e lida bem com as diferentes dinâmicas do dia a dia, sendo capaz de transitar entre os diversos âmbitos da organização.

6. **Persuasão:** você é capaz de influenciar pontos de vista e tomadas de decisão, mas ainda fazer com que as pessoas pensem que decidiram por si mesmas.

7. **Negociação:** seja em uma venda propriamente dita, na solução de conflito ou no desenvolvimento de uma estratégia, você consegue chegar a soluções que satisfaçam ambas as partes, de modo que todos saiam ganhando e as relações de confiança se solidifiquem.

8. **Networking:** você consegue fazer contatos e estabelecer relações com pessoas de diferentes âmbitos, criando uma rede de contatos com a qual possa contar.

Depois de se debruçar sobre as habilidades indicadas e olhar para si mesmo:

- Qual a importância de cada uma dessas soft skills para ter sucesso em sua carreira?

LUGAR DE POTÊNCIA

- Analise as soft skills e classifique de 0 a 10 seu grau de habilidade em cada uma dessas áreas, sendo: 1 — nada habilidoso; e 10 — completamente habilidoso.

- Converse com seus gestores ou colegas de trabalho em posições mais seniores e peça a eles que lhe deem uma nota de 1 a 10 em cada uma dessas habilidades, sendo: 1 — nada habilidoso; e 10 — completamente habilidoso.

- Liste as pessoas de sucesso na sua área, com quem você tem algum contato, e faça um mapeamento das soft skills que consegue perceber nelas (inclua as fortalezas e as fraquezas).

Com a palavra...

Luiz Marra
Diretor de Vendas de Tecnologia da Oracle

Sempre acreditei muito no poder da mente. Energia e mindset positivos fazem toda diferença na vida pessoal e principalmente no mundo corporativo. Adotei desde sempre tal postura para meu time, clientes e parceiros, prosperando em todos os níveis de nossa jornada.

A IMPORTÂNCIA E O PODER DAS SOFT SKILLS

Lembro-me como se fosse hoje de um projeto sobre minha liderança na América Latina de Transformação Digital de um grande cliente do segmento financeiro em que sua principal operação DC (Data Center) ficava no Brasil e o head de TI (sponsor) do grupo ficava na Europa.

A complexidade de liderar um time multi-skills, multicultural com poder de decisão descentralizado foi extremamente desafiadora e o sucesso desse projeto dependia da minha permanência e liderança nas grandes contas dessa multinacional.

Logo percebi que estava vivendo o que sempre pedi, um MBA na prática, momento único de consolidar minha empresa nesse grande grupo financeiro levando tecnologia de ponta da minha empresa para o mercado financeiro no Brasil.

Percebo claramente a importância desse projeto para minha carreira, desde as agendas iniciais até a conclusão na Espanha. De motoboy de prótese dentária em Santos-SP, o filho do Zé e da Nice começou cedo, errando, acertando, mas sempre desafiando tudo e todos. Hoje, sou Diretor de Vendas de Tecnologia da Oracle.

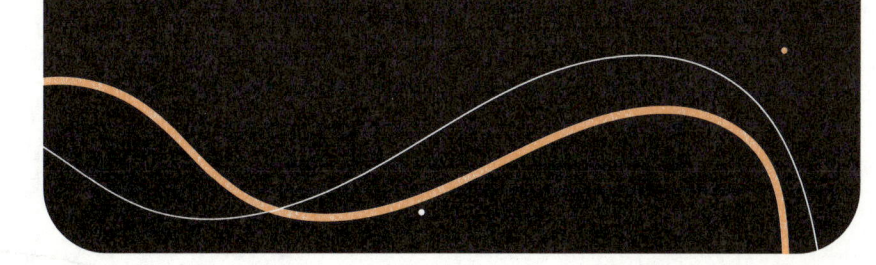

Capítulo 4

Olhando para Trás para Seguir em Frente

Só você sabe o quanto caminhou para chegar até aqui. Então, antes de avançar nas reflexões sobre desenvolvimento profissional e de carreira, e como efetivamente se posicionar no mercado, seja como líder, seja como técnico de excelência, é preciso primeiro que você saiba onde está — e o que quer para si.

Abre-te, Sésamo

Ao falar sobre carreira, principalmente em momentos de transição e mudança (mas não só), é bastante comum as pessoas perguntarem se há algum teste que elas possam fazer a fim de identificar qual área combina com elas, na qual se encaixam ou qual profissão lhes seria mais promissora. Afinal, quem nunca viu aqueles testes mágicos nas revistas, que dão uma lista de perguntas e, se você responder mais "letra a" significa que você será um ótimo engenheiro; "letra b", e você tem tudo para ser dentista; "letra c" e, *voilà*, você descobre que nasceu para ser comissário especial da ONU. Simples, não?

Mas não existe teste mágico. Não há uma sequência de perguntas que possa ser respondida e imediatamente lhe dará um panorama de qual é a carreira ideal a seguir.

Por outro lado, existe um conjunto de reflexões e de *assessments* que, se utilizar da forma correta, lhe dão pistas importantes de qual pode ser um caminho. Lembrando que não existe fórmula mágica.

O caminho que seguimos na carreira não costuma ser todo planejado. Ele começa na graduação (ou até antes dela), na oportunidade de fazer um estágio, e segue adiante, conforme as oportunidades vão surgindo e convergindo. Ou, então, pode nem ter a ver com o estágio, mas com alguém que lhe deu uma oportunidade e você se agarrou a ela.

Nesse sentido, a maior parte das pessoas nunca parou efetivamente para refletir "No que eu sou bom", "O que me dá prazer", "No que eu me diferencio?", e essas são reflexões fundamentais para alcançar o sucesso. (Os exercícios do Capítulo 2, para conhecer seus talentos, seu propósito e suas prioridades servem como base para essa compreensão.)

Olhe para o Lado

Para avaliar sua carreira e fazer sua própria análise, quatro pontos básicos devem ser considerados, e a combinação deles é o que faz a diferença para você se destacar no mercado de trabalho e ser feliz fazendo o que faz. Vou descrevê-los a seguir, para que possa fazer o balanço de sua trajetória.

Valores

Tudo o que é importante para você, o que o norteia. Seu propósito se enquadra aqui, e por isso talvez este seja o ponto mais importante a ser considerado; afinal, esta é a sua força motriz.

Os valores podem ser intrínsecos e extrínsecos. Por exemplo, para você é importante acordar e pensar "Não vejo a hora de chegar ao escritório e encontrar o pessoal"? Se o bem-estar relacionado ao ambiente de trabalho é fundamental para você, esse é um motivador intrínseco (ligado diretamente a como você se sente). Receber um salário alto serve como combustível para você? Se sim, esse é um valor extrínseco — uma motivação externa a você.

Talvez deseje causar um impacto na sociedade, fazer a diferença no mundo. Ou, ainda, ter prestígio, seja interno — ser reconhecido pelas pessoas dentro da própria empresa — ou externo — quando a sociedade ou o mercado no qual está inserido reconhecem sua importância. Qualidade de vida, saúde, equilíbrio entre vida pessoal e profissional também são exemplos de valores.

Além de identificar o que importa, essa análise serve ainda para priorizar. "Se quiser tudo, não terá nada", dizem. Dois grandes erros: querer tudo ou não ter certeza do que está disposto a abrir mão. Então, é preciso estabelecer uma ordem, entender o que realmente importa e, a partir disso, identificar qual é a base para que você tenha sucesso e seja feliz na sua carreira.

Vale ressaltar que, apesar de estarmos falando sobre valores, não existe nenhum tipo de juízo de valor em relação ao que o motiva. Não há nada de errado em pensar em salário, se isso é importante para você. O mais importante é ser honesto consigo e ter isso muito claro para si mesmo; caso contrário, acabará frustrado.

Interesses

O que você gosta de fazer, o que chama sua atenção e o atrai. Hoje, é comum as pessoas ficarem tão imersas em seus celulares e demais aparelhos eletrônicos que, muitas vezes, não conseguem mais identificar coisas que as interessam.

O que você faz que normalmente prende a sua atenção? O que você faz, que nem vê o tempo passar? Mesmo não sendo cobrado, o que você procura fazer da melhor forma possível? Em que busca ajudar? Do que você sente falta de fazer?

O isolamento social durante a pandemia da Covid-19 fez com que muitos aderissem a novos hobbies (ou ressuscitassem os seus antigos) e buscassem novas formas de se entreter quando não é possível sair de casa. Isso trouxe à tona diversos interesses que, até então, talvez fossem desconhecidos (quantos "chefs da quarentena" ou "músicos da quarentena" você pôde ver em suas redes sociais?).

Conhecer os seus interesses permite compreender o que o faz feliz — e o que você faz com felicidade.

Personalidade

A personalidade é composta por suas características, que impactam na forma como você é visto e como você se auto identifica, posteriormente refletindo nos seus comportamentos e atitudes. O Capítulo 2, "Quem é Você na Fila do Pão", é superimportante para ajudá-lo nessa empreitada. Existem, ainda, muitas ferramentas de avaliação, popularmente chamados de testes, que você pode encontrar, como MBTI, Hogan e DISC, que darão pistas importantes não só sobre sua personalidade, mas também sobre suas preferências, valores e motivadores. Outra ferramenta fundamental é o feedback, que fornece uma visão externa sobre nós, sem os vieses da nossa própria interpretação.

Identificar sua personalidade é um processo de reflexão e de autodesenvolvimento. Pense nisso como uma jornada, e não como uma etapa a ser superada.

Aptidão

No que você é bom e se diferencia. Pode ser uma característica inata ou adquirida. No Capítulo 3, falamos sobre soft skills e como é possível desenvolvê-las a fim de impulsionar a carreira, associando-as às nossas habilidades técnicas (hard skills); é possível compreender a aptidão como o todo resultante da soma dessas skills.

Mais do que se concentrar em uma área na qual você é bom, outro caminho possível é buscar uma área que o force a desenvolver uma determinada uma habilidade, que aprimore suas aptidões e ajude-o a chegar aonde você deseja.

Analise em que você precisa se aprimorar; afinal, todo profissional deve se manter atualizado. Reflita sobre qual é a sua situação familiar e seu contexto social. Quais são suas responsabilidades, suas contas a pagar, o quanto você tem de dinheiro para investir em um treinamento para se desenvolver? Quanto tempo você pode ficar parado para buscar desenvolver todos esses pontos? Quanto você está efetivamente disposto a pagar por esse desenvolvimento? Jamais coloque a culpa na empresa pela falta do seu desenvolvimento, afinal a carreira é sua.

Após se debruçar sobre essa análise, você terá um retrato da sua trajetória, que o permitirá compreender como você chegou onde está e, então, o que fazer para avançar. Tendo em mãos esse retrato da sua carreira, você poderá transformá-lo em filme — dinâmico, em mudança constante, e cada ação sua definirá as próximas cenas. Um bom filme exige um bom diretor, capaz de definir cada *take*, cada ação, para levar ao objetivo final, ciente de quais são os recursos que tem a seu dispor.

Com a palavra...

Tiago Azevedo
CFO do Mercado Livre no Brasil

Em 2010, quando estava cursando meu MBA, tive um professor chamado Scott Galloway. Certa vez ele nos perguntou o que nos deixava preocupados ou acordados à noite. Depois de um debate na turma ele comentou que "... continuar relevante ao longo do tempo era o que mais lhe mantinha acordado". Naquele tempo, esse episódio passou despercebido na minha cabeça, mas mal sabia que ele voltaria anos depois e faria todo sentido de repente.

Passados alguns anos, em 2017, estava me sentindo muito desatualizado de tudo que estava acontecendo no mundo das plataformas digitais, criação dos ecossistemas e a fusão do mundo de pagamentos com praticamente todos os negócios existentes. A transformação digital estava acelerando muito rápido e eu estava ficando para trás. Como um déjà-vu, a cena do meu professor na sala falando para tomarmos cuidado para não ficarmos irrelevantes me atingiu a cabeça em cheio e aquela aula de 2010 fez todo sentido. Mais impressionante ainda, aquele pequeno momento voltou a minha cabeça nos mais minuciosos detalhes, algo que na época mal tinha registrado e que virou um dos meus guias em minhas decisões profissionais.

Apesar de a minha progressão de carreira estar evoluindo bem na Hershey's, estava claro para mim que eu tinha que mudar de rota. Mais do que apostar em um caminho certo, o maior risco era seguir nessa rota, pois aos poucos poderia perder minha relevância dado o contexto da transformação digital e onde havia colocado os meus objetivos pessoais. Mesmo quando está tudo indo bem, não quer dizer que não é a hora certa de mudar, e isso é diferente para cada pessoa, pois temos interesses, desejos e ambições diferentes.

Após alguns meses de frustração e uma busca incessante por novos aprendizados, palestras e conversas com pessoas do setor, tive a oportunidade de assumir a cadeira de CFO do Mercado Livre no Brasil.

Na minha carreira sempre tenho mantido este mantra — e mudar não significa sempre sair de um lugar para outro. Significa abraçar novos projetos, manter-se atento às mudanças no ambiente de negócios e às novas tendências, tomar mais riscos e aceitar suas vulnerabilidades. Quando somos honestos com nós mesmos, damos um primeiro passo para evoluir e as pessoas estão mais dispostas a lhe ajudar e ensinar. Nunca podemos perder a humildade de aprender porque, com a

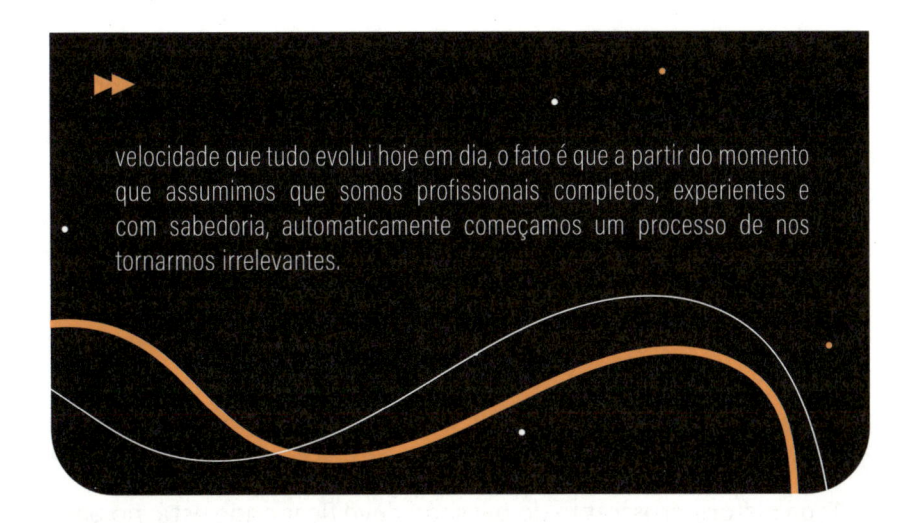

> velocidade que tudo evolui hoje em dia, o fato é que a partir do momento que assumimos que somos profissionais completos, experientes e com sabedoria, automaticamente começamos um processo de nos tornarmos irrelevantes.

Se Ligue no Contexto em que Você Está Integrado

Depois da autoavaliação feita na seção anterior, é bacana expandir essa reflexão e colocá-la em um contexto, observando a empresa em que você está.

Nos próximos capítulos, falaremos sobre negociação, pedir aumento, pleitear uma promoção, lidar com pares, com dicas práticas para agir e avançar em sua carreira. Mas isso só vale se você souber quem você é (na fila do pão e da promoção), o que quer (para que você vai buscar uma promoção se não tem o menor interesse no cargo?) e identificar muito bem a cultura da empresa (e o que funciona lá dentro). Assim, você vai poder adaptar essas dicas para o seu próprio contexto.

Lembre-se de que as pessoas que crescem são as que fazem a diferença — que mexem o ponteiro para a diretoria, para a presidência, e geram resultado para os acionistas. Então, dentre as suas atribuições, identifique quais deve priorizar ou até mesmo buscar para fazer, a fim de se destacar.

Depois de algum tempo de empresa, alguns profissionais começam a ficar frustrados, por considerar que certa decisão foi injusta ou discordar de algo. Então, ficam remoendo essa mágoa e esperam que a empresa reconheça o próprio erro e o corrija — como se a empresa fosse dizer: "Desculpa, eu errei, Fulano! Vem cá, que agora vou promovê-lo ou lhe dar um aumento." Isso nunca acontece.

Toda história frustrante do passado deve ficar onde está: no passado. Ou você aprende a lidar com essa decepção e deixá-la para trás, para que não o influencie mais daqui para a frente, ou você não será bem-sucedido. Concentre-se no futuro e não permita que o fantasma da frustração volte a assombrá-lo; caso contrário, é preciso pensar em procurar outra empresa.

Talvez este seja um dos piores motivos para sair. Se você não se encaixa na cultura da empresa, não tem as habilidades de que precisa, não concorda com a estratégia ou seu trabalho não está alinhado com seus valores e seu propósito, tudo bem, faz parte do jogo. Mas deixar a empresa por não conseguir lidar com um mal-entendido ou uma discordância do passado é uma perda em diversos aspectos. Pode haver ali uma oportunidade de crescimento (profissional e pessoal) desperdiçada.

Seja sincero consigo mesmo em relação ao lugar em que você está. Não continue trabalhando sufocado pela insatisfação e contribuindo para a criação de um ambiente tóxico, de reclamações, frustrações ou fofocas.

OLHANDO PARA TRÁS PARA SEGUIR EM FRENTE

Ninguém lhe dará uma oportunidade se não conhecer seu lado positivo, seja por entregar um bom resultado ou ter uma boa atitude. Então, procurar uma nova oportunidade, dentro ou fora da empresa, quando você está com a atitude errada ou apresenta maus resultados, tem poucas chances de dar certo.

Se você está apostando na empresa, é preciso entender também qual é a fase em que ela está, para saber se esse é o seu momento de buscar crescer de maneira mais agressiva ou se é melhor recuar e esperar. Caso ninguém esteja sendo promovido ou recebendo aumentos de salário, ou pior, se a empresa estiver passando por uma crise, talvez não seja a hora de pleitear as mudanças que deseja (o que não quer dizer que você deve ficar parado!). Pare e pense: "Bom, então, se a fila não está andando, o que eu faço, neste momento, para que as coisas melhorem, voltem a fluir, a fila volte a andar?" Lembre-se: as pessoas que crescem são as que mexem os ponteiros dos stakeholders.

Não crie expectativas irreais. Caso esperar não faça parte do seu planejamento de carreira, não culpe a empresa. Saiba interpretar a cultura da sua organização e decida, de maneira consciente, se essa realidade está alinhada às suas expectativas, afinal, a empresa não vai mudar de dinâmica apenas para atender às suas demandas.

Se o que você deseja ou tem a oferecer não está de acordo com a empresa na qual trabalha, esta, sim, é uma justificativa legítima para buscar outra.

Exercício

Reflita e responda às perguntas a seguir. Voltando à metáfora do filme, vamos reconstruir e observar a história que se passa na sua empresa como um todo, olhando para o passado e o presente, a fim de tentar compreender como poderá ser o futuro lá dentro. Nenhum profissional (nem o gerente de RH, nem o CEO) é capaz de explicar cada coisa que acontece na empresa, mas o importante é que você construa a sua interpretação. Seguir sem essa análise é como um piloto de avião sem nenhum instrumento no painel — mesmo com uma vasta experiência, será preciso muita sorte para se dar bem.

Passado

1. O que fez a empresa conquistar os resultados que conquistou?

OLHANDO PARA TRÁS PARA SEGUIR EM FRENTE

2. No que a empresa acertou e no que ela errou?

3. As pessoas que cresceram na empresa têm que tipo de comportamentos e entregaram que tipo de resultados?

4. As pessoas demitidas, foram demitidas por quê?

LUGAR DE POTÊNCIA

5. As pessoas promovidas, foram promovidas por quê?

Presente

1. Quais são os principais gargalos, as prioridades e os principais projetos da sua empresa?

2. Como sua área de atuação e como você, especificamente, com o seu trabalho do dia a dia, podem impactar em tudo isso?

OLHANDO PARA TRÁS PARA SEGUIR EM FRENTE **87**

3. Com quem seus líderes gostam de se comparar ou a quem citam como referência?

4. É comum serem feitas promoções internas ou a empresa costuma buscar pessoas de fora para ocupar os cargos mais altos?

5. As pessoas que são promovidas normalmente têm mais tempo de casa ou são os recém-chegados? Quais características você consegue identificar em quem é promovido?

Futuro

Assim, você começa a ter pistas quanto ao futuro nessa empresa, e se ele o interessa, sabendo que deverá:

- Ter o comportamento que a sua liderança considera adequado e aprecia.
- Entregar um resultado que contribua para que a empresa chegue aonde ela quer chegar.
- Influenciar as pessoas para que sigam esse caminho com o menor nível de atrito.

Então, avalie:

- Em que ciclo você está? Entrou agora na empresa? Já está nela há algum tempo?
- Como está o seu nível de energia? Você ainda tem "lenha para queimar" ou já não tem mais tanta disposição?
- Quantas vezes você foi promovido?
- Quantas vezes recebeu aumento?
- Quando se compara com a maior parte das pessoas, suas entregas estão acima ou abaixo da média?

Dica: Se, durante essas reflexões, surgirem mais emoções e julgamentos do que fatos e dados, esse é um indicativo importante de que você tem pontos cegos nessa análise. Identificar isso é outra oportunidade para o seu desenvolvimento.

Qual É a Parte que Falta?

Você chegou até aqui, descobriu suas potencialidades, fraquezas; analisou a sua empresa e definiu qual é o seu plano. Agora, vou lhe

OLHANDO PARA TRÁS PARA SEGUIR EM FRENTE

mostrar o que poderá encontrar daqui para a frente e ajudá-lo, com orientações e dicas práticas, a se sair bem no seu papel.

Defina sua visão de futuro, aonde você quer chegar e, a partir daí, visualize as etapas para alcançar esse objetivo. Qual é o seu próximo passo? Você está em uma fase de reconquistar a credibilidade na empresa, porque não está em um bom momento? Ou, então, quer mudar de área? Está buscando ter mais autonomia? Chegou a hora de ir atrás de um aumento ou uma promoção?

Para isso, é preciso que mantenha em mente o processo pelo qual passou até aqui: após fazer todos os exercícios, quais insights você teve? Este livro vai ajudá-lo a pavimentar seu caminho a partir disso.

Conforme falamos, quando se está construindo a base para uma promoção ou um projeto maior, seu grande objetivo, há aspectos que são possíveis de controlar e outros que não são. Você não tem controle sobre quando a fila vai andar; o que você controla é ser o primeiro da fila, para que seja o escolhido quando a hora chegar. Portanto, é fundamental entender quem são as pessoas que querem a mesma coisa que você, que têm objetivos semelhantes, e compreender o que elas têm feito nessa direção. Quem são seus concorrentes diretos? O que você pode fazer para manter-se em destaque e não perder seu lugar na fila? O que estão fazendo as pessoas mais bem posicionadas? Muitas vezes, aliar-se a essas pessoas é o melhor caminho (no Capítulo 7, vamos nos aprofundar na importância de manter boas relações e como estabelecer um bom networking).

Novamente: saia da visão de árvore e tenha uma visão de floresta. O que você faz hoje é notável ou é apenas um som surdo e imperceptível? Seja orientado a serviço. Em vez de um criador de dificuldades, atenha-se a ser um solucionador de problemas — é excelente ser reconhecido por isso e pode impulsioná-lo a crescer.

O Otimismo Realista

Em seu livro *9 Atitudes das Pessoas Bem-Sucedidas*, a psicóloga social e pesquisadora Heidi Grant Halvorson afirma que, apesar do impulso em acharmos que pessoas são bem-sucedidas devido a seus dons, a verdade é que elas chegam ao topo devido às suas ações. Como este livro largamente tem mostrado, o processo para alcançar um objetivo profissional (ou qualquer outro objetivo, é possível dizer) pressupõe muito mais iniciativa, paciência, preparação, estudo (formal ou não) e, em consequência disso, conhecimento do que predestinação ou sorte.

Dessa forma, faz sentido organizar suas práticas, de maneira focada, visando seu fim. Para avançar na carreira, primeiramente, é preciso ser específico. Concentre-se em um objetivo, para poder, então, dedicar-se a compreender o caminho que precisará trilhar para chegar até ele; ora, você não será CEO na semana que vem se, hoje, é analista júnior. O que você precisa fazer e quais são as etapas a serem cumpridas para alcançar o cargo almejado?

Em segundo lugar, é preciso escolher o momento certo para agir. Lembre-se das reflexões feitas anteriormente neste capítulo a respeito da sua empresa, em que fase ela está, como você tem somado lá dentro e como os seus planos se encaixam nos planos da empresa.

Mantenha-se atento aos obstáculos e em constante aprimoramento, bem como aproveite as oportunidades que sua empresa lhe proporciona para fazer treinamentos, participar de palestras, formações e workshops. Além disso, nos capítulos da Parte 3 deste livro, haverá um vasto menu de opções para você dar um belo *up* nas suas habilidades.

Mantenha os pés no chão e esteja ciente de que os obstáculos estarão, sim, presentes nessa trajetória. Contudo, não se esqueça do otimismo. Ele nos torna mais adaptáveis e nos impulsiona para saltar sobre as pedras que estarão no caminho.

Seu foco e sua organização, portanto, devem fazer com que seja um otimista realista. Ou, como disse o escritor Ariano Suassuna, já que "o otimista é um tolo; o pessimista é um chato; bom mesmo é ser um realista esperançoso".

Com a palavra...

Ricardo Natale
CEO do Experience Club

Tudo estava apontando para um ano histórico. Se 2019 já tinha sido um ano de metas superadas, com 52 eventos realizados com grande sucesso e alguns dos maiores speakers do mundo em nossos palcos, como Raj Sisodia (*Capitalismo Consciente*), Amin Toufani (SingularityU), Carlo Ratti (MIT), Alyssa Carson (NASA) e Richard Branson (Virgin), o ano de 2020 seria o ápice da nossa companhia após 15 anos de vida.

Chegamos a fazer o primeiro evento de 2020 — a nossa tradicional Confraria de Economia — no dia 5 de março, com quase 400 participantes. Luiza Helena Trajano fez a abertura e o futurista e filósofo norte-americano Jason Silva encerrou com uma palestra muito inspiradora.

Decretada a pandemia, e o lockdown radical, e agora? Calendário fechado de 45 eventos, 4 fóruns programados, viagem com 30 CEOs para o SXSW em Austin. Como reinventar tudo de uma hora para outra? Meu time mostrou o desafio: ou levamos rápido uma solução ao mercado ou corremos o risco de perder para sempre patrocinadores e associados.

Lembro bem daquele dia. Fui para casa, sentei na varanda com uma folha em branco e pensei: o mercado todo está com essa mesma folha em branco, a hora de criar algo diferenciado é agora!

Em três dias, lançamos um calendário de eventos digitais com speakers internacionais de peso; criamos estratégias digitais para gerar leads aos patrocinadores e substituir os eventos presenciais; decidimos criar uma jornada customizada com matérias e evento para as empresas que precisavam se mostrar com velocidade ao mercado. Saímos de uma empresa de eventos para uma empresa de conteúdo em três dias. Em pouco menos de dois meses, todos os clientes foram mantidos e novos estavam chegando, reconhecendo a força da nossa criação e do nosso canal.

Duas conclusões vieram após essa rápida reinvenção: uma é que a sua intuição na hora de criar soluções ou produtos deve ter um peso grande, jamais deixe-a de lado; a outra é que, mesmo sem termos domínio sobre o futuro, o controle da sua companhia tem que estar em suas mãos, não pense que é o mercado que controla os seus negócios.

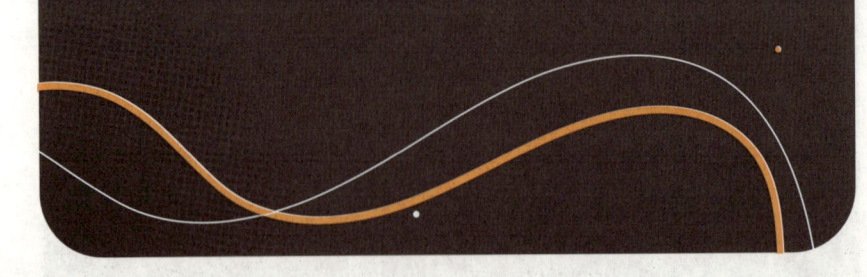

Mapa Mental

Conheça-te e Potencialize a Ti mesmo

- Tecnologia
- Formação
- Carreira
- Economia
- Sociedade

E O MERCADO EVOLUI...

- Habilidades
- Propósito
- Talento
- Soft Skills

O PROFISSIONAL AVANÇA

Parte 2

CRESCIMENTO PROFISSIONAL — HABILIDADES E FERRAMENTAS

+ Acesse o QR Code e assista a entrevista exclusiva com o convidado

José Cláudio Securato
CEO Saint Paul Escola de Negócios e do LIT, empreendedor, professor e autor

Capítulo 5

Comunicando Ideias, Integrando Pessoas

Entre pedir, por favor, um bom pão na chapa e exigir ao seu Osório algo para o seu escritório, é preciso inteligência, comunicação efetiva e uma boa dose de ousadia. Da conversa com o CEO ao papo de botequim, as soft skills são essenciais. Até aqui, buscamos motivadores — sua força motriz — e aonde você quer chegar. Agora, falarei das habilidades que você potencialmente tem e quais vai precisar desenvolver.

O Poder de uma Boa História

Para início de conversa, a meu ver, a habilidade de comunicação é muito mal compreendida. É comum acharem que hábil em comunicação é aquele cara que aparentemente fala bem, é desinibido e tem certo carisma. Eu, particularmente, discordo. Carisma não resolve tudo, e nem comunica. Pelo contrário, muitos têm apenas carisma ou são bons em oratória e se apoiam nisso para esconder a ausência de todos os outros componentes fundamentais para uma boa comunicação. No fim do dia, esses são apenas falastrões.

Comunicar bem, primeiramente, exige uma estrutura mental do assunto a ser comunicado e dos objetivos que se espera alcançar. Dificilmente você conseguirá se expressar da maneira adequada se não tiver tudo isso muito claro.

Defina qual é o problema central; quais são as possíveis soluções; o que você deseja comunicar; o que você espera das pessoas; quais são os desafios; e aonde você quer chegar. Essa estrutura serve como base para você elaborar sua apresentação e criar sua narrativa — técnica também conhecida como *storytelling*.

Pesquisadores do Instituto de Tecnologia de Massachusetts (MIT), líder em pesquisas tecnológicas, decidiram estudar a ciência de contar histórias em seu *media lab*, analisando a linguagem usada no cinema, na publicidade e na TV. Assim, surgiu o Center For Future Storytelling, com o objetivo de estudar essa técnica.

Há muito tempo, o storytelling deixou de ser uma estratégia meramente usada nos roteiros de Hollywood e passou a habitar as empresas — primeiro, as de marketing, mas já há algum tempo foi reconhecido como ferramenta de gestão, já que nós, seres humanos, nos envolvemos muito mais com narrativas do que com dados ou fatos de maneira isolada.

Por exemplo, segundo dados do Instituto Nacional de Pesquisas Espaciais (INPE), em junho de 2020, 1.034 quilômetros quadrados foram desmatados na Amazônia. Esse número parece grande, é claro, e é. Mas o que isso nos diz? Outra possibilidade de contar essa história é dizendo que, em junho de 2020, uma área equivalente a 100 mil campos de futebol foi desmatada na Amazônia, sendo um pouco mais de 1 mil campos de futebol por hora. Eis algo impressionante — e assustador.

O storytelling, portanto, é capaz de engajar o interlocutor em uma causa, vender um projeto, conectar colaboradores e angariar aliados. Trata-se de uma estrutura importante, que precisa ser previamente construída, de maneira racional, tendo como foco:

1. Quem é o seu público.
2. Qual problema você quer resolver.
3. O que você espera das pessoas.
4. Quais ações serão postas em prática a partir disso.
5. Como você chegou a esta solução.
6. Como responder a possíveis pontos de objeção e valorizar ideias de outras pessoas.

Dessa forma, é possível abordar uma série de problemas por meio de uma comunicação mais abrangente, bem como transformar comportamentos, solidificar conceitos durante um treinamento ou reforçar uma conexão emocional com as pessoas.

Jeff Bezos, fundador da Amazon, baniu as apresentações de PowerPoint justamente por acreditar que tal formato não é tão efetivo para compartilhar ideias. Cada vez que o colaborador vai apresentar suas ideias, ele precisa escrever o que fez, narrar o processo, descrever suas ideias e, a partir disso, concluir de forma cativante.

Fala que Eu Te Escuto

No que se refere à comunicação, é preciso ter cuidado para não usar uma boa habilidade, porém no formato errado. O que eu quero dizer com isso? Hoje, não nos comunicamos apenas presencialmente, mas também por videoconferência, telefone, e-mail, WhatsApp (que inclui mensagem instantânea e áudio), e cada mídia tem suas regras implícitas de etiqueta. Lembra-se da seção "O Mindset Certo para a Ocasião Certa", no Capítulo 2?

Você pode ser o rei da oratória, contar histórias incríveis, apresentar seus pontos de maneira interessante. Mas, se fizer isso por meio de um áudio superlongo de WhatsApp, em vez de prender a atenção, vai provocar desinteresse, e talvez até nem seja ouvido. Ao fazer uma apresentação do seu produto para clientes em potencial, porém, se falar o equivalente a um (excelente) áudio de 15 segundos, não terá a menor chance.

Lembre-se de que você é o responsável pela mensagem que transmite. Toda comunicação unilateral — em que não tem uma troca e não é possível notar a reação do interlocutor e adaptar o discurso — exige uma escolha cuidadosa de palavras e estruturas de frases (principalmente na escrita) a fim de evitar dubiedades e mal-entendidos.

Meu colega Luis Vabo fala muito, então costumamos brincar que, antes da oratória, devemos desenvolver a "escutatória" — escutar com os olhos, com a mente e estar efetivamente presente para o interlocutor. Tanto no trabalho quanto na vida, não dar atenção, interromper o outro antes de ele concluir o raciocínio, mexer no celular, ficar "no mundo da lua" ou "pensando na morte da bezerra" enquanto a outra pessoa fala pode ser fatal.

Além disso, é preciso ter empatia, criar *rapport* e adaptar a sua linguagem ao público. Preste atenção a quais sentidos a pessoa dá ênfase ao falar e use esses detalhes em seu favor, a fim de estabelecer uma conexão. Novamente, a responsabilidade pelo entendimento é de quem passa a mensagem, e não de quem a recebe. Então, desde as palavras utilizadas à forma e à energia que você emprega impactam quem o ouve.

A depender do seu nível de senioridade, todas as suas falas geram impacto, desde a crítica a um de seus pares ao "bom-dia" para o porteiro. Ainda, quanto mais abaixo na hierarquia, maior o cuidado que você deve ter, inclusive com seus pares.

Uma dica que dou quando alguém precisa falar com algum superior, seja o diretor ou o presidente, é que faça de forma muito respeitosa, mas que soe o mais natural possível. Quanto mais você tratá-lo como uma pessoa comum, mais ele tende a enxergá-lo como uma pessoa comum. Isso, é claro, não significa falar palavrão ou usar gírias. Tratá-lo como uma pessoa comum é enxergá-lo como um igual, que, por algum motivo, ocupa uma cadeira superior, seja pela experiência ou pela capacidade de entregar resultados.

Outro aspecto importante é a capacidade de gerar confiança quando você comunica algo pessoalmente. A psicóloga Amy Cuddy, no TED Talk "Sua Linguagem Corporal Molda Quem Você É", apresenta o resultado de sua pesquisa que mostra que, ao assumirmos uma postura altiva — que ela chama de "poses de poder" —, nosso cérebro gera uma descarga de testosterona (hormônio da dominância) e restringe a produção de cortisol (hormônio do estresse), o que causa uma sensação de autoconfiança.

Mais do que às palavras que você utiliza, atente-se para: seus vícios de linguagem — como muitos "né" e "tipo", por exemplo —, o volume e a velocidade que fala.

Comunicação Não Violenta

Na década de 1960, o psicólogo Marshall Rosenberg sistematizou o que chamou de Comunicação Não Violenta (CNV), uma vez que, segundo ele, uma comunicação precária contribui para relacionamentos disfuncionais, mal-entendidos e frustração. Além dos princípios citados anteriormente, ele propôs que, ao se comunicar com alguém, sempre se faça uma distinção entre:

- **Observações** e juízos de valor.
- **Sentimentos** e opiniões.
- **Necessidades** e estratégias.
- **Pedidos** e exigências.

A CNV abarca esses quatro elementos em destaque, que devem sempre estar presentes quando nos expressamos, com honestidade e respeito, e quando ouvimos o outro, com empatia. Na prática, a CNV pode ser aplicada conforme descrito a seguir, tendo como base as necessidades e emoções humanas, de acordo com Rosenberg.

Observar sem avaliar

O que você percebe deve ser específico e se ater ao contexto. Evite usar palavras como "nunca" ou "sempre", a menos que estejam relacionadas a pontos específicos. Em vez de usar tais palavras, mencione quantas vezes você observou determinado comportamento e exemplifique. Para ser mais eficaz em separar a observação da avaliação, atenha-se aos fatos e não faça juízos de valor.

Identificar e expressar o seu sentimento

Saber discernir e diferenciar sentimentos é algo valioso. No ambiente de trabalho, muitas vezes o que é lido como indiferença pode ser apenas uma manifestação de timidez; ou alguém que aparente estar com raiva pode, simplesmente, estar frustrado. Interpretar os sentimentos alheios, à primeira vista, é bastante complicado; o segredo é, primeiramente, compreender e diferenciar os seus próprios sentimentos, e como você os manifesta, para, então, ser capaz de identificar esses sinais nos outros.

Expressar as suas necessidades

É possível que, em vez de comunicar suas necessidades, você aponte dedos quando elas não são atendidas. Por exemplo, você espera que um determinado relatório seja feito por alguém da equipe, porque, a seu ver, ele seria pertinente, mas não manifesta essa expectativa (e, portanto, ninguém faz o relatório, afinal, não há leitores de mente — ainda). Você, então, julga que todos na equipe são negligentes e desinteressados. Todo esse julgamento e mal-estar poderia ter sido evitado se você tivesse expressado sua expectativa ou indicado essa necessidade.

Apresentar o seu pedido

O último componente da CNV, em consequência dos que foram apresentados anteriormente, é o pedido, ou seja, solicitar às outras pessoas de modo específico e positivo o que você deseja. Para isso, use uma linguagem positiva e expresse suas necessidades e seus sentimentos. Por exemplo, caso precise pedir a um colaborador que costuma chegar atrasado para que ele seja mais pontual, evite dizer "*Não* podemos continuar assim; seus atrasos, daqui por diante, *não* serão tolerados"; diga-lhe: "*Precisamos* que você seja mais pontual, pois é *importante* para a equipe que você esteja aqui e *contribua* para o que é realizado no período da manhã."

Conectar-se com as pessoas com atenção e respeito faz com que elas participem de modo mais produtivo, se comuniquem com mais clareza e cooperem de maneira mais integrada.

Exercício

1. Grave a si mesmo falando — pegue seu celular, escolha um tema e saia falando. Então, observe seus trejeitos, sua linguagem corporal, as palavras que você utiliza, seus vícios de linguagem e tudo o que foi apontado nesta seção.

2. Peça um feedback para as pessoas do seu convívio mais próximo: pergunte a elas se você costuma falar muito alto, se demonstra agressividade ou se costuma enrolar muito ao contar uma história. Se quiser, pergunte a um colega de trabalho com quem tenha mais intimidade se os e-mails que você manda costumam ser polidos, claros e objetivos.

Com a palavra...

Ricardo Bloj
Presidente da Lenovo no Brasil

Durante minha carreira no setor de tecnologia, que completou 35 anos em 2021, enfrentei diversos desafios, como não poderia deixar de ser. O maior deles foi em 1999 quando, um ano após ter assumido a posição de diretor do Centro Industrial da IBM Brasil em Hortolândia-SP, fui informado que a IBM tinha decidido terceirizar e vender sua operação de manufatura no Brasil.

De uma hora para outra, além das funções de garantir a produção e entrega dos produtos que fabricávamos, tive que acumular a função de "vendedor" da nossa operação para as empresas de Contract Manufacturing (CMs) interessadas em assumir a terceirização.

O status de trabalhar para uma empresa como a IBM e a expectativa da grande maioria dos funcionários de nela se aposentar, era algo que ninguém imaginava pudesse ser interrompido. O sucesso da venda da operação para a empresa CM escolhida dependia da migração e motivação de todos os colaboradores envolvidos.

Por ser um jovem executivo de 38 anos na época, as habilidades de liderança, comunicação e convencimento foram colocadas à prova prematuramente. Manter a motivação da equipe para assegurar a

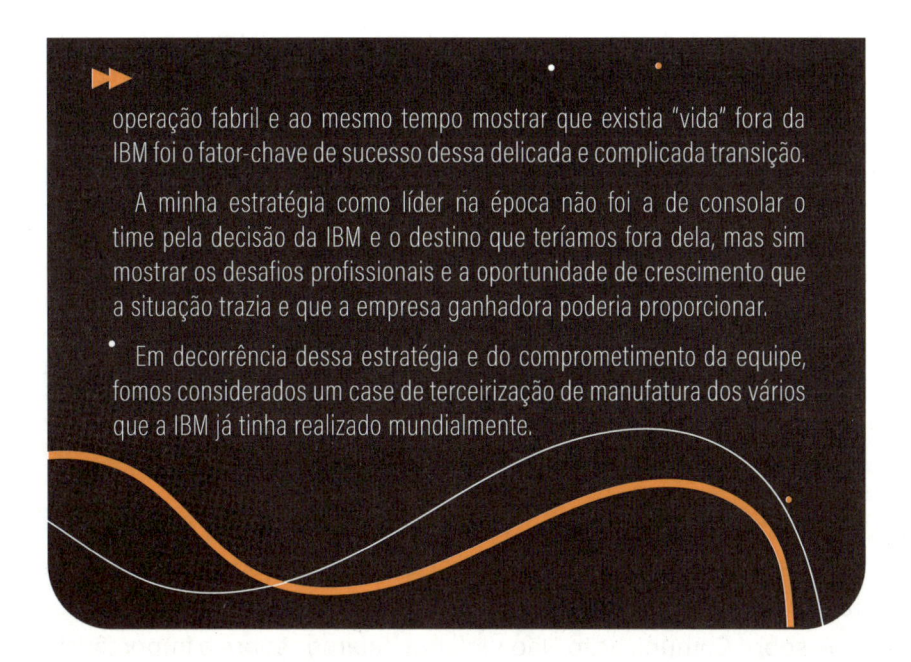

> operação fabril e ao mesmo tempo mostrar que existia "vida" fora da IBM foi o fator-chave de sucesso dessa delicada e complicada transição.
>
> A minha estratégia como líder na época não foi a de consolar o time pela decisão da IBM e o destino que teríamos fora dela, mas sim mostrar os desafios profissionais e a oportunidade de crescimento que a situação trazia e que a empresa ganhadora poderia proporcionar.
>
> Em decorrência dessa estratégia e do comprometimento da equipe, fomos considerados um case de terceirização de manufatura dos vários que a IBM já tinha realizado mundialmente.

Não Retire a Etiqueta!

O assunto é "etiqueta corporativa" — finalmente, essa é fácil! Basta não falar alto nem incomodar o outro; escovar os dentes; tomar banho e usar roupas limpas todos os dias. Ufa! Só que não.

É incrível como se costuma confundir aspectos de educação e asseio básico com "etiqueta" e como ainda hoje vemos pessoas sendo prejudicadas porque não tomam cuidados básicos, principalmente porque esse é um tipo de feedback bastante difícil de dar (quem nunca almoçou com um amigo e, ao se olhar no espelho, notou que tinha algo no dente, e o amigo estava se fazendo de despercebido e nem avisou, para evitar o constrangimento?).

A sua imagem como um todo afeta a forma como os outros veem suas capacidades profissionais. Então, portar-se corretamente alavanca você perante as oportunidades que surgem e lhe permitem tirar o melhor proveito de suas experiências e habilidades. Mas o que significa "portar-se bem"?

Não existe resposta exata. Por isso, é importante interpretar o ambiente à sua volta, para poder adequar-se aos comportamentos e às regras implícitas. Isso sem ferir seus valores e sua identidade, é claro, pois também são muito importantes.

Há ainda quem confunda autenticidade com querer ser o "diferentão". Toda vez que você opta por ser diferente, é preciso ter cuidado, pois, quanto mais diferente for, mais difícil será estabelecer conexão e relações de confiança. E existe uma diferença muito grande entre ser diferente e incomodar o outro deliberadamente.

É comum ouvirmos que "devemos tratar os outros como gostaríamos de ser tratados". Isso está errado. Na verdade, devemos tratar os outros como *eles* gostariam de ser tratados. Na seção anterior, sobre Comunicação Não Violenta, falamos sobre a importância de colocar-se no lugar do outro e interpretar, com a menor margem de erro possível, o que eles realmente estão sentindo. No ambiente profissional, ainda vamos além — a cultura dos indivíduos, e sobretudo a cultura da empresa, deve ser considerada.

Em empresas multinacionais, mas não só, ainda há diferenças culturais notáveis entre pessoas de diferentes países e origens. Você não vai ser considerado rude se estiver falando alto e gesticulando na Espanha ou na Itália; já no Japão isso seria interpretado como extremamente grosseiro.

Existem empresas em que você deveria ser mais agressivo; enquanto outras pedem que você seja mais ponderado; algumas esperam que o profissional seja mais formal; outras, informal — tudo isso pode ir de encontro ao seu próprio jeito de ser. Não se trata, contudo, de abrir mão de que você é. Entender a cultura da empresa na qual você está inserido e saber transitar entre os diferentes ambientes é um trunfo.

Vale o registro de que mesmo uma festa ou um evento da empresa, por mais descontraído que seja, ainda é um ambiente corporativo. Conheça seus limites e tenha cuidado com a bebida.

Atente-se para erros de português, porque eles sempre vão sujar um pouco a sua imagem, seja quando diz "pra mim fazer", na fala, ou quando escreve "'agente' chegou da reunião", dando a entender que você e seu grupo trabalham infiltrados como o agente secreto 007.

Sobre Criticar e Receber Críticas

Este é um ponto (dois, na realidade) bastante específico e que não deve ser confundido com feedback (falarei sobre feedback em seus respectivos contextos, mais adiante, neste livro). O primeiro ponto no qual muita gente erra é não emitir uma opinião porque não se sente confiante ou porque não quer magoar o outro nem criar uma relação de conflito. Ao se omitirem, muitos acabam frustrados, guardando para si e esperando que a questão se resolva de alguma forma no futuro.

O outro lado da moeda é composto daqueles que são críticos de tudo, os "reclamões" — afinal, criticar é sempre mais fácil; difícil é oferecer uma solução. Perceba que não se trata de não fazer apontamentos; pelo contrário, a habilidade de fazer críticas assertivas, baseadas em fatos e dados extraídos de projetos ou modelos de negócio, e não em julgamentos, é valiosa. Há, inclusive, a máxima popular que afirma que "pessoas medíocres falam sobre pessoas; pessoas comuns falam sobre fatos; pessoas sábias falam sobre ideias".

É necessário que o objetivo da crítica seja o de cooperar e, principalmente, que ela venha acompanhada por uma proposta de solução. Quando ocupa posições hierárquicas mais baixas em uma organização, você acha que nenhum líder está vendo os problemas; mas, à medida que vai crescendo, percebe que ao menos boa parte dos problemas já foi mapeada, só que permanece sem solução.

As alternativas que propuser devem ser simples. Por não ter uma visão do todo, é impossível mensurar as consequências de se implementar determinada solução, que, por vezes, pode gerar um impacto e resultar em um problema diferente, ainda maior.

Uma dica importante antes de você criticar alguém: seja curioso. Tente entender por que a pessoa está agindo desta determinada forma, qual é o motivo pelo qual tais decisões foram tomadas e o que está por trás daquele comportamento. É sempre mais fácil de criticar a fotografia, mas buscar compreender todo o panorama é que faz a diferença.

Outra perspectiva importante sobre a crítica é que ela nos faz questionar, também, quais são nossas zonas de conforto e nossos vieses inconscientes. Antes de se posicionar, se faça estas perguntas: "Será que não estou tendo uma visão limitada da situação?"; "Será que não está faltando um pouco mais de diversidade no meu dia a dia, e nos meus relacionamentos, para eu conseguir entender uma visão diferente?"

Em um exercício de autoanálise, é importante avaliar se a sua crítica não é uma tentativa de mascarar algo de si mesmo. Normalmente, quando critica algo, o que está por trás dessa crítica e o que a motivou? O que o impactou tanto? O que você realmente quer dizer? Não é preciso compartilhar essas reflexões com ninguém, mas certifique-se de fazê-las antes de explicitar o que pensa.

Você Compraria o Seu Peixe?

Algumas pessoas parecem ter toda a sorte do mundo. A impressão que dá é a de que tudo cai do céu para elas; que estão sempre no lugar certo, na hora certa. E você se pergunta: "O que essas pessoas têm assim de tão diferente?"

Para ter seu nome lembrado quando surgem as oportunidades, você precisa trabalhar duro e ter entregas consistentes. Existe uma chance, entretanto, de as pessoas que se destacam estarem fazendo algo a mais: um bom marketing pessoal.

Há quem ainda veja o marketing pessoal de forma pejorativa, como se ele fosse uma boa propaganda de um produto de má qualidade. Não é bem por aí. Da mesma forma que o marketing de produtos e serviços de empresas deveria ser feito apenas com base no que é verdade e em funcionalidades reais, o marketing pessoal deve ser honesto e condizente com o profissional.

Infelizmente, não existe um monitoramento que permita aos gestores visualizar na íntegra quem está fazendo um bom trabalho e quem está sempre fazendo boas entregas e contribuindo para movimentar o ponteiro nas metas dos stakeholders (o que, como falamos no Capítulo 2, é a cereja do bolo para ser valorizado na empresa e no mercado). Nem tudo o que você faz será ranqueado com base em uma análise lógica e justa para colocá-lo no primeiro lugar da fila das oportunidades.

É aí que se destacam os funcionários que têm este *click* e percebem a importância de fazer seu próprio marketing. Eles mostram que têm o que é preciso para garantir as entregas e manter o bom andamento dos processos, de acordo com as necessidades da organização.

No ritmo tão dinâmico das empresas, em que todo mundo trabalha tanto e executa tantos projetos simultâneos, é muito desafiador para a liderança conseguir visualizar o que cada um está fazendo. Por isso a importância do marketing; no meio de tanta informação, o anunciante (nesse caso, você) precisa atrair a atenção do público-alvo (ou seja, quem toma as decisões).

Uma coisa que eu gosto muito sobre o marketing pessoal é o fato dele ser um bom *start* para você fazer uma autoavaliação e analisar o que tem a oferecer. Lembrando que, bem ou mal, somos produtos perante o mercado de trabalho. Se você não conhecer bem o seu produto, não conseguirá vendê-lo.

Algumas etapas importantes para desenvolver um bom marketing pessoal e vender o seu peixe:

- **Um bom marketing começa no autoconhecimento**
  Seu produto é composto de tudo o que você tem de conhecimento e experiência; suas habilidades e seus comportamentos são os serviços que você oferece. E é a combinação de seu produto e serviço que você venderá para o mercado.

- **Defina sua proposta de valor**
  Tenha claro o que você tem para entregar ao mercado. Se necessário, retorne aos Capítulos 2 e 3, para ter em mente, com clareza, quem você é, quais são seus talentos e suas soft skills que o diferenciam.

- **Estabeleça o objetivo de seu marketing pessoal**
  Aonde você quer chegar? Qual mensagem você quer passar para as pessoas? Muitas vezes, é preciso ganhar a visibilidade da alta liderança, construir reputação, ser lembrado. Nesse sentido, é importante definir "O que eu quero com meu marketing pessoal?".

- **Defina sua audiência**
  Tenha claro se quer impactar alguém que está dentro ou fora da empresa ou consolidar sua imagem no mercado como um todo, para, a partir daí, usar os canais certos. É possível usar as mídias sociais, como o LinkedIn, o Instagram, o Facebook ou o Twitter, postar artigos, opiniões, ou até mesmo produzir conteúdo relacionado à sua área, para conseguir visibilidade fora da empresa.

Marketing pessoal não se restringe a comentar com as pessoas o que você executa ou realiza. Ele também tem a ver com a energia e o entusiasmo que você transmite (sabe aquele "brilho no olho"?).

Lembre-se de que, ao falar sobre marketing pessoal, estamos falando sobre construir reputação. Por isso, combiná-lo com um bom networking (falarei sobre isso em capítulos futuros) é uma estratégia excelente para mantê-lo no mercado, ser promovido, movimentar-se na empresa ou até mesmo mudar de área de atuação.

É óbvio que as oportunidades para crescer dependem da estrutura interna e de como tudo se desenrola, mas certamente aqueles que *demonstram* o valor do seu trabalho terão mais chances do que quem "come quieto" e espera que outro perceba o seu valor no meio da multidão.

Uma coisa é perder uma oportunidade porque não está preparado, não tem a experiência ou as habilidades necessárias. Isso faz parte do jogo. Outra, porém, é perder uma oportunidade porque quem decide desconhece o seu trabalho e o seu valor. E, de novo, quem lhe contou que o mundo é justo mentiu. Então saiba que você tem, sim, que fazer a sua parte.

Exercício

1. Crie uma apresentação de até 1 minuto para responder a alguém que lhe peça para falar sobre si mesmo.

2. Crie uma apresentação de até 1 minuto para responder em quais projetos você está envolvido.

3. Crie uma apresentação de até 1 minuto sobre o que você quer desenvolver para sua carreira.

4. Crie uma apresentação de até 1 minuto dizendo o que você mudaria na sua empresa hoje e como você é capaz de gerar impacto.

LUGAR DE POTÊNCIA

Grave suas apresentações usando a câmera do celular ou as faça em frente ao espelho. Para facilitar, você pode escrever um roteiro prévio para sistematizar as respostas, mas lembre-se de que o marketing pessoal é uma prática constante e você deve ser capaz de expressar o seu valor também pela fala, com naturalidade.

Com a palavra...

Vinicius David
Executivo de Tecnologia no Vale do Silício, Investir e professor de Inovação na Universidade de Berkeley, Califórnia

Um escritor nada mais é do que um sonhador com uma caneta em suas mãos. Me honra poder fazer parte deste momento em que meu amigo Basa passa a afiar a ponta do lápis como um instrumento maior para acelerar a sua carreira, que ao final nada mais é do que um sonho escrito nesta tela nobre chamada trabalho.

Engenheiro de formação, eu passei somente um ano de minha trajetória profissional formalmente utilizando esse título, no entanto, quando me perguntam "o que você faz", a resposta, ainda que não tenha a palavra engenheiro, traz no seu cerne o maior conceito que ali aprendi: sou resolvedor de problemas e desafios. Um dos grandes que tomei na construção da minha trajetória foi o de decifrar de forma simples os principais fatores que levam alguém ao estrelato em qualquer campo:

$$Vc = \Sigma(P + M + B)^n$$

A beleza da matemática nos permite eliminar por meio da equação acima um dos maiores problemas na construção de uma trajetória profissional: o enviesamento cego do gerente do minuto quanto à definição do seu valor.

O Vc (Valor da sua carreira) é o valor real que você representa no mercado. Se você, ou mesmo sua carreira, fosse um produto, quanto ele valeria, definido na vitrine da vida.

Para um sólido e escalável Vc, precisamos entender suas quatro variáveis de formação.

1. **P** é para performance — ou melhor, alta performance;

2. **M** é para *manage relationships* (gerenciar relações) ou como você trata as pessoas em um entorno de 360 graus.

3. **B** é de *brand* (marca), ou como as pessoas o definem quando você não está na sala.

4. **N** é de número — número de pessoas que você conhece e que estão ativamente vendendo você como produto sem que você saiba.

Capítulo 6

Entre Relações e Gerações, Qual É a Saída?

Meu caro amigo, compreenda, por favor: sozinho não se alcança nada. Talvez até pareça boa ideia galgar o seu caminho sem depender nem dever nada a ninguém, mas acredite: haverá muita complexidade e suor até chegar aonde deseja. Bem acompanhado, será mais fácil segurar esse rojão.

Esse Tal de Networking

Está aí um conceito que, a meu ver, é muito mal interpretado. Há quem defenda que você deve tentar ajudar a maior quantidade de pessoas no convívio porque, assim, todos ficarão devendo-lhe favores, e você poderá cobrá-las quando precisar. Eu, particularmente, não gosto e discordo dessa interpretação. Ora, não se trata de uma mercantilização de favores: "Vou ajudar essa pessoa a usar a impressora e ela estará na minha mão", e o que deveria ser uma gentileza se torna uma dívida de gratidão, no melhor estilo *O Poderoso Chefão*.

A definição de networking que eu gosto é esta: trata-se da reputação que você constrói ao longo da sua vida e da sua carreira; é a imagem que você deixa por onde passa. Portanto, o networking começa já nas suas primeiras relações, na escola e na vizinhança; depois vai para a faculdade e continua sendo construído em seu primeiro emprego. Pense por um momento: qual é a reputação que você está construindo? Isso vale para seus comportamentos, sua entrega de resultados e seu comprometimento.

No fim do dia, quando alguém tiver que indicar uma pessoa para qualquer oportunidade que seja, dificilmente ele arriscará a própria reputação recomendando alguém só porque lhe deve favores. Indicação exige confiança — até porque indicar a pessoa correta, que dá muito certo para aquele trabalho, é bom para o moral; a imagem de quem a recomendou melhora.

Então, a não ser que você seja o Don Corleone, e todos tenham medo de ficar lhe devendo, não conte com a dívida da gratidão.

É networking quando:

- Você chega a uma festa, dá atenção às pessoas e se mostra agradável.
- Ajuda alguém e compartilha o seu conhecimento.
- Faz um favor de maneira genuína.

Trata-se de expandir a sua reputação, mostrando quem você realmente é, e não da tentativa de trocar favores por créditos.

Não é networking quando:

- Você aciona sua lista de contatos apenas quando fica desempregado ou precisa de um favor.
- Desenvolve uma relação com alguém apenas para pedir, o que quer que seja.
- Não nutre seus relacionamentos.

Não se trata da quantidade de pessoas que você conhece, nem da quantidade de amigos ou seguidores que tem nas redes sociais, nem do volume de contatos que tem na agenda, mas da profundidade das conexões que você faz.

Vivemos cada vez mais em uma **era de colaboração**, na qual ninguém é dono da razão; nesse sentido, quanto maior for a sua rede de troca, maior a chance de chegar às melhores soluções e oportunidades.

A propósito, por falar em colaboração, para desenvolver um networking bem-sucedido, você precisará fazer bom uso de suas soft skills (elas são as estrelas do Capítulo 3). Ou seja, é fundamental ter muita consciência de si, pois a sua rede de relações é um reflexo da sua marca pessoal. Quem é você na fila do pão? (Para sua sorte, toda a Parte 1 deste livro é dedicada a ajudá-lo na jornada de alcançar essa compreensão).

Seja otimista, demonstre energia e atitude. Afinal, quem é que gosta de se relacionar com alguém negativo, que só fala de problemas, que não traz oportunidades, só critica e fala mal das pessoas?

Use a seu favor as plataformas que tiver à disposição. Se a posição que você ocupa na empresa lhe proporciona relacionamentos com fornecedores, clientes ou parceiros, aproveite para ampliar sua rede de contatos.

Busque fazer parte de grupos de *alumni*. O MIT, por exemplo, tem clubes de ex-alunos disputadíssimos em diferentes países do mundo, inclusive no Brasil. Procure saber se a universidade que você frequentou tem alguma organização semelhante para conectar ex-alunos; caso não tenha, quem sabe você não pode criá-la?

Organizações não governamentais e associações de classe também são alternativas interessantes para fazer contatos, bem como as redes sociais. No fim do dia, se prestar atenção, há diversas plataformas e oportunidades para expandir seu networking. Não as desperdice.

5 Casos em que o Networking é Essencial

1. Momentos de dificuldade: o mais óbvio. É preciso reconhecer quem são as melhores pessoas para lhe dar suporte quando você precisar desenvolver um conhecimento ou uma habilidade e que poderão ajudar no seu desenvolvimento.

2. Estabelecer um relacionamento comercial: certas vezes, você precisa fazer contato com uma empresa, mas não conhece nenhuma brecha para conseguir esse contato. Por meio do networking, você chega às pessoas certas, em vez de fazer uma chamada fria. Para vendedores ou gerentes de contas, isso faz toda a diferença.

3. Contratação ou recrutamento: o networking favorece o processo de localizar as pessoas certas, mas também de obter referências de fontes diferentes das fornecidas pelo candidato.

4. Manter-se atualizado: mais do que ter companhia para o happy hour e receber convites para festas de aniversário, sua rede de contatos é uma excelente forma de mantê-lo a par das mudanças e tendências do mercado, novas ferramentas de trabalho, e de informar-se sobre eventos, palestras, cursos, workshops (e, eventualmente, dependendo da sua expertise, ser convidado para ministrá-los).

5. Ajudar alguém: não são apenas as nossas dificuldades que podem ser solucionadas por meio de uma rede de contatos bem estabelecida. Quando alguém do nosso convívio precisa de auxílio, é possível mobilizar a nossa rede e conectar uma pessoa a outra, que possa resolver o problema ou ajudar da melhor forma. Essa construção de pontos é de muito valor.

ENTRE RELAÇÕES E GERAÇÕES, QUAL É A SAÍDA?

Jaime Roca e Sari Wilde, ambos executivos da Gartner, em seu livro *The Connector Manager* (*O Gerente Conector*, em tradução livre), manifestam que a habilidade de criar redes e estabelecer relações não só é primordial para um bom gestor, mas também é a mais importante, pois impulsiona os funcionários, reverbera em toda a organização e, portanto, mexe o ponteiro dos resultados. Eles definem o chamado gerente conector como aquele que apresenta os funcionários a outras pessoas, que os ajudarão em seu desenvolvimento, e promove um ambiente de equipe, ao mesmo tempo que fornece feedbacks objetivos.

Porém, mais do que conectar, um bom networking também exige saber se afastar. Muitas relações podem facilmente se tornar tóxicas ou parasíticas no ambiente corporativo (mas não apenas nele), e causar efeitos retrógrados para os envolvidos. Janine Garner é autora e criadora do The LBD Group, organização que estabelece um networking imenso entre mulheres e empreendimentos de diferentes áreas, com o objetivo de integrar e desenvolver carreiras e negócios. Em seu livro *It's Who You Know: How a Network of 12 Key People Can Fast-track Your Success* (*Trata-se de Quem Você Conhece: Como uma rede de 12 pessoas-chave pode acelerar o seu sucesso*, em tradução livre), Garner também aponta a importância do autoconhecimento para criar relações valiosas e indica estes doze perfis que devem ser evitados, se não excluídos, da sua rede de conexões, para não interferirem negativamente no seu desempenho e no de todos ao redor.

1. Sabotador — Fará qualquer coisa para prejudicá-lo.

2. Envenenador — Costuma trair ou constranger.

3. Negativista — Age como amigo, mas deixa você para baixo.

4. Traidor — Não é digno de confiança.

5. Narcisista — Pensa apenas em si próprio e não fará nada por outrem.

6. Sanguessuga — Nunca diz nada de positivo sobre ninguém.

7. Cético — Desconsidera o que qualquer um diz, faz ou pensa.

8. Rotulador — É preconceituoso e coloca a todos dentro de uma caixa.

9. Vilão — É tacanho, malicioso e manipulador.

10. Brutamontes — Procura sempre intimidar e humilhar.

11. Mentiroso — Esconde a verdade ou a manipula.

12. Crítico — Fala mal de tudo.

Estabelecer conexões com profundidade tem muito mais a ver com a capacidade de escutar do que com a de falar. Ou seja: você será lembrado pelo valor que gerou para alguém, pela forma como contribuiu ou acolheu, do que por algo que falou.

Exercício

Liste o nome de todas as pessoas com as quais você tenha um relacionamento (use o Excel ou qualquer outra ferramenta que preferir). Ao lado de cada nome, classifique a relação que vocês têm, usando as letras A, B, C e D, sendo que:

ENTRE RELAÇÕES E GERAÇÕES, QUAL É A SAÍDA?

A = amigo: aquele com quem você pode contar para o que der e vier.

B = bom contato: alguém que talvez o ajude, com quem você já tem alguma relação.

C = apenas um contato: é o famoso "conhecido", com quem talvez haja a oportunidade de desenvolver um relacionamento.

D = quem você deseja que o conheça: é a pessoa que você já conhece, mas que desconhece a sua existência.

- Em seguida, olhe para esses nomes, com suas respectivas classificações, e identifique a origem desses relacionamentos (será que estão vindo da escola, são amigos de infância, da faculdade ou pessoas que você conheceu no trabalho?).
- Avalie em qual área você joga melhor (de onde vêm os relacionamentos classificados como A e B) e em qual não está jogando da melhor forma (áreas das quais vêm os relacionamentos C e D).
- Reconheça que a carência de networking nas áreas com relacionamentos menos sólidos se deve à falta de habilidade ou de atenção de sua parte.

É importante fazer essa análise trimestral ou semestralmente e estabelecer metas, como quantos Ds transformar em Cs, quantos Cs em Bs, quantos Bs em As em determinado período, e não rebaixar nenhum contato de sua devida categoria.

Em Quem Você Confia?

Existe uma frase que diz que "a maior malandragem da vida é ser honesto". Se as pessoas soubessem o quanto a honestidade as favorece e acelera conquistas, certamente, restringiram a malandragem apenas à famosa canção da poeta que não aprendeu a amar.

Primeiro ponto, confiança tem a ver com eficiência. Estabelecer relações de confiança minimiza o famoso custo de transação. Quando você não confia em alguém e precisa fazer negócios com essa pessoa, trabalhar com ela ou fazer qualquer tipo de contato, o seu "pé atrás" com ela fará com que todo o processo seja mais demorado e, portanto, oneroso. Além disso, é impossível fazer um bom negócio se não tiver todas as informações (e nós tendemos a não compartilhar todas as informações com quem não confiamos).

Segundo, confiança tem a ver com dedicação. Ao assegurar confiança, você extrai mais do que a energia das pessoas; você extrai a paixão, a inspiração. Sendo supercompetitivo e querendo crescer na carreira, é tentador querer se agarrar a qualquer oportunidade e passar por cima de quem estiver na frente — a famosa Lei de Gerson, da cultura midiática do Brasil. Mas tudo o que você faz fica escrito na sua história.

Diversas ações que as empresas costumam promover, como happy hour, integração, convenções, buscam gerar relações confiáveis e, com isso, tornar o trabalho mais eficiente.

A liderança, por sua vez, em suas ações individuais e de gestão, está diretamente atrelada à promoção de confiança, ao admitir os erros; mantendo a confidencialidade; dar e receber feedbacks construtivos; honrar os acordos; deixar as expectativas claras; e respeitar a todos.

No que se refere às habilidades de um bom líder, portanto, é imprescindível citar a confiabilidade, que se reflete sobretudo nos momentos difíceis. E esta integridade intrínseca aumenta a velocidade com que você pode realizar feitos na empresa, já que abre portas, favorece seu networking e valoriza sua imagem. Novamente, confiança resulta em eficiência, o que a torna uma peça-chave para atingir níveis mais altos na organização.

Com a palavra...

Flavia Bittencourt
CEO da Adidas

Ao longo dos meus primeiros anos na Oi fui montando um time extremamente forte, formado por rapazes jovens, começando a carreira, mas muito inteligentes, de altíssimo potencial. O resultado veio e com ele a minha troca de área e uma muito desejada promoção.

Meu chefe novo foi logo explicando como era importante que eu entregasse resultados expressivos logo no primeiro ano. Seria importante para a empresa, que estava se reorganizando e para mim, afinal era minha primeira posição como diretora, eu era jovem, mulher... e que a primeira coisa que eu deveria fazer era escolher um time mais sênior. Os rapazes, embora talentosos, eram muito jovens, não tinham a experiência, a seriedade e a credibilidade que eu precisava para me firmar na nova posição.

Por mais que eu quisesse agradar ao chefe novo, não achava justo trocar o time. Eu tinha chegado até ali, em boa parte graças a eles e sabia que demoraria muito até montar um time tão competente e sintonizado quanto aquele. "Chefe, se eu pudesse escolher qualquer pessoa, de qualquer área dessa empresa para fazer parte do meu time eu escolheria exatamente os mesmos caras que tenho hoje. Individualmente eles são talentosos, mas como time eles são simplesmente espetaculares" e fiz uma proposta: se eu não entregasse o resultado esperado naquele ano, aceitaria trocar o time, porém até lá seguiria com a mesma equipe. Ele disse que eu estava me arriscando à toa, mas acabou topando.

Pensei muito se deveria compartilhar aquele diálogo com os rapazes, não queria deixá-los preocupados, mas tínhamos um ambiente de confiança que eu não queria quebrar. Contei o ocorrido e disse a eles que tinha certeza de que juntos entregaríamos o resultado esperado, pois há muito éramos um time de alta performance e agora não seria diferente. O ano terminou, as metas foram superadas e nunca mais ouvi qualquer sugestão de troca de equipe.

Essa história já tem muitos anos, mas desde então a primeira coisa que faço ao entrar numa empresa é ter certeza que temos um time competente, unido por confiança mútua, sem medo de conflitos e discussões positivas, engajado com a companhia e comprometido com os resultados.

Quando o Gaiato Quer Controlar o Navio

Um desafio com o qual costumamos nos deparar é a necessidade de conviver e lidar com colegas difíceis. Em certos momentos da carreira, talvez seja possível, em algum grau, escolher quem serão nossos pares e chefes (ao optar por se engajar em determinado projeto ou se candidatar a uma posição liderada por alguém em específico); porém, é impossível estarmos cercados apenas de quem gostaríamos.

Vale dizer que esta seção trata de conviver com pessoas difíceis ou das quais diverge, o que é diferente de lidar com assédio, agressão ou humilhação — casos que exigem atitudes drásticas. Se estiver passando por isso, procure o RH (ou a pessoa mais adequada) de imediato.

Longas horas de trabalho e demandas extensas, somadas a divergências de diferentes âmbitos, entre outros fatores, são ingredientes para um prato cheio de rancor, mágoa e desgosto — hoje, o famoso "ranço". Quando o outro insiste em uma postura intransigente e beligerante, o caos está dado, seja ele exposto para quem quiser vê-lo ou simplesmente internalizado por quem o sente e passa a remoer esse incômodo.

Antes de dar um passo adiante e tentar resolver a situação por qualquer outro método que não seja a gestão dos seus próprios sentimentos, responda com sinceridade: "Quem está sendo difícil, o outro ou eu?" Nesse caso, é preciso avaliar o contexto do conflito. Esse pequeno exercício analítico o tira da visão de árvore, limitada, e permite uma visão de floresta, do todo. Ao fazê-lo, é possível mensurar o quanto a postura do outro realmente impacta seus resultados e talvez até mesmo gerar alguma empatia.

Lembre-se de que navios não afundam porque estão rodeados de água, e sim quando têm uma rachadura no casco que deixa a água entrar. Seja o capitão do seu próprio navio: evite danos; mas, se eles ocorrerem, busque consertá-los ou reporte-os a quem puder fazer isso, e não permita que um terceiro o faça naufragar.

Aqui, cabe pensar: "Quero ser feliz ou ter razão?" Afinal, é muito mais interessante aprender a lidar consigo mesmo do que corrigir o mundo. (Novamente, a necessidade do autoconhecimento.)

> O motivo número 1 de as pessoas deixarem o emprego é justamente o gestor. Cuidado para não chegar ao limite da sua saúde, do seu emocional ou de ambos, a ponto de pedir demissão e talvez até perder uma oportunidade bacana na empresa, como a de trabalhar em outra área ou com outro gestor.

Se você é gestor, a decisão de demitir o chato pode ser tentadora. Contudo, isso é o melhor para a empresa? Essa decisão favorece o seu próprio desenvolvimento como líder? Que mensagem essa atitude transmite ao time? A reputação é um ativo vitalício, ou seja, muito mais importante do que a popularidade, então não se baseie em questões momentâneas.

Darei algumas dicas, que poderão ser postas em prática quando um momento desafiador surgir. Procure utilizar duas ou três propostas de solução antes de reportar o problema ao seu gestor.

Mantenha a calma. Ninguém com uma postura agressiva ou reativa sai ganhando em uma situação de conflito. Tente entender o que gera essa raiva ou esse incômodo em você — é o comportamento da pessoa ou ela, por si só?

Converse com a pessoa. Explicite o que o incomoda, mencionando situações específicas. Nesse momento, fale sobre o que sente, sem julgá-la; em vez de dizer "Você faz de tudo para me tirar do sério", diga "Quando você age da maneira x, eu me sinto y" (o Capítulo 5 fornece todo o aparato para que você se comunique de maneira assertiva).

Escute o outro. Tente, então, encontrar pontos positivos na situação. Se a pessoa está sendo muito chata com você, será que ela é perfeccionista e está querendo fazer as coisas da melhor forma? Mantenha-se aberto ao diálogo, para poder interpretar o conflito por diferentes perspectivas.

Entenda seus limites. Normalmente, há quatro opções em uma situação como essa:

1. Você não faz nada.
2. Você se afasta.
3. Você muda a sua própria atitude.
4. Você muda a forma de interpretar e abordar o tal conflito.

Então, faça essa escolha de maneira racional, dentro de seus limites, para evitar inclusive cair nas provocações.

Fique atento à linguagem corporal. Às vezes, você não está falando nada, mas o seu corpo ou o do outro está. Interprete sinais como um todo, não apenas comportamentos isolados.

Já para os gestores, a dica extra é manter o controle e o equilíbrio emocional. Conheça seu chefe, para lidar melhor com ele, e evite entrar em conflito; seja flexível.

Em um artigo para a *Harvard Business Review*, Julie Morgenstern, especialista em produtividade e autora de *Never Check E-mail in the Morning* (*Nunca Cheque os E-mails pela Manhã*, em tradução livre), indica que o ideal é ter a mentalidade certa ao chamar a pessoa para uma conversa, mostrando que ambos têm os mesmos objetivos em relação às metas. Começar com os objetivos compartilhados, antes de passar para o que está atrapalhando, cria conexão e favorece o diálogo.

Tenha sempre em mente que, se palavras podem controlá-lo, qualquer pessoa pode controlá-lo. O leme do seu barco, e o controle sobre sua rota, devem estar nas suas mãos.

Ah, mas no Meu Tempo...

Ronald Gibson, médico inglês que chegou a ser presidente do conselho da Associação Médica Britânica em meados do século XX, abriu uma de suas conferências citando quatro trechos:

O primeiro: "Nossa juventude adora o luxo, é mal-educada, caçoa das autoridades, não tem o menor respeito pelos mais velhos. Nossos filhos hoje são verdadeiros tiranos. Eles não se levantam quando uma pessoa idosa entra, respondem a seus pais, são simplesmente maus."

O segundo: "Não tenho mais nenhuma esperança no futuro do nosso país se a juventude de hoje tomar o poder amanhã. Essa juventude é insuportável, desenfreada, simplesmente horrível."

Terceiro trecho: "Nosso mundo atingiu seu ponto crítico, os filhos não ouvem mais seus pais, o fim do mundo não pode estar muito longe."

E o quarto: "Esta juventude está estragada até o fundo do coração. Os jovens são malfeitores e preguiçosos, eles jamais serão como a juventude de antigamente. A juventude de hoje não será capaz de manter a nossa cultura."

A primeira citação é de Sócrates, datada de 470 a.C. A segunda é de Hesíodo, de 720 a.C. A terceira foi dita por um sacerdote no ano 2000 a.C. Já o quarto trecho estava escrito em um vaso de argila descoberto nas ruínas da Babilônia, atual Bagdá, com mais de 4 mil anos de existência.

Desde que o mundo é mundo, o conflito de gerações existe.

ENTRE RELAÇÕES E GERAÇÕES, QUAL É A SAÍDA?

Como a abertura da conferência de Ronald Gibson nos permite notar, apesar de o conceito "geração 'mimimi'" ser recente, sua ideia não é. Ocorre que, para os nossos pais, nós somos a "geração 'mimimi'", e a que nos sucede é a nossa "geração 'mimimi'".

Entretanto, uma coisa é fato: o mundo está ficando mais complexo do ponto de vista geracional. Por quê? Até as décadas de 1960, 1970, a expectativa de vida era muito menor; portanto, as pessoas trabalhavam até um pouco depois de seus 50 anos de idade e se aposentavam. Hoje, ao menos três gerações trabalham juntas, até mesmo sem diferenças hierárquicas, o que engrossa o caldo da complexidade nas organizações.

O livro *The 100-Year Life* (*Os 100 Anos de Vida*, em tradução livre), de Andrew Scott e Lynda Gratton, professores da London Business School, diz que, com o avanço da tecnologia na área da saúde, os humanos poderão viver ao menos 100 anos de vida útil. Com isso, mudarão de carreira entre 4 e 6 vezes ao longo da vida, conforme mudam seus interesses, suas necessidades financeiras e sua disposição física. Esse cenário traz um desafio enorme para as empresas, pois elas precisam não só aprender a lidar com essa diversidade geracional, mas também extrair o potencial máximo de cada geração.

Para tanto, os pesquisadores Alec Levenson e Jennifer J. Deal, em seu artigo "Generational Conflict at Work: Separating fact from fiction", indicam cinco estratégias para as organizações — e seus membros — lidarem com os conflitos geracionais, a fim de promover um ambiente de cooperação, motivação e produtividade:

1. Encare a questão com vistas para os diferentes estágios de vida e desejos na carreira em vez de para as gerações propriamente ditas.

2. Reconheça que o papel desempenhado pelo colaborador dentro da empresa diz mais sobre as potencialidades e fraquezas dele do que a década em que ele nasceu.

LUGAR DE POTÊNCIA

3. Aproveite o conhecimento dos nativos digitais para implementar o uso de novas tecnologias.

4. Valorize as experiências que os colaboradores tiveram ao longo de suas carreiras.

5. Compreenda que os conflitos estão relacionados a poder e controle, e não a gerações.

Um ponto interessante é que essa nova geração difere das outras: ela é a primeira geração que tem algo a ensinar aos mais velhos. A minha geração só tinha a aprender com quem veio antes, mas os millennials, que chegaram junto com o *boom* da tecnologia, cresceram ensinando pais e avós a usar a tecnologia e interagem com ela com facilidade. Isso desestabiliza relações de poder relacionadas à idade que sempre estiveram implícitas. Uma possibilidade é que isso tenha influenciado a forma como eles enxergam o mundo e o fato de sempre acharem que têm algo a ensinar (como será também com seus sucessores).

Por outro lado, há algo em que eu acredito muito. Costuma-se falar sobre conflitos entre gerações, mas a verdade é todos querem as mesmas coisas, só que as definem de formas diferentes, permeados por seus vocabulários e referências. Mas todos querem respeito; todos querem um líder em quem possam confiar, querem ter a atenção desse líder, e que ele seja um visionário, um guia; todo mundo quer um coach, ou seja, todo mundo quer alguém como referência para aprender.

Assim, indico quatro passos em direção a evitar o conflito de gerações:

1. Livrar-se dos rótulos.

2. Atualizar-se constantemente.

3. Manter um diálogo aberto e, principalmente, muita "escutatória".

4. Valorizar o que cada uma dessas gerações traz de diferente.

Muito se fala sobre os millennials quererem trabalhos com mais significado, com um propósito, e desejarem ser parte de algo maior e causar impacto no mundo. Por mais que afirmem tratar-se de uma atitude egoísta, meio utópica, é interessante observar que pessoas de todas as gerações estão começando a ressignificar suas relações com o trabalho e suas formas de se realizar na vida, com base nos seus propósitos.

De acordo com Levenson e Deal, não é uma nova geração, diferentona, que surge com tantos novos paradigmas, e sim um movimento do mundo, que tem impactado as pessoas. Seu estudo mostra que os millennials querem o que as gerações antigas sempre quiseram: um emprego interessante, e que pague bem; trabalhar com pessoas de quem gostem e em quem confiem; ter acesso a desenvolvimento; oportunidades para avançar na carreira; e reconhecimento. Cumpridos esses requisitos, eles não vão querer sair.

Capítulo 7

Do Poeta ao Louco, Todos Querem Chegar ao Topo

Ande devagar; afinal, se já teve pressa, ela provavelmente não o fez sorrir. Pelo contrário, deve ter notado que a pressa não foi sua aliada. Porém agora você é capaz de ser o autor da sua própria história, pois, se chegou até aqui, percorreu um caminho de autodescoberta e se manteve disposto a aprender sobre as ferramentas necessárias para o seu desenvolvimento. É bastante possível que, no final, o resultado o deixe feliz.

Disciplina É Liberdade

Para falar sobre eficiência e produtividade — este caminho florido, sem ervas daninhas que o ajudam a chegar aonde deseja —, é preciso, primeiro, tirar o elefante da sala e falar deste mal, a grande pedra no caminho: a procrastinação.

O especialista em produtividade Damon Zahariades, em seu livro *The Procrastination Cure: 21 proven tactics for conquering your inner procrastinator, mastering your time, and boosting your productivity!* (*A Cura da Procrastinação: 21 táticas comprovadas para vencer o seu procrastinador interno, dominar o seu tempo e impulsionar a sua produtividade!*, em tradução livre), aponta a dificuldade de livrar-se do hábito de procrastinar e que, como qualquer hábito, quanto mais tempo você permitir que ele persista, mais arraigado ele se tornará.

Ao contrário do que possa parecer, o comportamento evitativo raramente provém da má vontade de realizar algo. Muitas vezes, trata-se de uma fuga da dor. De perfeccionismo. De negatividade. De insegurança. De sobrecarga. De desmotivação. Então, se você começou a ler este livro pelo capítulo que mais lhe interessava e pulou a Parte 1 — que aborda a importância do autoconhecimento e dá dicas práticas para lidar com esses desafios quando eles surgem em sua vida profissional, atrapalham sua carreira ou até mesmo seus relacionamentos pessoais —, recomendo que volte, leia os capítulos iniciais e faça os exercícios; assim, você poderá encarar os seus próprios motivos para procrastinar (e lidar com eles).

A dor de realizar a tarefa (a preocupação, o nervosismo e o desconforto que a antecipam, às vezes relacionados à ansiedade) geralmente diminuem quando começamos a executá-la. Uma das táticas sugeridas por Zahariades nesse sentido é:

ESTABELECER UM COMEÇO SIMPLES, PARA QUE SE SINTA ENCORAJADO A AGIR.

↓

SECCIONAR A TAREFA EM TAREFAS MENORES.

↓

COMEÇAR POR UMA DELAS E REALIZÁ-LAS, UMA A UMA.

↓

VISUALIZAR O PROGRESSO É UM EXCELENTE MOTIVADOR.

Então, está bem claro que não dá para falar de produtividade sem falar de disciplina. E, neste quesito, uma super-referência é o Bernardinho, que acumulou títulos ao longo de sua carreira no voleibol, é um exemplo dentro e fora das quadras. Ele costuma dizer: "As pessoas acham que ter disciplina é limitante, é ser travado. Na verdade, disciplina é liberdade, porque é priorizar o que mais importa."

Priorizar. Ou seja, tem muito mais a ver com os "não" que você fala do que com os "sim", e o resultado está menos em quantas horas você trabalha, e mais no valor das suas entregas. Segundo o Princípio de Pareto, aproximadamente 80% dos resultados derivam de 20% das causas, sendo assim, 20% do nosso trabalho gera aproximadamente 80% dos resultados.

A propósito, isso inclui equilibrar as demandas do trabalho com a sua vida pessoal, priorizando também o que é importante para si mesmo, a fim de evitar possíveis frustrações.

Em sua pesquisa com bilionários, empresários e atletas olímpicos, Kevin Kruse descobriu que o que estas pessoas fazem de diferente é aproveitar ao máximo cada minuto dos seus dias, tanto no trabalho quanto no lazer. Elas têm uma atitude de considerar o tempo como um ativo muito precioso ("tempo é dinheiro" ou vale até mais!) e, por isso, são muito focadas em usá-lo da melhor maneira. Então, organizam muito bem seus trabalhos e recusam compromissos demorados que não terão resultados.

Para tanto, é importante lembrarmos que as relações de confiança no ambiente de trabalho, além da integridade e de ser uma pessoa confiável, como descrevo no Capítulo 6, criam uma rede que nos proporciona rotinas mais eficientes e vidas mais equilibradas.

E, quanto mais você se relacionar com pessoas do alto da hierarquia, menos você pode postergar, esquecer ou não fazer aquilo com que se comprometeu. Lembre-se de que essas pessoas se relacionam com muita gente e fazem muitas coisas, e não vão ficar fazendo *follow-up* com você; se a tarefa com a qual você se comprometeu cair no esquecimento, quando isso vier à tona, é a sua credibilidade que estará em risco.

Tenha muita clareza do que precisa ser feito e para quem, e não se incomode de perguntar — nada é tão óbvio ou tão obscuro que não possa ser esclarecido com prazer por alguém de boa vontade. Às vezes, as pessoas caem em armadilhas de procrastinar uma atividade por terem medo de perguntar.

Não se iluda com a ideia de ser multitarefa — comprovadamente, ninguém é. Ao fazer duas tarefas que exigem concentração, você alterna entre elas e tende a se concentrar muito mais em uma do que na outra (e, muitas vezes, não vai se concentrar em nenhuma). Imagine só: estou escrevendo um e-mail superimportante, que exige muita concentração; toca o telefone, eu atendo e sigo redigindo o e-mail, enquanto converso com a pessoa do outro lado da linha. Termino o e-mail e clico em "Enviar". E ponho minha carreira em risco.

À medida que tudo está indo bem, você pode buscar o que chamamos de "movimentação lateral": mudar de área, trabalhar em outro projeto, ir para outra filial ou até mesmo ser transferido para outro país — movimentos importantes para a sua carreira.

Ao falar sobre eficiência e produtividade, então, meu principal conselho é: escolha as batalhas certas. Esqueça algumas concepções preconcebidas de que só é promovido quem faz tal coisa ou puxa o saco de fulano... Analise o cenário da empresa e concentre-se nas ações importantes para ganhar o jogo. Por isso a importância de saber as prioridades da empresa e dos seus gestores e entender onde você consegue contribuir para mexer o ponteiro.

Lembre-se de que uma coisa é entender o jogo e não estar disposto a jogá-lo (se for este o seu caso, faz parte! Mas será preciso trocar de jogo, ou seja, procurar outro emprego). Outra coisa, bastante diferente, é estar no escuro e não saber o que focar.

Eficiência não é uma questão de fazer mais ou se esforçar mais. Sabe aquelas partidas de futebol em que há um jogador muito ativo, sempre correndo pelo campo, que não para, mas que também não faz nenhuma jogada importante e nada contribuí para a vitória? Só correr não adianta nada. A eficiência atrelada à produtividade tem a ver com conseguir usar seu tempo, sua energia e suas habilidades para entregar o que mais importa.

Outra questão é ter uma agenda totalmente ocupada. Nesses casos, quando cai uma bomba e você precisa lidar com ela, a organização da sua agenda vai para o espaço. Então, mantenha uma agenda bem planejada, que deixe espaço para lidar com as situações de emergência.

Analise, ainda, a qualidade que você imprime em si. Seu trabalho não deve precisar de revisão e menos ainda gerar retrabalho. Não basta achar que está sendo produtivo, executar inúmeras tarefas e, no final, a maioria ter erros que demandam correção.

Entretanto, não vá ao outro extremo e fuja do perfeccionismo. "O que nasce perfeito nasceu tarde"; "É melhor feito do que perfeito" — a sabedoria popular, nesse caso, está correta. Não gaste um tempo valioso se atendo a minúcias que, no final, não farão diferença.

> Em meados da década de 1980, o italiano Francesco Cirillo, então estudante universitário, desenvolveu a chamada técnica Pomodoro, que consiste em executar determinada tarefa por 25 minutos ininterruptos e, então, incluir uma pausa de 5 minutos. Durante essa pausa, você pode ir ao banheiro, olhar suas mensagens, enfim, fazer qualquer coisa; ao fim dela, volte à tarefa e prossiga por mais 25 minutos.
>
> Ou seja: execute por 25 minutos; descanse 5; execute por 25 minutos; descanse 5 e assim por diante.
>
> Após quatro ciclos de 25 minutos, poderá fazer uma pausa mais longa (de 30 minutos).
>
> Você pode usar um *timer*, o alarme do computador ou um relógio comum para marcar o tempo (pode usar o celular também, é claro, mas cuidado para não esbarrar o dedo no aplicativo de mensagem e acabar sendo sugado para dentro dele). Também existem aplicativos de gestão do tempo que já têm esses ciclos predefinidos.
>
> A técnica Pomodoro hoje conta com mais de 2 milhões de usuários ao redor do mundo, e o estudante universitário que a criou é um renomado consultor de negócios atualmente. Pelo visto, essa ferramenta é bastante funcional!

E tome cuidado com as interferências e as distrações que impactam a sua lista de atividades. Fique atento ao tempo em que você usa o seu WhatsApp pessoal (mas também ao tempo que passa nele falando sobre questões do trabalho que não são relevantes para o andamento da sua rotina) ou à duração do seu cafezinho (e do bate-papo com quem você encontrou no caminho) e limite o tempo destinado a essas distrações corriqueiras.

Baseadas nas melhores práticas apontadas pelos experts em produtividade, como o executivo Robert Pozen, autor de *Extreme Productivity* (*Produtividade Extrema*, em tradução livre), e Stephen Covey, autor de *Os 7 Hábitos das Pessoas Altamente Eficazes*, as dicas a seguir vão ajudá-lo a organizar melhor sua agenda, ser menos procrastinador e muito mais eficiente e produtivo.

- **Evite surpresas ruins.** Se for atrasar alguma entrega, avise o quanto antes; se estiver enroscado em algum ponto, peça ajuda; se tiver dúvidas, pergunte; mas busque sempre chegar a uma solução. Se necessário, discuta as prioridades e, caso tenha tomado uma decisão por conta própria, vá em frente, mostre essa atitude.

- **Unifique suas anotações.** Organize-se usando a menor quantidade de métodos possível. Vejo pessoas atrapalhadas e perdidas porque uma parte da lista de tarefas delas fica em um caderno; a outra, em Post-its; a outra, na agenda do computador ou do celular. Assim, é muito fácil de algo importante se perder ou acabar esquecido.

- **Aprenda a fazer uma lista de tarefas eficiente.** A maior parte das pessoas faz uma lista de tarefas redundante, com coisas que não importam ou são até evitáveis; assim, menos da metade das tarefas diárias são concluídas, e a sensação que fica é a de frustração.

- **Priorize.** Após fazer uma boa lista de tarefas, classifique-as por prioridade entre A, B e C (coloque a letra na frente de cada tarefa), sendo: A — o que deve ser feito no mesmo dia; B — o que pode ser feito hoje ou amanhã; e C — o que pode ser feito até o final da semana. Seja sincero com as classificações, para poder dividir seu tempo da melhor forma. O trabalho não deve parar até que todos os "As" estejam concluídos e se sobrar tempo antecipar o máximo de "Bs". E, a cada manhã, reveja a lista e atualize as classificações.

- **Avalie o que você produziu.** No fim do dia, faça uma retrospectiva e responda: "O que eu fiz?"; "Do que eu fiz, o que realmente causa impacto?" Coloque suas entregas em perspectiva, pois isso o ajuda a terminar seu dia mais motivado e a compreender a relevância do seu trabalho para o todo.
- **Estabeleça metas para si mesmo.** Para quem tem um objetivo, seguir fazendo as coisas simplesmente no *freestyle* não é a melhor ideia. E, mais do que definir metas para o semestre ou metas de vida, é preciso fragmentá-las em submetas, ou metas intermediárias, cuja realização leve ao objetivo final.

Exercício

Durante, pelo menos, uma semana, observe e anote todas as pausas que faz ao longo do dia, seja ir ao banheiro, sair para fumar ou tomar um cafezinho, para que possa compreender para onde está indo o seu tão escasso tempo (e, junto com ele, a sua produtividade).

Calma, Eu Tenho um Plano

No Capítulo 2, mencionei que o **plano de carreira** mudou. Se antigamente ele era como o Garmin, que tinha um plano fixo, hoje está muito mais para um Waze, que faz você ouvir um "recalculando" algumas vezes, tendo que mudar de rota, descobrir novos caminhos (e até ficar perdido em algum lugar estranho!), de uma forma muito mais dinâmica.

Então, a primeira pergunta que muita gente se faz é: já que é tudo tão dinâmico, faz sentido planejar a carreira? E a resposta é sim! Porque o planejamento de carreira é um norte para que você faça as escolhas certas — e essas escolhas não têm a ver apenas com o emprego que você vai procurar, mas também com o seu desenvolvimento e com as experiências que precisa buscar para estar preparado e chegar mais próximo de onde quer chegar na sua carreira — e do estilo de vida que busca.

Afinal, apesar de o caminho ser dinâmico e permitir descobertas que podem, sem dúvida nenhuma, influenciá-lo, o plano de carreira serve para você fortalecer o seu motor, as suas bases. Por mais que eventualmente o caminho mude, quando as bases são sólidas, a chance de você fazer escolhas ponderadas e assumir o seu protagonismo é maior.

Com isso em mente, um bom plano de carreira serve para definir aonde quer chegar, o que precisa desenvolver, qual estratégia usar e principalmente mensurar o quanto está evoluindo e avançando. Não basta simplesmente ter a meta de um dia ser diretor. Tenha metas intermediárias, e um plano tático para atingi-las, a fim de que possa notar o quanto você está progredindo e, sobretudo, manter-se motivado.

Ao longo do tempo, é comum surgirem dúvidas como: "Será que eu deveria investir neste curso ou tirar dinheiro do meu bolso para ir a este evento?"; "Será que faz sentido eu participar de um processo seletivo nessa empresa que está me chamando?"; "Será que eu deveria potencializar meu networking frequentando estes grupos e me aproximando destas pessoas?", e é esse planejamento que lhe proporcionará um olhar panorâmico sobre suas metas, seus objetivos e seus recursos para que possa respondê-las de modo assertivo, afinal, você saberá o que faz sentido de acordo com a sua realidade.

> **Qual é a diferença entre emprego, ocupação e carreira?**
>
> *Emprego* é algo em que você trabalha e pelo qual é pago — você ocupa uma posição em determinada empresa, que espera certos resultados ou uma quantidade de horas investidas. *Ocupação* é uma categoria um pouco mais ampla de empregos com as mesmas características. Por exemplo, posso ter como ocupação ser engenheiro (eletricista, mecânico, ambiental), professor (de português, química, filosofia, artes) ou cientista (biólogo, sociólogo, químico, astrônomo). Já a *carreira* é uma jornada ao longo da sua vida, na qual você constrói suas habilidades, conhecimentos e experiências, ou seja, é o somatório de eventos e relacionamentos criados com foco no trabalho.

Já deve ter ficado claro que não existe uma fórmula para elaborar um plano de carreira e que ele é, definitivamente, uma responsabilidade do profissional, e não da empresa — até porque a carreira é do indivíduo, nunca da organização. É claro que todos trabalham e torcem para que seu planejamento faça sentido e esteja alinhado com a empresa durante o maior tempo possível; mas, a partir do momento em que um dos dois lados entende que essa sinergia não existe mais, podem chegar à conclusão de que haverá um rompimento. Por isso, reforço: é muito importante que o plano seja seu.

Na maior parte das empresas, inclusive, já não existe mais um caminho bem definido de carreira e crescimento. Existe uma hierarquia, é claro, mas não uma "escadinha" para escalar e chegar ao topo. Muitas vezes, você vai trafegar entre áreas, será transferido, conhecerá diversas possibilidades de movimentação lateral, que podem ser satisfatórias, ou pode seguir galgando outras oportunidades.

Nesse sentido, é muito importante que o profissional saiba ler a empresa e interpretar o que ela valoriza e reconhece. Por exemplo, há empresas nas quais você pode ficar malvisto se não aceitar um novo desafio ou uma mudança de cidade proposta; existem aquelas que preferem que o profissional assuma muitos riscos; e outras que são mais conservadoras. Então, reconheça suas expectativas e as da empresa. Quanto mais alinhados os dois caminhos estiverem, maior a chance de você ter sucesso na empresa em que já está.

Percebo muita gente reclamando "mas minha empresa não é estruturada", "a empresa está cheia de problemas", "a empresa tem muita coisa a ser feita". Uma coisa é fato: empresas superestruturadas, onde está tudo redondo, normalmente são as empresas nas quais crescer é mais desafiador. Porque as posições são mais estáveis, as coisas já estão definidas — ainda que o dinamismo atual não permita a alguém assegurar que ficará em uma companhia até o fim da vida. Normalmente, os profissionais que crescem mais rápido que a média passaram por empresas ou áreas com muitos problemas para serem resolvidos, que não apenas ajudaram a ter boas oportunidades de entregar resultados, como também de se desenvolver. Conforme o velho ditado: "Mar calmo não forma bom marinheiro."

Outro fator importante é entender o momento da empresa. Por mais ambicioso que seja o seu plano, tem horas que são de atacar e outras, de defender e aguardar. Costumo fazer piada dizendo que tem momentos na empresa em que você joga *War* e outros em que joga *Resta Um* (se você só sabe o que é Candy Crush ou jogos mais moderninhos, dá um Google aí!). No Capítulo 4, eu indico como fazer uma análise do perfil da sua empresa e do contexto que está inserido e olhar para trás para seguir em frente. Tenha certeza de que a empresa não destoa dos seus valores e do seu propósito, para você não se distanciar demais do seu objetivo.

Uma vez que não existe framework ou modelo genérico que você possa seguir para elaborar o seu plano de carreira, existem algumas ferramentas que podem ajudá-lo a sistematizar esse caminho. A primeira, já estamos carecas de saber: autoconhecimento. Tenho certeza de que, a esta altura, você já destrinchou a Parte 1 deste livro, então já tem alguma clareza sobre sua subjetividade, seus talentos, suas metas e seus objetivos (ou ao menos o que está de acordo com os seus valores e o seu propósito).

Seguindo essa toada, a psicóloga especialista em carreira Donna Dunning, em seu livro *10 Career Essentials: Excel at your career by using your personality type* (*10 Princípios para a Carreira: Destaque-se em sua carreira de acordo com a sua personalidade*, em tradução livre), indica alguns pontos aos quais devemos prestar atenção para elaborar um plano de carreira focado e bem pessoal. Cada profissional se relaciona com o trabalho e a carreira de um jeito único, e, uma vez que a personalidade influencia essa relação, é importante que a carreira e o indivíduo estejam em sinergia.

Segundo a autora, a primeira etapa do planejamento é identificar o seu perfil profissional entre oito possíveis personalidades, de acordo com a relação que tem com o trabalho e a carreira.

1. **"Respondedores"**: Seu lema é "agir e adaptar". Profissionais com este perfil observam o que está acontecendo ao redor e buscam identificar desafios e oportunidades; agem com rapidez e improvisam bem.

2. **"Exploradores"**: Estão sempre buscando estabelecer relações entre coisas que, à primeira vista, não parecem ter relação, tentar novas possibilidades e procurar novas ideias.

3. **"Facilitadores"**: São eficientes, responsáveis e focados, preferindo estar no controle.

4. **"Colaboradores":** Empáticos, esses profissionais cultivam boas relações e promovem um ambiente de trabalho harmônico e colaborativo.

5. **"Assimiladores":** Antes de dar um passo à frente, concentram-se em se especializar no que fazem para, a partir disso, buscar outras oportunidades com as quais possam fazer conexões.

6. **"Visionários":** São orientados ao futuro. Acolhem novas ideias, adoram inovação e tecnologia e pensam grande.

7. **"Analistas":** Observam todo o contexto e tomam decisões cuidadosas, pautadas na razão, sempre buscando solucionar os problemas.

8. **"Potencializadores":** Concentram-se em como determinada situação afeta as pessoas, individual e coletivamente. Preocupam-se com o todo — negócio e pessoas.

Identifique quais são as habilidades que precisam ser melhoradas para que você possa chegar à próxima etapa. Muitas vezes, o profissional está estudando algo que será superútil lá na frente, mas está deixando de potencializar algo que é necessário *agora*. Se o seu objetivo é trabalhar na NASA, não adianta você estudar física e especializar-se em engenharia aeroespacial se antes você não souber falar inglês.

Então, à medida que vai entendendo a carreira ou as possíveis carreiras que quer ter, você tem mais clareza para avançar. Se um salário alto é muito importante na sua escolha, avalie os cargos que recebem tais salários e reflita se o que os executivos fazem — e o que eles muitas vezes deixam de lado para poder entregar o que é necessário — está de acordo com o seu perfil.

Você está disposto a pagar o preço necessário? Muitas carreiras carregam consigo um excesso de trabalho ou um excesso de viagens, o que resulta em pouco tempo para a família, por exemplo. A pior coisa que pode acontecer é você fazer uma longa e exaustiva escalada e ao chegar lá em cima descobrir que seguiu o caminho errado.

Esse mapeamento, portanto, é fundamental para evitar frustrações e para que você tenha claros quais são os desafios que o esperam.

A partir daí, você começa a desenhar o seu plano mais amplo: o de que tipo de vida você quer levar. Afinal, isso vai influenciar no que você espera de remuneração; de quantidade de horas trabalhadas; viajar muito ou pouco; um trabalho mais estável, com mais segurança, ou não; com que tipo de pessoas vai conviver; o que vai fazer com seu tempo livre; aonde você vai viver e assim por diante. Lembre-se de que o seu plano de vida está intrinsecamente associado ao seu plano de carreira.

Novamente, é o autoconhecimento que vai ajudar nesta, porque ele já lhe forneceu pistas sobre as suas afinidades, por exemplo: Com quais princípios estou comprometido como pessoa? — família; segurança; prestígio; realizações etc. Que tipo de experiências quero na minha vida? Viajar muito, experiência cultural, aventuras etc. Que tipo de talentos quero desenvolver? Línguas, comunicação, intelectual, música, arte etc.

> Existe uma diferença entre procurar emprego e fazer plano de carreira. Quando está desempregado (e principalmente se não tem uma reserva financeira para esse período), você precisa ter um plano de curtíssimo prazo, procurar um emprego e se recolocar no mercado. O *plano de carreira* é criado com uma visão de médio e longo prazos do que você quer construir e conquistar, galgando etapas até chegar a um objetivo predefinido.
>
> Se você está desempregado, a Parte 3 deste livro vai ajudá-lo com isso.

Por fim, caso possível, seria de muita ajuda se você separasse uma parte no seu orçamento para investir em seu plano de carreira, destinado para fazer cursos, ir a eventos ou até mesmo fazer networking. Pode acontecer de você participar de um evento e ter a possibilidade de socializar com pessoas que seriam estratégicas para os seus planos; talvez você participe de um almoço ou um café e precise pagar por isso; então, é muito importante que você tenha esse dinheiro separado para investir nessa construção.

Networking, claro, é uma peça-chave nessa trajetória. Acione as pessoas que podem lhe dar um bom conselho de carreira, pessoas cuja visão você admira e que têm um bom conhecimento. Quem são as pessoas com quem você trabalhou nos últimos 3, 5 ou 10 anos, que o conhecem e sabem da sua reputação? Quem são as pessoas que têm influência no mercado em que atua e que certamente podem lhe abrir portas? Quem são as pessoas que têm negócios, são empreendedores, e podem lhe oferecer um emprego? Quem são os gurus do seu mercado? Essas são efetivamente as pessoas de quem você deve estar perto.

Reconhecer qual é a sua perspectiva quanto ao trabalho o ajuda a estabelecer objetivos bem definidos, ciente das suas fraquezas e dos seus pontos fortes. Assim, você poderá elaborar uma estratégia coerente para superar os obstáculos e atingir as metas intermediárias, rumo ao topo (independentemente de qual seja "o topo" para você).

Responsabilize-se pelo seu futuro e responda: para chegar aonde vislumbrou, o que você precisa fazer? Tome a dianteira e vá em busca dele. Converse com pessoas que possam ajudá-lo, busque feedback — seja um bom ouvinte —, não se esqueça da tal etiqueta corporativa (agressividade sem educação não o levará a lugar algum), busque formações e esteja em versão beta constantemente (não por acaso, esse é o título do próximo capítulo!).

O "Não" Você Já Tem — Como Buscar o "Sim"

No mundo ideal, negociar aumento de salário ou conquistar uma promoção é simples e indolor. Um gestor monitora o seu trabalho e o seu valor e, assim, recompensa-o o máximo que consegue. Ok, esse é o mundo ideal... mas ele não existe. No mundo real, o que impede seu gestor, por mais bem-intencionado que ele esteja, de lhe pagar o que você de fato deveria receber?

O gestor não consegue ver 100% do que você faz, e não existe uma métrica clara para mensurar performance, talento, compro-

> **Com a palavra...**
>
> **Eduardo Marques**
> Diretor-executivo de RH no Grupo Fleury
>
> Após um ano atuando na área de Recrutamento e Seleção corporativa, percebi que não me sentia realizado. Conversei com muitas pessoas, entre elas o diretor da área, um engenheiro que acabara de chegar no RH. Decidi aceitar uma migração para Supply Chain (SC). Foram mais de

dez anos de atuação em SC, passando por funções locais e regionais, estratégicas e operacionais, de planejamento a customer service, passando por produção. Uma decisão difícil, mas muito importante, que tive que tomar foi a de arriscar e sair da empresa na qual tinha construído minha carreira e reputação. Aceitei o desafio de liderar uma estrutura regional estratégica em outra multinacional de bens de consumo, a L'Oréal. Apesar de ter sido uma passagem mais rápida, também foi muito relevante na minha história.

Aproveitei o momento para planejar o que deveria ser meu novo desafio, não deixando a inércia e o caminho mais óbvio me guiarem... Busquei novamente conversar com muitas pessoas que eu respeitava e que tinham impactado positivamente minha história. Decidi que gostaria de agora, com mais experiência de gestão, voltar a atuar em Recursos Humanos. O desafio seria conseguir dar essa guinada na carreira... Como fruto dessas conversas e contatos que ativei surgiu uma oportunidade numa função de Gente e Gestão numa empresa recentemente adquirida por uma multinacional norte-americana. Outro tipo de indústria, segmento diferente do que eu conhecia, e em uma função também bastante diferente. Topei o desafio e passei a liderar áreas como Compras, Tecnologia, Qualidade, Atendimento ao Cliente, Segurança Patrimonial, Expansão e Facilities e, claro, Recursos Humanos!

Enfim, após essa experiência na qual voltei minha trajetória para cruzar novamente o caminho de Recursos Humanos, surgiu uma outra oportunidade em uma empresa de serviços de saúde, extremamente reconhecida no Brasil, para liderar a equipe de RH. Decidi aceitar o desafio e conquistei essa chance de voltar 100% da minha atenção e do meu foco no desenvolvimento e na evolução da agenda de Pessoas e Sustentabilidade do Grupo Fleury! Tem sido um desafio constante e me sinto realizado e me desenvolvendo continuamente. E faz sentido?

> Um engenheiro, com larga experiência em Supply Chain, processos, e gestão ser o responsável por uma área de Recursos Humanos? Tenho me sentido muito preparado para conduzir a área e as dificuldades que se apresentam. É interessante perceber como habilidades não tão diretamente relacionadas à área podem ser tão poderosas para contribuir com o time. Acredito que essa visão sistêmica, a oportunidade de ver oportunidades de otimizar fluxos, se colocar no lugar do cliente e efetivamente buscar melhoria contínua tem me ajudado a tornar nossa gestão de pessoas cada dia melhor!

metimento ou engajamento das pessoas na empresa. Muitas vezes, a diferença entre cargos e funções não é clara — peguemos um analista pleno e um analista sênior, por exemplo, e as diferenças de responsabilidades e cobranças entre eles não serão claras.

Também não é claro para a maior parte das pessoas qual é a faixa salarial existente entre os cargos.

Vale mencionar que, muitas vezes, as empresas também evitam colocar as pessoas no topo da faixa salarial do cargo porque assim elas perdem qualquer margem de manobra.

Além disso, existem regras internas e políticas de RH que podem influenciar o quanto seu gestor pode oferecer daquilo que você está buscando. Algumas empresas colocam um teto de aumento (não permitem dar aumentos maiores do que 20%, por exemplo) ou limites de aumentos por ano (ninguém pode receber mais de um ou dois aumentos por ano); outras exigem um tempo mínimo no cargo para ser elegível a uma nova promoção; há aquelas ainda que revisam aumentos e promoções em um período específico do ano. E existem momentos em que simplesmente se instaura um congelamento de aumentos ou promoções.

O que também pode atrapalhar é o gestor não conhecer a realidade do mercado e, por isso, não ter referências no mercado para comparar o seu desempenho e saber exatamente o seu valor.

É importante ter tudo isso em mente, conhecer essa dinâmica, para jogar da melhor forma. Então, se você quer receber um aumento ou conquistar uma promoção sem levar mais tempo do que deveria, é preciso compreender as regras que o permeiam e alinhar as suas expectativas, além de seguir entregando bem e sempre.

Faça esta provocação a si mesmo: você merece ou precisa deste aumento ou desta promoção? Porque existe uma diferença entre precisar e querer (é claro, todos gostariam de ser promovidos ou receber um pouquinho mais, principalmente se merecerem). Sendo assim, quando você merece, está merecendo um aumento ou uma promoção?

> O *aumento* pode vir quando você está desempenhando muito bem a sua função ou até acumulando novas responsabilidades. A *promoção*, por sua vez, consiste em assumir um novo cargo, do qual se esperam novas entregas e responsabilidades; e, com isso, você é remunerado de acordo com essa nova posição.

O aumento costuma esbarrar nas políticas. A promoção, além delas, perpassa pela analogia da fila, que mencionei no Capítulo 1: você depende de dois fatores para ser promovido — um é a fila andar e o outro é ser o primeiro da fila; você não controla o andamento da fila, mas pode controlar, sim, a sua posição nela e canalizar sua energia para ser o primeiro.

E, nesse caso, as relações de confiança são fundamentais. Afinal, independentemente dos seus esforços, será necessário um ato do seu gestor (e mais algumas pessoas) para a promoção ou o aumento saírem do campo da hipótese. E dificilmente alguém fará isso para quem não seja de confiança.

Portanto, antes de mobilizar toda a estrutura para pedir aumento ou buscar uma promoção, é muito importante ter clareza sobre o que você quer. Olhe para o seu momento, na empresa e na carreira como um todo, e pergunte-se: "Quero na verdade mais poder?"; "Quero mais dinheiro?"; "Quero mais responsabilidades?"; "Quero novos desafios?"; "Quero mudar de país?".

Só depois de ter isso em mente, você pode trabalhar em um plano adequado para o seu objetivo. Eu separo esse plano colocando-o em três grandes grupos.

1. ENTENDER A SITUAÇÃO

Esta etapa passa por responder a algumas perguntas-chave.

"Qual é o meu valor perante o mercado?"

Esse valor não é definido por você, mas pelo mercado. Você consegue mensurá-lo buscando em sites que publicam os salários das pessoas com os cargos e setores em que trabalham; lendo pesquisas de remuneração de consultoria de recrutamento; eventualmente, conversando com headhunters e com pessoas do seu networking que atuam em áreas que você atua e eventualmente abrem informações de salário para você. Com esse primeiro mapeamento, você passa a compreender quanto vale no mercado (o que o ajuda até mesmo caso queira participar de um processo seletivo).

"Qual o seu valor perante a empresa?"

Uma coisa é o seu valor perante o mercado e outra, para a empresa. Se você tem muito valor perante o mercado, mas a sua empresa está cheia de pessoas que fazem o que você faz, talvez o seu poder nela seja menor. Por outro lado, seu valor no mercado pode até ser mediano, mas, se na sua empresa só você faz algo, talvez isso possa lhe dar um pouco mais de poder.

"Qual é o seu talento para entregas?"

Defina seu nível de autonomia, porque, quanto mais autonomia você tem para entregar, maior seu valor para a empresa, visto que é capaz de entregar valor sem demandar outras pessoas.

"Qual é o seu comportamento?"

Observe como você se comporta na empresa, e se está alinhado à cultura. Pessoas que têm um comportamento diferente do esperado têm muito mais dificuldade ou até um bloqueio para obter aumentos ou promoções.

"O quanto você se projeta na empresa e o quanto essa projeção está clara?"

Os gestores tendem a priorizar e beneficiar com aumentos ou promoções quem eles enxergam que estará com a empresa no futuro.

"O quanto você tem conseguido colher de feedbacks para validar suas percepções?"

Uma coisa é o que você acha; outra é o que as pessoas acham, principalmente aquelas que têm o poder para definir se você vai ou não ter um aumento ou promoção.

"Qual é o momento da empresa?"

Reforço, este fator vai calibrar a dificuldade que você terá ou não.

"O seu chefe compra o seu peixe?"

Analise se ele efetivamente confia em você e o quanto ele está feliz com o seu trabalho. Ainda nesse aspecto, responda: "O quanto o estilo do seu gestor é o de alguém que briga pelo que acredita? Ele é alguém que se for convencido vai para cima e faz acontecer?" E, por último: "Que poderes ele tem?" Afinal, ele pode comprar o seu peixe, estar feliz com seu trabalho, brigar pelo que acredita, mas se ele não tiver algum poder para promovê-lo, dar-lhe um aumento ou ao menos recomendar o seu nome, você terá que influenciar mais pessoas e mostrar o seu mérito.

"Qual a melhor abordagem?"

Una todas as respostas anteriores e, com base neste diagnóstico, trace o seu plano.

2. ESTRUTURAR O PLANO

Estruturar o plano demanda algumas etapas. A primeira delas é definir o que você quer: um aumento ou uma promoção. E mais do que aquilo que você quer, efetivamente, o que você está apto a receber. Então, arrume a sua bagagem, ou seja, organize o que você tem para demonstrar, o seu valor, seus resultados, seus planos futuros, suas entregas, seus comportamentos, suas habilidades e sua influência; como você fundamenta seu valor.

A partir daí, e conhecendo seu gestor e a empresa, prepare-se para lidar com as objeções, afinal, dificilmente você vai apresentar os seus pontos e alguém vai aceitá-los de primeira, portanto, saiba lidar com isso.

Depois, escolha o melhor momento. O melhor momento é agora? Nem sempre. Por mais bem preparado que você esteja, lembre-se de que há outras variáveis interferindo. Pode ser que tenha acabado de fazer uma boa entrega ou uma grande m*rd*; no segundo caso, ainda que os seus erros não necessariamente o definam, talvez seja prudente aguardar.

E, por último, treine. Você terá que ir para uma conversa delicada, então treinar a sua abordagem é uma ótima ideia. Talvez gravar o seu pedido em vídeo para análise, treinar na frente do espelhou ou até mesmo usar um amigo para fazer o papel de advogado do diabo.

3. PEDIR O AUMENTO/A PROMOÇÃO

Tendo isso em vista, vou elencar dez passos práticos, para que possa visualizar um roteiro básico de como conduzir esta conversa tão importante para a sua carreira.

1. Comece com questões de diagnóstico. Depois de marcar a reunião no melhor momento, comece fazendo perguntas abertas a seu gestor. "Como você está vendo o meu trabalho?"; "Como estão as minhas entregas?"; "Que perspectivas posso ter para o meu futuro?" Começar com diagnóstico sempre é a melhor forma de validação antes de apresentar os seus próprios pontos.

2. Traga seus resultados, seus planos e foque o futuro. As entregas do passado podem estar distantes, mas o principal é falar de futuro, de como você se projeta. Mostre o quanto você está alinhado com os planos do seu gestor.

3. Coloque-se na perspectiva do outro. Ao ouvi-lo, como seu gestor está lidando? Certifique-se de que ele esteja entendendo a sua abordagem.

4. Seja firme, mas cordial. Uma boa abordagem, por exemplo, seria: "Acredito que minhas responsabilidades e entregas cresceram, então eu gostaria de conversar sobre a possibilidade de um aumento/de uma promoção."

5. Peça um pouco mais do que aquilo que acredita valer, para ter uma margem de negociação, e não trabalhe com uma faixa dizendo "eu queria ganhar entre 10 e 13", por exemplo. Isso o joga automaticamente para a faixa de baixo. É melhor ser específico: "Gostaria de um aumento de salário para 12", se você quer 10, por exemplo.

6. Traga o embasamento do seu valor perante o mercado. Ou seja, por que você acha que este é o seu valor. Mais do que falar de suas entregas e do futuro da empresa, como no Passo 2, agora, seja específico e demonstre o seu valor, que você identificou na etapa diagnóstica, anteriormente.

DO POETA AO LOUCO, TODOS QUEREM CHEGAR AO TOPO 155

7. Lide com as objeções, mas evite comparações. Não fique se comparando com os outros. Cada pessoa tem uma história e um contexto, e isso depois acaba entrando muito mais em uma discussão de cases, de fulano versus sicrano, em vez de focar o que importa: seu aumento. E jamais faça ameaças; esse não é o melhor caminho para conseguir o que quer.

8. Não traga a sua situação pessoal. Dificilmente alguém vai lhe dar um aumento porque você vai se casar, está endividado ou porque tem uma necessidade específica. As pessoas lhe pagam mais porque você merece. Então, tenha muito cuidado na argumentação.

9. Feche a conversa pedindo uma recomendação. Uma abordagem seria "olha, confio bastante em você, então, o que você me recomenda agora para avançarmos em direção a este aumento/a esta promoção?". Ouça-o com atenção.

10. Escute e vá perguntando, para estabelecer os próximos passos. Saia com passos combinados. "Voltamos a nos falar daqui a algum tempo", "Quando posso fazer um follow-up com você?", "Que tipo de informação adicional você precisa para conseguirmos avançar nesse tema?"

Ainda que você não consiga, seu rosto estará gravado, bem como as suas intenções, e as pedras que você precisará tirar do seu caminho ficarão cada vez mais claras.

Se forçar a situação, você rompe a corda em um momento no qual seria muito melhor se tivesse recuado para poder voltar com mais força no momento certo. Lembrando que, quanto mais emoção deixar entrar nessa história, maior a chance de dar errado.

Esta deve ser uma discussão racional, porque todos têm uma história, se esforçaram muito, se dedicaram, muitas vezes abriram mão de tempo com a família, com amigos, fizeram mais do que outros, ou do que deveriam, mas... de novo: o mundo perfeito, onde tudo isso é notado e devidamente reconhecido, não existe. A organização costuma ser um complexo jogo de xadrez, no qual é preciso aguardar, analisar, recuar e avançar quando esta for a melhor estratégia.

É importante lembrar que, quando promovemos alguém, estamos dando não apenas mais responsabilidade como também mais poder. E, como disse anteriormente, isso significa que confiamos no talento e na capacidade de entrega dessa pessoa, e a endossamos. Então, se ela falha, é como se quem a indicou fosse, em parte, responsável por isso. Por outro lado, quando ela cresce e frutifica, mais sólidas se tornam as relações de confiança.

Tenha isto em mente: networking e relações de confiança são imprescindíveis nesta caminhada (felizmente, você já leu o Capítulo 6); quanto mais cresce e se distancia da base, mais precisa de aliados. Ainda que cada um tenha as suas próprias ambições e anseios (não há nada de errado nisso) e que existam formas diferentes de enxergar como deveria ser construído o resultado, o todo é maior do que a soma das partes.

Cheguei! E Agora?

Tornar-se gestor é o sonho de grande parte das pessoas. Para muitos, é como tirar nota 10 na vida real — é uma validação, além de um avanço e tanto na carreira (e um jeito bem legal de impressionar os parentes).

Além disso, quando você é promovido a uma posição de gestor dentro da empresa, normalmente existem simbolismos que causam desejo nas pessoas, como uma sala própria, ou o melhor lugar do escritório, ou uma mesa maior, ou se relacionar com pessoas do alto escalão da companhia. Então, tudo isso mexe muito com as pessoas, e é legítimo que elas tenham essa ambição.

Mas o ponto que eu gostaria de explorar é se as pessoas, antes de desejarem ser líderes, sabem se é isso mesmo que querem (você, leitor, que já fez os exercícios e tem seguido essa jornada ao longo deste livro, possivelmente já consegue discernir com mais clareza do que a grande maioria).

Vejo muitas pessoas se frustrando porque, quando miram uma posição de gestão, estão olhando só a parte boa e ignorando o outro lado da moeda, que não é nada glamoroso. Listarei sete desafios que o gestor recém-promovido terá de enfrentar (os leitores que já são líderes certamente pensarão em mais alguns), para que você saiba o que o espera:

1. É comum achar que basta falar e os subordinados vão cumprir suas ordens. Ou seja, muitos se frustram ao ver a complexidade que é de fato engajar a equipe e os funcionários individualmente nas ações propostas.

2. O gestor tem que lidar com pessoas diferentes, talvez até algumas de quem não gosta. Não é uma questão de preferência, e sim de quem é importante para o time entregar resultados, de acordo com a cultura e os valores da empresa.

3. É necessário saber desenvolver pessoas. O gestor passa a ser avaliado também pelo quanto as pessoas crescem e entregam resultados trabalhando com ele — que, agora, está sendo observado muito mais de perto.

4. Seus resultados virão por meio do time. Até então, era fácil entregar resultados, porque eles estavam sob seu controle. Tendo alcançado a gestão, o profissional começa a ser medido por coisas que ele não entrega sozinho.

5. Talvez tenha que mudar alguns comportamentos que fizeram com que fosse promovido. Por exemplo, talvez ele fosse uma pessoa muito competitiva e isso o ajudou a entregar resultados; mas, a partir de agora, esse comportamento pode atrapalhar.

6. O gestor precisa saber filtrar e absorver a pressão. Não é simplesmente ouvir o que vem de cima e repassar para o time; ele precisa entender a melhor forma de comunicar, para atingir o resultado que deseja, sem desestabilizar a equipe.

7. A cadeira da gestão pode se tornar bastante solitária. Muitos ficam tristes porque ninguém quer saber como estão, enquanto cuidam e se doam para a equipe. O gestor costuma ter menos com quem dividir essas angústias.

Lembrando que conquistar uma posição de gestor é diferente de se tornar efetivamente um líder (falaremos mais sobre isso na Parte 4, quando aprofundaremos o tema liderança).

Existem empresas que têm um processo interessante de avaliar qual é o potencial para alguém se tornar líder, considerando não só o que ele faz, mas o seu potencial em fazer mais — uma visão de floresta, e não de árvore.

Este é um cuidado importante, afinal, uma coisa é você entender o que é necessário para ser promovido, outra é entender o que é necessário para você se manter nesse cargo. É comum dizerem que chegar ao topo é mais fácil do que se manter no topo. São coisas diferentes, que exigem competências diversas.

É um prejuízo enorme quando alguém é promovido e a empresa acaba perdendo um ótimo técnico e ganhando um péssimo gestor. O mesmo vale para o profissional que costumava ser excelente na posição que ocupava (e, geralmente, muito mais feliz) e é transportado para um cargo de gestão como se essa fosse uma progressão de carreira óbvia.

Camille Fournier, ex-vice-presidente de tecnologia da Goldman Sachs, discorre de maneira muito interessante sobre isso em seu livro *A Arte da Gestão: Um guia prático para integrar liderança e recursos humanos no setor de tecnologia*. Para quem vem dessa área, como Fournier e eu, ocupar cargos de gestão e, consequentemente, desenvolvimento de pessoas é um desafio enorme, diferentemente de outras áreas que costumam formar profissionais para seguir esse caminho.

A meu ver, existem alguns caminhos que se pode trilhar para progredir nessa área. Primeiro, você precisa alavancar como lidera a si mesmo; depois como lidera um grupo; depois como lidera uma área maior; então, eventualmente, como lidera uma organização. É muito importante entender que mesmo quando ainda não tem um cargo de gestor, você já está fazendo uma liderança indireta e possivelmente sendo avaliado. Fique atento a como você lidera seus pares; ao modo que seu gestor faz isso; como o gestor do seu gestor atua; como os mais novos que estão chegando na empresa ou os menos experientes do que você o fazem.

É muito importante avaliar essa liderança indireta, porque significa avaliar a capacidade de gestão de uma pessoa ou, ao menos, a postura dela nesse quesito. Afinal, liderar pautado no cargo, até mesmo de maneira autoritária, é possível. Mas liderar efetivamente, sem a autoridade do cargo, é a manifestação do verdadeiro gestor.

Tendo isso em mente, busque feedbacks não apenas de seu gestor, mas de toda a equipe que o circunda. Tenha reuniões de alinhamento com seus superiores, dizendo qual a sua ambição, e deixe claro que você gostaria de ter uma posição de gestão. Pergunte a seu chefe como ele vê isso e quais são os pontos a serem desenvolvidos, com base no conhecimento que ele tem da empresa.

Claro que, para conseguir ter uma conversa muito aberta, será preciso estabelecer uma relação de confiança, na qual ele não somente confie em você como também veja que você está entregando resultados. Faça com que ele queira brigar (no bom sentido) por você. Sem a ajuda do seu gestor, será muito difícil dar o próximo passo.

Por último, a dica é: não espere ser convidado. Ninguém vai estender um tapete vermelho para que você se torne o gestor. Não é à toa que uma das principais características das pessoas que são promovidas costuma ser a atitude. Vá lá, faça e ocupe o seu espaço!

Em suma, eu diria que são três as habilidades primordiais: atitude; habilidade de trabalhar com os outros; e experiência relevante na área. E, para você ser promovido, é necessária a combinação de três fatores: os resultados que você entrega; seu alinhamento à cultura da empresa; e se você está efetivamente no círculo de confiança dos tomadores de decisão.

Os tomadores de decisão, por mais que estejam pensando na companhia, querem pessoas que estejam alinhadas ao seu plano individual — e isso não tem a ver com politicagem, mas com a força para executar os projetos que eles julgam importantes e nos quais acreditam, assim como você.

Uma reflexão fundamental que você precisa fazer é: "O que a empresa ganha com a minha promoção?" Muitas vezes, tem-se uma visão tão limitada de por que ser promovido, restrita a "porque me esforcei tanto", "porque entreguei", que ignora o que a empresa — e tomador de decisão — ganha.

Então, já deve estar claro que ninguém é promovido apenas por fazer o que é pedido (ou porque quer). Normalmente, o profissional se destaca por fazer mais, demonstrar atitude e proatividade, e provar para o seu chefe que é uma pessoa "promovível".

Lembre-se de que estão envolvidos os interesses de muitos stakeholders. Então, vou dar algumas dicas sobre o perfil das pessoas que são promovidas.

Primeiramente, é claro, você precisa ser "promovível". Mas o que é isso? Ora, a sua performance deve ser adequada ao que precisa ser feito; alguém deve substituí-lo e ficar bem na sua posição (porque a empresa dificilmente vai promovê-lo se você deixar um *gap* onde está, principalmente se for uma posição estratégica); e você precisa ser a pessoa certa para ser promovido a uma posição de liderança. Esses três pontos são fundamentais para que você possa ser promovido.

Depois, seja conhecido como solucionador de problemas. Falamos muito de atitude, mas vale reforçar a importância de resolver problemas, principalmente os que são gargalos para a empresa.

E, por último, você tem que ser uma pessoa que faz o que fala. Se você estipulou uma data, tem que cumprir essa data. A sua palavra tem que ser a coisa mais importante e valiosa! Somado ao comprometimento, é preciso lembrar que todas as suas ações precisam estar pautadas na ética.

Caso ainda tenha dúvidas, volte à Parte 1; saiba com clareza o que você quer, se a posição de líder e tudo o que a acompanha é o que você almeja. Assim, você evita cair na armadilha da Síndrome do Impostor, questionando se você é a pessoa certa para encarar os desafios que lhe são propostos.

E a sua formação profissional e gestora não é responsabilidade da empresa, mas sua; seja o protagonista da sua carreira e tome as rédeas do seu desenvolvimento (a Parte 4 deste livro vai ajudá-lo).

Sua atitude e sua disposição a fazer mais do que apenas a *job description* são fundamentais para que você tenha sucesso — porque o bom gestor é aquele que está sempre querendo entregar mais, por si e pela equipe.

Com a palavra...

Erick Buzzi
Vice-presidente sênior de Vendas e Marketing da VTEX

Ingressei no ano de 2010 em uma das principais empresas de tecnologia do mundo. Minha porta de entrada foi um programa de trainee e permaneci na mesma empresa por quase nove anos. Passei por diferentes cargos, assumindo a primeira diretoria com 27 anos. Decidi fazer uma formação na Harvard Business School, onde fiz o PLD (Program for Leadership Development). Em uma das atividades tive que escrever uma carta para o meu eu do futuro; uma dinâmica muito interessante e que me fez repensar toda minha estratégia de vida. Aquele dia mudou o meu destino. Foi ali que percebi que estava sendo passageiro da minha própria vida e resolvi assumir o protagonismo.

Após alguns meses da conclusão do curso, fui chamado para assumir uma vice-presidência na empresa que mais admirava e sonhava estar. Sem dúvida foi um período de grandes aprendizados e evolução, mas ao mesmo tempo eu não estava feliz. Mesmo com a boa performance e gerenciando um dos times que mais me orgulho de ter montado, sentia que algo não estava bom, e após muitas reflexões percebi que os motivos de minhas frustrações estavam diretamente relacionados à liderança.

Na minha opinião a liderança é quem faz a empresa ser o que ela é para o colaborador, e que nos permite evoluir de maneira mais precisa em nossas carreiras. Ao entender esse conceito fundamental, tive a oportunidade de corrigir a minha trajetória. Precisei passar por um dos momentos mais desafiadores de minha carreira para entender um aspecto muito importante, que hoje repasso para profissionais que buscam aconselhamentos sobre transição de carreira. Curiosamente, nesse período de reflexão assisti a um discurso do Carlos Britto, um dos executivos da atualidade que mais admiro, e que complementa e retrata o que passei e penso nos dias atuais.

Não faça transições de carreira depositando sua escolha apenas em títulos, marcas, produtos ou status. Aposte em pessoas! Pessoas que tenham impacto e pelas quais você tenha profunda admiração. Líderes que o inspirem e desafiem a cada dia. Pessoas das quais você possa adquirir valores e conhecimento. Como diria o professor Jim Collins: "First who, then what."

Capítulo 8

Esteja em Versão Beta Constantemente

Já que estou na rede, vou promover um debate: com quantos cursos se faz um bom profissional? Seu currículo é como a sua home page, e ela precisa ser bem atraente — mas as funcionalidades são ainda mais importantes! Seu app precisa estar em constante desenvolvimento, corrigindo bugs e oferecendo o melhor para quem conta com ele.

Lifelong Learning

Ao longo dos séculos, os seres humanos estão sempre buscando o seu lugar no mundo. E, da invenção da roda à Revolução Industrial, as mudanças aconteciam a um ritmo mais lento. Há poucos anos, fazer uma graduação e se especializar era suficiente não só para conquistar um espaço no mercado de trabalho, mas chegar a posições de liderança e se aposentar com tranquilidade.

Com a evolução da tecnologia e o aumento da longevidade, isso não é mais suficiente. As carreiras hoje tendem a durar muito menos tempo do que antes; nossos interesses e necessidades financeiras mudam; o cenário macroeconômico muda.

O avanço da ciência faz com que o conhecimento formal obtido na graduação se torne obsoleto cada vez mais rápido; portanto, cada profissional deve se atualizar conforme a sua especialidade, de maneira focada, priorizando o que faz sentido.

Nessa dinâmica, até o conceito de inteligência vem evoluindo. Se antigamente "inteligente" era aquela pessoa que acumulava muito conhecimento, hoje, ser inteligente está muito mais relacionado a quem nunca teve contato com determinado tema, se propõe a estudá-lo, aprende e passa dominá-lo. Porque, se o mundo muda tão rápido, inteligente é quem aprende rápido.

E a grande dicotomia desse mundo em plena evolução é que, ao mesmo tempo em que você tem essa mudança no mercado, carreiras são destruídas e outras profissões surgem. Vamos pegar o exemplo do setor bancário: à medida que a tecnologia avança, aliada à cibersegurança, as pessoas perdem o hábito de ir às agências bancárias e utilizam cada vez mais aplicativos ou internet banking. Devido à necessidade do isolamento, a pandemia da Covid-19 acelerou isso ainda mais. Dessa forma, a necessidade da função do operador de caixa diminui gradualmente, tendendo a ser extinta.

Por outro lado, praticamente todos os bancos têm posições em aberto na área de tecnologia, marketing digital e customer experience; mas, infelizmente, as pessoas que estão trabalhando no caixa não estão se preparando para assumir essa função. Então, o gargalo dessa dicotomia é que você tem empregos que estão deixando de existir, outros novos estão surgindo, mas não se está formando pessoas para as novas demandas.

Por isso, como disse no Capítulo 1, a meu ver, a melhor maneira de governos e sindicatos protegerem os trabalhadores não é limitando ou legislando sobre demissões ou questões pontuais, mas garantindo o desenvolvimento deles de maneira contínua, para que esses profissionais possam inclusive ser disputados pelo mercado de trabalho.

Aí reside a responsabilidade do profissional de buscar esse aprendizado orientado ao futuro — afinal, a sua carreira é sua, e não da empresa. Mas como fazer isso? Cada pessoa aprende de uma forma.

Dentre essas formas, destaca-se o método VAC (visual, auditivo e cinestésico), baseado nos sentidos, que tem se disseminado na literatura psicopedagógica. O modelo indica que a aprendizagem ocorre por meio da visão, da audição e do tato, e cada indivíduo tende a algum deles para se desenvolver da melhor forma.

- **Estilo visual:** pessoas com a habilidade de apreender, interpretar e diferenciar os estímulos e as informações recebidos visualmente. A partir da visualização de imagens, estabelece relações entre ideias e conceitos. Tendem a planejar tudo com antecedência e organizar os pensamentos de forma gráfica, visando a soluções e alternativas.

- **Estilo auditivo:** aqueles que são capazes de apreender, interpretar e diferenciar os estímulos e as informações recebidos pela palavra falada, bem como sons e ruídos, e então estabelecer conexões. Falam sobre problemas e dúvidas; testam soluções verbalmente.

- **Estilo cinestésico:** indivíduos capazes de conhecer, interpretar e diferenciar os estímulos e as informações recebidos pelo movimento e pelo toque, incluindo gesticulações e linguagem corporal. Tendem a ser mais impulsivos e buscar soluções que envolvam diversas atividades.

Caso ainda tenha dificuldade para identificar qual é o melhor método de aprendizado para você, é possível encontrar testes online que podem ajudá-lo.

Lifelong learning é o aprendizado contínuo, voluntário e automotivado, que vai além da escola e não necessariamente precisa ser conduzido de maneira estruturada. Isso pode gerar pânico nas pessoas de maneira geral, porque não fomos criados para sermos protagonistas da nossa educação; nós fomos ensinados a escolher uma boa faculdade ou um bom curso que conseguíssemos pagar, e este seria nosso acesso à educação.

No Brasil, porém, a academia está distante do mercado de trabalho. Então as pessoas saem de uma faculdade e muitas vezes já têm um choque, pois precisam continuar se desenvolvendo constantemente. Por isso a palavra adaptabilidade nunca esteve tão presente (ela é um dos temas do Capítulo 9).

Costumo dizer que, até hoje, nunca conheci nenhum profissional ou empresa de sucesso que sempre fez a mesma coisa. Todos os exemplos bem-sucedidos foram evoluindo e melhorando com o tempo.

Mapeie o que está acontecendo no mercado em que você atua — e não só na sua empresa. Apoderar-se da sua carreira, portanto, é ter domínio de si mesmo e saber identificar qual é a melhor forma para aprender e manter-se no páreo, sem perder relevância na sua área de atuação ou de interesse.

Com a palavra...

Ivan Martinho
CEO Latin America da World Surf League

Há 25 anos, quando comecei a trabalhar, inspirado pelo pai de um grande amigo de infância, meu desejo era tornar-me CEO. Naquela época, o caminho natural para ocupar a posição de número 1 de uma corporação era dedicar a carreira toda a uma única empresa e crescer verticalmente dentro dela até que os resultados, política interna e timing pudessem levar você até lá!

Logo nas minhas primeiras mudanças de emprego ainda como estagiário e trainee, percebi que eu provavelmente não conseguiria dedicar 30 anos da vida a uma única empresa, então precisaria encontrar outro caminho para atingir meu objetivo. O termo da moda na época era empregabilidade e a solução que encontrei foi investir no meu Curriculum Vitae com cursos, pós-graduação, MBA e idiomas, imaginando que esse seria o passaporte para ter a tal empregabilidade.

O tempo passou e a grande maioria dos cargos que ocupei estava na área de vendas corporativas. Desenvolvi um gosto especial por competir e buscar destaque nessa área que tem medidas quantitativas de sucesso, e ter direito a comissões e bônus sem dúvida era um propulsor adicional importante, mas nunca deixei de paralelamente estudar e quando possível participar de projetos nas áreas de Marketing, Gestão de Pessoas, Liderança, Negociação e Gestão de Crise — o tal do lifelong learning. O que me fez alcançar o objetivo: com 37 anos assumi pela primeira vez a posição de diretor-geral de uma operação.

Recentemente, aprendi e adotei um novo termo para explicar minha carreira quando me perguntam: "T-Shaped professional", termo que representa aqueles profissionais cujas habilidades podem se estender tanto de forma especialista como generalista. A parte vertical do T representa sua especialidade (no meu caso as parcerias corporativas e esportes); e na parte horizontal do T, os demais conhecimentos como generalista. O tempo passa, os conceitos de gestão evoluem e mudam de nome, mas estou certo que em um mundo de mudanças tão rápidas, seja você um empreendedor ambicioso ou um executivo como eu, em busca do sucesso contínuo, a capacidade de aprender rápido e a humildade de reaprender e colocar em prática provavelmente serão as principais características de que você vai se lembrar ao fazer o balanço da sua vida profissional!

Eu Estou Aqui para Aprender ou para Sentar, Me Acomodar e Obedecer?

Se um ser humano tivesse sido congelado quinhentos anos atrás e descongelasse hoje, ele se espantaria com praticamente tudo: a internet, o avião, o carro, o telefone, a televisão, o rádio. Mas haveria algo com que ele se identificaria: a sala de aula, com os alunos sentados e o professor passando a informação.

A educação é uma das principais áreas em que existe espaço para progredir de forma deliberada e afastar-se do modelo expositivo, que tem raízes na Revolução Industrial e na abordagem fordista, padronizada, que ainda sobrevive na maior parte das universidades.

Essa dinâmica, felizmente, tende a mudar, inclusive devido ao avanço acadêmico no campo da pedagogia e do design educacional. Álvaro Schocair, fundador da Link School of Business, diz que no passado o que as grandes universidades tinham como validação do seu poder era nome. Como o conhecimento não era disseminado, pagava-se para ter acesso ao conhecimento produzido por tais universidades. O modelo expositivo então se consolidou e manteve-se intacto.

Na medida em que hoje é possível acessar o conhecimento produzido por meio de diversas fontes online, com a disseminação do acesso à internet, o professor deixa de ser o "detentor de todo o saber", e as universidades precisam remodelar seus métodos voltados a ensino-aprendizagem.

A formação superior em instituições renomadas, por sua vez, está deixando de ser um diferencial, visto que o conhecimento, uma hard skill, pode ser obtido de fontes alternativas, e o que faz com que o profissional se destaque entre os demais são suas soft skills, incluindo a capacidade de aprender coisas novas à medida que necessite.

Um dos grandes erros que os profissionais cometem quando querem dar um próximo passo na carreira é buscar uma pós-graduação ou um MBA, achando que este é justamente o conhecimento que está faltando-lhe. É como que se terceirizassem para uma instituição de ensino a responsabilidade da curadoria das skills necessárias.

Aí a pessoa investe um dinheiro, esperando ser recompensada, mas se depara com um cenário no qual essa formação talvez nem seja reconhecida, ou seja meramente complementar, enquanto havia outras muito mais importantes, que ela deveria ter desenvolvido (ou resolvido) antes. Como disse no Capítulo 7: não adianta ter a melhor formação em engenharia aeroespacial e querer trabalhar na NASA se não souber falar inglês.

A propósito, só 3% da população brasileira fala inglês fluente. Por outro lado, o Brasil é um dos países com a maior oferta de cursos de inglês por habitante. Se tem tanta oferta de curso é porque tem muita gente fazendo. Mas será que só o curso é suficiente para habilitar o aluno a falar inglês?

O maior desafio dos profissionais é descobrir qual é o seu bloqueador de carreira no momento e se concentrar nele, e não sair fazendo cursos. Na melhor das hipóteses, ele estará apenas enfeitando o currículo — será um app com uma home page bacana, cheia de fru-frus, mas com bugs e que vive travando. Portanto, priorize o que importa!

Primeiramente, identifique qual é o seu *career block* — o que está bloqueando seu próximo passo — e comece investindo nisso. Então, se tiver certeza de que precisa mesmo de uma pós-graduação ou um MBA para impulsioná-lo, aí sim, vá com tudo! O grande ponto é o protagonismo no diagnóstico antes da escolha.

Evite tornar essa escolha um bicho de sete cabeças. Seja honesto consigo mesmo e analise se suas soft skills estão afiadas e são interessantes para o mercado (o Capítulo 3 deste livro é todo voltado a isso). Faça uma leitura de si mesmo e identifique o que se alinha com a sua área de atuação, com os seus objetivos e com o seu propósito.

Toda a complexidade resultante de uma longevidade cada vez maior e carreiras cada vez mais dinâmicas acarreta um desafio complexo, sendo exigido cada vez mais ferramentas para o profissional que quer se movimentar e se destacar no mercado.

Frente a isso, há toda uma indústria educacional que deseja vender cursos, graduação, especialização, MBA, como se esta fosse a fórmula mágica para resolver todos os seus problemas e alavancar a sua carreira. Há ainda a indústria dos coaches, que está em evidência, e, em suma, vai dizer que é só você olhar para a sua motivação e se esforçar, de maneira bastante genérica. Assim, fica fácil cair em armadilhas. Por outro lado, há inúmeras instituições sérias e profissionais capacitados, que podem, sim, ajudá-lo com as ferramentas que você precisa. É imprescindível separar o joio do trigo.

Ao se interessar por determinado curso, busque avaliações on-line, procure no LinkedIn quem fez esse curso e qual cargo ocupa hoje. Você pode até mandar uma mensagem para essa pessoa, por LinkedIn ou e-mail, para tirar dúvidas e saber mais da experiência dela. Seja gentil e humilde, e não tenha medo de ser invasivo: a maior parte das pessoas tem grande interesse em falar sobre a sua formação, dar conselho ou criticar, se for o caso. No máximo, você não terá nenhuma resposta; mas a tentativa vale muito a pena.

Então, é interessante fazer uma distinção entre o treinamento formal e o informal. Precisamos nos desvencilhar do nosso modelo mental de que tudo precisa ter um certificado ou um título que possa ser colocado no currículo. Dois anos no exterior, por exemplo, podem torná-lo muito mais proficiente em um idioma do que dois anos de um curso.

Porém existe um componente que é seu: a dedicação. O treinamento informal é o que demanda mais autoestudo, somado a outros três elementos: motivação, disciplina e planejamento. Que são fatores fundamentais para você alcançar sucesso em conseguir aprender qualquer coisa.

O psiquiatra norte-americano William Glasser, que estudava a saúde mental, o comportamento humano e a educação desenvolveu a chamada Pirâmide do Aprendizado, que expõe a forma como os seres humanos tendem a aprender por meio de diferentes fontes. Em contraponto ao modelo de ensino-aprendizado tradicional, o modelo de Glasser propõe o uso de metodologias alternativas, a fim de tornar o indivíduo protagonista da própria aprendizagem, desvencilhando-se do treinamento formal como única fonte válida.

PIRÂMIDE DE WILLIAM GLASSER

Aprendemos...

- 10% quando lemos; **Ler**
- 20% quando ouvimos; **Escutar**
- 30% quando observamos; **Ver**
- 50% quando vemos e ouvimos; **Ver e ouvir**
- 70% quando discutimos com outros; Conversar, perguntar, repetir, relatar, numerar, reproduzir, recordar, debater, definir, nomear
- 80% quando fazemos; Escrever, interpretar, traduzir, expressar, revisar, identificar, comunicar, ampliar, utilizar, demonstrar, praticar, diferenciar, catalogar
- 95% quando ensinamos aos outros. Explicar, resumir, estruturar, definir, generalizar, elaborar, ilustrar

Fonte: João Paulo Coutinho.

Livros, podcasts, YouTube e blogs são algumas das fontes que você pode utilizar para aprofundar seus conhecimentos. Mas, novamente, reforço: cuidado com essas fontes. Considerando que qualquer um pode gravar um vídeo e publicar online ou criar um podcast e falar qualquer coisa, ou até mesmo publicar um livro, é imprescindível que você faça uma curadoria do que vai consumir. Pesquise quem são as pessoas que estão transmitindo essa informação, se elas têm credibilidade. É muito diferente buscar conhecimento em podcasts dos quais participam gestores e executivos sérios, pesquisadores, jornalistas e professores com credibilidade do que um canal no YouTube alimentado por meia dúzia de amadores desconhecidos. Não adianta reclamar dos algoritmos que tanto nos influenciam, porque antes de eles aparecerem já existia a influência por meio dos jornais, TV, políticos, ou seja, o que temos é que desenvolver nossa capacidade crítica.

Outro fator importante é quanto tempo você conseguirá dedicar à sua formação. As pessoas normalmente avaliam apenas se têm disponibilidade para frequentar as aulas. Mas uma boa aula demanda, pelo menos, de duas a quatro horas de estudo para cada hora-aula assistida, quando nos referimos a programas de alto nível (e por isso tem tanta gente fazendo curso de inglês e poucos realmente falando o idioma).

Então, analise:

- Quanto tempo você precisa efetivamente dedicar aos estudos.
- Com quem vai poder trocar informações e debater, além das pessoas em sala.
- O quanto essa formação agrega para o seu networking.
- Como você vai colocar em prática tudo o que aprender.

ESTEJA EM VERSÃO BETA CONSTANTEMENTE

Passo a passo para definir qual é a melhor opção de formação para você:

- Saiba o quer para a sua carreira, para a sua vida, e aonde quer chegar.
- A partir disso, defina o que é necessário para chegar lá.
- Identifique as habilidades que já tem e as que precisa aprimorar.
- Tenha clareza do que é necessário desenvolver.
- Delimite os recursos que você tem para investir na sua formação.
- De acordo com a Pirâmide do Aprendizado, descubra qual é o melhor formato do seu aprendizado, a fim de otimizá-lo da melhor forma, com o tempo que tem disponível.

Por último, tome muito cuidado com o que eu chamo de "efeito Netflix", que é quando você perde mais tempo selecionando os filmes ou séries para colocar na lista do que efetivamente assistindo. Muita gente cai nesta armadilha: tem uma lista de artigos e de livros para ler; uma lista de cursos e de programas de desenvolvimento para fazer, mas, na prática, investe mais tempo organizando o que vai fazer do que efetivamente fazendo. A execução é fundamental.

Tendo em Quem Se Espelhar

O que Oprah, Warren Buffett e Richard Branson têm em comum? Além de serem exemplos de pessoas extremamente bem-sucedidas, todos eles foram influenciados por seus mentores, pessoas que os inspiravam e acabaram por impulsioná-los em suas trajetórias.

Muitos têm uma interpretação errada do que é encontrar um mentor ou fazer mentoria. Tendem a achar que este é um processo bastante formal e, ao mesmo tempo, mágico, em que alguém supertalentoso vai abrir-lhes a caixa-preta do sucesso. Essa visão passiva é totalmente equivocada.

A meu ver, tudo começa ao entendermos que aprender com a experiência de alguém tem um potencial de aprendizado muito maior do que aprender apenas por meio dos livros ou por tentativa e erro. Espelhar-se em alguém, portanto, pode acelerar o processo de desenvolvimento.

Mas, antes de pensar em um mentor, é importante entender o que você quer; quais são os seus objetivos; aonde você quer chegar; em que você precisa se desenvolver; e, a partir daí, entender efetivamente do que você precisa. Se esse caminho ainda não estiver claro, não há como iniciar uma mentoria.

É importante também avaliar e refletir sobre a sua reputação. Como você é visto pelo mercado? Seja devido à sua atitude, à história que construiu até agora, ou aos seus diferenciais. Por que alguém mais experiente o pegaria na mão para ajudá-lo?

Então, comece procurando alguém que você queira se tornar, não apenas porque ele alcançou o resultado que você vislumbra, mas com vistas ao caminho que ele percorreu, para assegurar que esteja alinhado com os seus valores e o seu propósito.

Observe a distância que o mentor almejado está de você. É claro que muita gente adoraria ser mentorada pelo Jorge Paulo Lemann, mas ele está inacessível para a maioria! Além disso, talvez a pessoa com mais visibilidade e com uma carreira impressionante nem seja a mais adequada, considerando as habilidades que você precisa desenvolver.

Alguém distante pode até ajudá-lo a ter visão, a sonhar. Mas alguém mais próximo pode, inclusive, dar-lhe um suporte mais focado, voltado às suas especificidades. Então, antes de pensar em pessoas com quem nunca teve contato, olhe para o seu networking.

Idealmente, o mentor não é o seu gestor, nem seu RH, nem pessoas que o influenciam diretamente, para que mentoria e feedback relacionado ao seu trabalho não se misturem e, também, para que não haja conflito de interesses. O mentor é alguém independente, e não quem vai ou não recomendar a sua promoção, o seu aumento ou alocá-lo em um projeto. Inclusive, é ok ter mais de um mentor. Quanto mais você sabe o que quer, mais fácil será saber quantas pessoas precisa ter ao longo da jornada.

Outro ponto é que esse processo não precisa ser formalizado. Chegar em alguém, dizendo: "Quer ser meu mentor?" pode até assustar. Talvez a pessoa pense que não tem tempo para isso; e, se não for alguém da sua rede de confiança, pode ser que ele nem considere essa aproximação. Então, comece aos poucos, faça algumas perguntas, tendo como base o que a pessoa já faz ou algo que ela publicou nas redes sociais.

Pergunte sobre o que ela está fazendo ou escrevendo — demonstre interesse, tentando manter um diálogo sobre o que você leu e refletiu; apresente seus pontos de vista e veja como que ela reage. Estabelecer uma conexão é fundamental. Assim, estará construindo uma relação de confiança.

Muitas vezes, o seu potencial mentor vai dar respostas curtas, sem dispor de muito tempo para ajudá-lo. De toda forma, mostre interesse, dedicação e cordialidade. Mesmo que você não consiga ter contato presencial, faça bom uso da troca de mensagens; eventualmente, de videoconferências.

Depois, faça um follow-up de tudo o que absorveu da conversa. Sintetize: "Olha, essa conversa foi muito importante, ela abriu meus olhos para x, y e z; então, farei isso e aquilo, para atingir tal e tal objetivo. Muito obrigado!" Isso mostra que você refletiu durante o processo e a troca entre vocês gerou valor. E, à medida que você expõe suas ideias e as executa, eventualmente poderá pedir opinião sobre um ponto ou outro e, principalmente, compartilhar o que está realizando.

Busque estabelecer uma frequência para os contatos entre vocês, de forma que possa ser encaixada na agenda de ambos. Pergunte: "Posso procurá-lo daqui a 15 (ou 30) dias, para fazer um follow-up sobre estes pontos?" Não seja reativo. O responsável por organizar a agenda tem que ser você.

Também é importante mostrar maturidade quando o seu mentor lhe fizer uma provocação ou tiver uma opinião contrária à sua. Afinal, não se trata de uma discussão: você está buscando alguém experiente para ter referências. Mentoria não é terapia, para você ficar reclamando ou tendo devaneios, mas para que possa aproveitar a experiência do outro e extrair o máximo dessa dinâmica.

Busque uma forma de estabelecer uma relação ganha-ganha. Como o mentor pode se beneficiar do que está fazendo? Pense em uma possível contrapartida. Compartilhe com ele os resultados de suas pesquisas, a fim de somar ao conhecimento dele também. Se ele produzir conteúdo nas redes sociais, divulgue-o, compartilhe os textos e as publicações dele; valorize o trabalho de quem está ajudando você a crescer.

Existem muitas opções de mentoria paga. Recomendo que recorra a esses profissionais quando estiver interessado em um tema bastante específico, no qual ele seja especialista. Afinal, o mentor deve ser alguém com quem possa criar uma conexão legítima, que seja independente e queira ajudá-lo genuinamente.

Por outro lado, se ocupa uma posição mais sênior, que tem algumas conquistas, talvez seja o caso de aderir a uma mentoria reversa: encontrar alguém mais jovem que possa dar uma visão de alguém de outra geração sobre determinado tema. Você pode escolher uma pessoa em início de carreira para lhe dar uma mentoria reversa sobre redes sociais, sobre o impacto do digital, ou qualquer outro assunto do qual queira ou precise aprender mais, ou até mesmo um funcionário da base a fim de ter maior clareza a partir da visão de alguém que está no nível mais baixo da operação.

Ouvir o Outro para Ver a Si Mesmo

Você chega ao trabalho, pega um café, senta na sua mesa, de repente passa o seu chefe e diz: "Fulano, vem aqui na minha sala, que eu preciso te dar um feedback." Você vai tranquilo ou estremece?

Nosso cérebro reage a cada estímulo como se fosse uma ameaça ou uma recompensa. Segundo o neurocientista David Rock, o inesperado e o desconhecido servem como gatilhos e resultam em uma reação à ameaça. O sistema nervoso central, por sua vez, ativa o modo de hipervigilância e eventualmente de fuga.

Por essa razão, existe uma conotação bastante negativa relacionada a **dar e receber feedback**. Não é à toa que há aqueles que o chamam de "f*deback". O ponto é que as pessoas não estão acostumadas a receber devolutivas.

O feedback, contudo, não é apenas como uma avaliação formal, mas um aspecto natural de avaliação de todo relacionamento. Ele acontece várias vezes ao dia, tanto no trabalho quanto em casa e, se estivemos atentos, ele fornece uma oportunidade gigantesca de nos desenvolver. O que acontece, porém, é o inverso: muitas pessoas, muito inteligentes e capacitadas, bloqueiam seu desenvolvimento pela falta de autoconsciência.

Uma pesquisa conduzida pela psicóloga organizacional Tasha Eurich, publicada na *Harvard Business Review*, aponta que 95% dos profissionais de diferentes áreas se consideram autoconscientes, mas apenas entre 10% e 15% realmente o são. Então, quando ouvimos uma informação que conflita com nossa autoimagem, nossa natureza é a de querer refutar a informação, e não questionar a nós mesmos.

Por isso que o feedback é tão fundamental para o nosso crescimento como profissionais e seres humanos. Deveríamos encará-lo como um presente: uma pessoa tirou seu tempo para nos dar uma informação valiosa sobre nós, que nos ajudará a entender se nossa autoimagem está adequada.

Ele pode ser categorizado em três tipos:

- O **feedback de avaliação** é quando você diz como o outro está se saindo.
- O **feedback de coaching** diz como ele pode melhorar em algo.
- O **feedback de reconhecimento** é o que fornece um reforço positivo.

Um relacionamento está ruim quando sua contraparte para de dar feedback, pois isso costuma indicar que ela desistiu de você. E isso também vale para namoro e casamento! Como eu sempre brinco, "se você parou de receber feedback em casa, preocupe-se, porque isso sim pode ser sinal de problema".

Uma das perguntas que eu sempre gosto de fazer em processos seletivos para líderes é: "Como você gosta de receber o feedback?"

Quase 100% das respostas são "eu gosto do feedback direto, honesto e frequente", mas na prática sabemos que não é bem assim. Uma coisa é o que falamos que gostaríamos; outra é forma que nossos instintos nos boicotam, como a neurociência mostrou.

Dar feedback

Evitar dar feedback por ser uma situação estressante, pelo medo de o impacto ser negativo, e então se omitir é uma decisão bastante contraproducente. Por outro lado, dar um feedback de modo que não seja o mais polido ou adequado pode ter um efeito desmotivador e ser muito desgastante para todos.

Este é o grande ponto: para dar um bom feedback, prepare-se para fazê-lo de coração, mas também de forma bastante racional e objetiva. Ele não deve ser um desabafo para que você se sinta melhor.

A questão-chave é: "Como eu gostaria que essa pessoa saísse dessa conversa?"

> - **Motivos errados para dar feedback:** defender o próprio comportamento; condenar alguém; estar de mau humor; parecer superior; mostrar que está certo; ou simplesmente para desabafar.
> - **Motivos certos para dar feedback:** preocupar-se com o outro; guiá-lo ou mentorá-lo para que ele se desenvolva.

Fuja de técnicas batidas, como a técnica sanduíche, em que o feedback sobre comportamentos negativos é fornecido entre a indicação de dois comportamentos positivos (o famoso "morde e assopra"). Eu particularmente não gosto dessa estratégia, pois, muitas vezes, as pessoas enaltecem tanto o positivo que quem ouve acaba ficando com uma sensação de "ah, mas eu recebi tanto feedback bom, esse negativo faz parte, imagina, não vou nem me preocupar com isso". Então, ao dar feedback de uma correção, prefiro focar e não dar brechas para interpretações erradas. Assim, a pessoa faz um balanço de quanto precisa se esforçar.

Use exemplos que fundamentem o que está sendo apontado; seja específico e não use exemplos vagos ou muitas metáforas — seja direto, você não é o Mestre dos Magos! E, de preferência, fale em primeira pessoa: eu penso, eu vejo, eu fico com essa sensação; em vez de usar "os outros" ou "nós". Quanto mais você pessoalizar, melhor. Sobretudo, concentre-se no comportamento inadequado, e não na pessoa em si; um erro grave é julgar em vez de dar feedback.

Então, deixe o outro digerir o que ouviu. Aí reside a importância de perceber e interpretar o outro. Após receber o feedback, a pessoa pode passar pelo choque; depois, pela negação; então, pela aceitação e pelo preparo para a ação; e, aí sim, ela consegue "cruzar o portal" e progredir. Use o silêncio de forma estratégica.

Por último, entenda que ninguém é perfeito. Então não adianta chegar com uma lista de dez coisas para a pessoa melhorar, porque, além de ela não poder melhorar dez coisas ao mesmo tempo, ela ainda vai se sentir diminuída. Lembre-se do Princípio de Pareto: avalie o que importa e selecione no máximo dois pontos para abordar; à medida que ela evoluir esses dois pontos, é possível que os resultados sejam sentidos nos outros que também estavam deixando a desejar.

Um bom framework para orientar de maneira prática como proceder com o feedback é o modelo SCI (situação, comportamento, impacto):

- **Situação:** no primeiro momento, é importante que seu interlocutor compreenda a situação que está sendo apontada, em que momento aconteceu.
- **Comportamento:** na etapa seguinte, descreva o comportamento do seu interlocutor na situação mencionada. Diga apenas o que você presenciou, sem fazer juízo de valor.
- **Impacto:** por último, demonstre o impacto gerado pelo comportamento dele. Deixe claro que esta é a sua interpretação pessoal.

Um péssimo exemplo de feedback: o Pedrinho chega atrasado à reunião de resultados semanal. Ele entra na sala, não pede desculpas, passa o tempo todo mexendo no celular, sai para atender uma ligação e volta como se estivesse tudo bem. Você, gestor do Pedrinho, fica bravo e, quando termina a reunião, fala: "Pedrinho, você poderia esperar aqui um minutinho?" E ele diz: "Tudo bem."

Você, então, diz: "Poxa, Pedrinho, assim não dá! Você não tem comprometimento, não está nem aí para nada. Eu preciso de alguém que esteja aqui vestindo a camisa, que dê o sangue, e é isso que eu espero de você na reunião." Aí o Pedrinho olha para você com aquela cara de espanto e diz: "Tá bom, não faço mais." E ele sai da reunião sem saber exatamente o que fez de errado.

Agora, o feedback de acordo com o modelo SCI: "Pedrinho, hoje você chegou atrasado à reunião; não se desculpou com as pessoas que estavam lá no horário; não prestou atenção ao que estava acontecendo na sala; ficou o tempo todo mexendo no celular; saiu para atender uma ligação; e esse comportamento me dá a entender que você não está preocupado com a reunião, que a reunião não é importante para você. Com isso, fico com a sensação de que você está desconcentrado e desconectado do time e do resultado do grupo. Então, eu espero que, nas próximas vezes, você, além de chegar no horário, fique atento à reunião, participe e mostre que está com o time."

Note a diferença. A situação aconteceu, o comportamento que ele teve, então, foi indicado com clareza, bem como o impacto gerado para as demais pessoas. Reforço: a chave está em falar do impacto gerado para as outras pessoas. Assim, não há espaço para que o outro diga "mas a minha intenção não era essa" ou "as pessoas me entenderam errado". Afinal, não importa qual era a intenção; o que importa é o impacto gerado pela ação. Uma dica é lembrar que você só deveria dar o feedback sobre o que uma câmera é capaz de filmar, isso evita julgamentos.

E se sentir necessidade de dar feedback a alguém que não é do seu time ou ao seu gestor? Calma. Não dá para chegar no seu chefe ou em um desconhecido e dizer que gostaria que ele fosse diferente. Se ele não deu abertura, o primeiro passo é construir a relação de confiança.

Outra abordagem seria perguntar, de forma a tentar construir uma abertura: "Se você não se importar, tem um ponto que eu gostaria de trazer para você, que, a meu ver, poderia ajudá-lo a conquistar esses resultados. Se me permitir, gostaria de dizer... e aí você aborda a questão, de maneira estruturada. Mas construir a ponte para dar o feedback é essencial.

Receber o feedback

O motivo de esta seção, sobre receber feedback, vir antes da seção sobre pedir feedback é a dificuldade de reagir ao receber um feedback não solicitado, conforme explica a neurociência, e ser pego desprevenido.

O ideal ao receber um feedback seria acionar um botão imaginário que ativasse o mindset de crescimento, como indica Carol Dweck em *Mindset — A nova psicologia do sucesso* (do qual falo no Capítulo 2). Esse mindset é orientado à evolução, ao progresso por meio do esforço e do autoaprimoramento. Em vez de perceber como uma crítica, a pessoa com essa mentalidade percebe o feedback como uma oportunidade de aprendizado.

Algumas regras básicas são: escutar; não interromper; não querer se justificar; não querer culpar outra pessoa; não querer se comparar à outra pessoa ou a quem está dando o feedback, como "você está falando de mim, mas você que faz isso". Trata-se do seu desenvolvimento, e não de um concurso de quem mais.

Fique atento à reação instintiva à "ameaça". Seu autoconhecimento o ajudará a identificar quando essa sensação surgir, a fim de que possa fazer a gestão desse sentimento da melhor forma e o processo seja o mais produtivo possível.

Cuidado ainda com a sua linguagem corporal. Talvez você esteja em silêncio, mas suas expressões podem condená-lo. Se alguém vai lhe dar um feedback de forma construtiva e o vê sendo reativo ou desinteressado, ele pode desistir de estabelecer essa conexão, e você perderá oportunidades importantes.

Outro ponto que gosto de enfatizar é: ao receber uma informação desagradável, concentre-se na sua respiração. Ela diz muito a respeito do seu estado emocional. E, quanto mais fora do normal estiver, maior a chance de você se posicionar de forma impulsiva, da qual se arrependerá depois. É muito importante monitorar a respiração e evitar falar enquanto ela não voltar ao normal (acompanhada dos seus batimentos cardíacos, os quais também poderá sentir — este é um ótimo exercício: antes de se posicionar, monitore sua respiração).

O melhor que você pode fazer é ouvir. Uma combinação poderosa é, então, fazer as perguntas de clarificação. Se houver pontos que não esteja entendendo muito bem, diga: "Obrigado pelo feedback, valorizo muito as pessoas que me trazem pontos de desenvolvimento. Só que para mim não ficou tão claro. Poderia me dar mais um exemplo, me indicar mais uma situação?" Essas perguntas também servem para você ir ganhando mais tempo para acalmar a sua respiração.

Ou então agradeça (muito cuidado para que esse agradecimento não soe irônico) e diga que vai refletir sobre isso. Você não é obrigado a dar uma resposta naquele momento. Se estiver com papel e caneta, anote na hora os principais pontos; se não tiver, ao sair da conversa, anote-os. Nosso cérebro tende a guardar a crítica e não o detalhe que podemos desenvolver. Então, esse é um cuidado importante para que possa revisitar os pontos que foram indicados e refletir.

A seguir, desenhe um plano de ação voltado a desenvolver o que se propõe. E será muito bacana se, depois de um tempo, você fizer um follow-up e perguntar a quem lhe deu o feedback se ele notou alguma evolução. Isso mostra maturidade, interesse e abertura para o feedback, além de ajudar você a entender se está no caminho certo.

O Sr. ou a Sra. Perfeição são irreais e afastam os outros. Por outro lado, mostrar vulnerabilidade ajuda quem está ao seu redor a ter empatia e criar conexões mais profundas.

Pedir feedback

O feedback é uma importante ferramenta para avaliar o seu desenvolvimento. Muitas empresas não têm uma cultura de feedback, ou o seu gestor não dá feedback, e ficar reclamando não adianta. Você precisa ser protagonista e buscar essa informação.

Entretanto, se ainda não está preparado para receber o feedback de desenvolvimento, não o peça. É péssimo quando alguém pede um feedback, você dá, e a pessoa sai brava com você.

Lembre-se de que pedir feedback é um exercício de humildade e demonstra um mindset de crescimento. E, para tanto, é preciso selecionar as pessoas corretas, em quem você confie e que possam indicar de modo assertivo os pontos a serem melhorados.

Uma possível abordagem é simplesmente dizer: "Estou desenhando um plano de desenvolvimento para a minha evolução. Você é uma pessoa bastante importante, e eu gostaria de contar com seus feedbacks. Quero agendar um horário para que você possa me dar um feedback de maneira bem aberta. Ficarei muito grato se você puder contribuir." Dificilmente alguém vai recusar.

Algumas questões que você pode abordar — após agradecer pelo tempo concedido:

- "Quais sugestões você me daria para melhorar o meu trabalho?"
- "Como eu posso causar uma impressão melhor nas pessoas que trabalham comigo?"
- "Para eu dar o próximo passo, que pontos eu preciso desenvolver, sejam comportamentais ou de conhecimento e habilidades, para que eu tenha condições de performar em um próximo desafio?"
- "O que eu deveria continuar fazendo?"
- "O que eu deveria fazer mais?"
- "O que eu deveria parar de fazer?"
- "O que eu deveria começar a fazer?"

Se conversar com alguém mais sênior, algumas sugestões são:

- "Como você avalia a minha adaptação em relação à cultura da empresa?"
- "No que você considera que eu seja referência?"

Por fim, registre as respostas, para poder compará-las.

Caso já seja gestor, você também deve pedir feedback do seu gestor e dos seus pares, mas principalmente para os seus subordinados. Perguntar "O que eu estou fazendo que contribui com seu desenvolvimento, resultado, entregas etc." ou "O que eu estou fazendo que não o ajuda ou o prejudica?" é muito valioso tanto para o seu próprio desenvolvimento quanto para o desempenho da sua equipe.

Busque feedback de pessoas que sejam referência nos pontos que deseje desenvolver ou, ainda, que possam ajudá-lo em sua trajetória na empresa. Seus pares não bastam, se você não souber como os tomadores de decisão o veem. E, ainda, pessoas diferentes podem trazer à luz determinados pontos cegos.

As conversas podem ser agendadas formalmente ou podem acontecer enquanto tomam um café juntos. Mas é importante preparar a pessoa antes, para que ela consiga refletir sobre o tema. Às vezes você pega alguém de surpresa e ele acaba deixando de falar coisas importantes, porque não lembra. Se for uma pessoa que tem alguma senioridade, permitir que ela esteja bem preparada lhe proporcionará resultados ainda mais relevantes.

Capítulo 9

Maratona, Não uma Corrida de 100 Metros

"Como você escolhe entre fazer o que é prático e o que é a sua paixão?" Chris Gardner, que deixou de morar no banheiro da estação de metrô de São Francisco e se tornou o notável empreendedor interpretado por Will Smith, no filme *À Procura da Felicidade*, faz esse questionamento ao olhar sua carreira em retrospecto. A resposta é que, algumas vezes, você terá que fazer os dois ao mesmo tempo.

Momentos Difíceis

Quero iniciar este capítulo dizendo algo que parece óbvio, mas nem sempre é: momentos difíceis fazem parte da vida de qualquer pessoa. Sim, de todo mundo. Até daquele cara que ocupa o cargo dos sonhos, tem uma ótima condição financeira e vive viajando, ou daquela mulher que é executiva em uma das empresas mais bem-sucedidas do país, cujas realizações são notáveis. É impossível que alguém, em qualquer ângulo da vida, não passe por perrengues, seja do ponto de vista de saúde, familiar e, certamente, na carreira.

Mas é importante entendermos que, normalmente, esses são os momentos que mais nos ensinam e que nos ajudam a nos desenvolver. Inclusive, uma das perguntas que eu mais gosto de fazer nas entrevistas é: "Que fatores da sua vida fizeram você ser quem é hoje?" Depois de ter entrevistado milhares de pessoas, posso dizer com convicção que raríssimas vezes ouvi como resposta alguma situação boa, como "Fui para uma viagem e foi tudo perfeito", "Fui para uma festa, me diverti horrores e então me desenvolvi". Normalmente, o que o configura são os momentos desafiadores — na verdade, as decisões e as atitudes que você tomou naquele momento o fizeram ser quem é hoje.

O desafio é que nossa cobrança pessoal — somada à síndrome do impostor que vive em cada um de nós e ao fato de só vermos o que acontece de bom nada vida dos outros, seja nas reportagens ou no Instagram — cria a falsa impressão de que só nós temos problemas ou inseguranças. As pessoas de sucesso que conheço também passam por momentos difíceis e de insegurança, mas sabem que isso é completamente normal e seguem em frente lidando com seus monstros e aprendendo ao longo da jornada.

Por isso, é fundamental continuar pensando estrategicamente nos momentos mais críticos. No Capítulo 8, falei um pouco sobre como nosso cérebro e corpo reagem de forma instintiva a supostas ameaças, levando-nos a um comportamento emocional, guiado por nossos instintos mais primitivos de defesa (fuga ou ataque), e sobre como a respiração nos ajuda a retornar à racionalidade.

Mas, primeiro, ao se deparar com uma situação insustentável, um impasse ou sentir que algo está atravancando sua carreira ou você próprio, recomendo escrever o que de fato o está incomodando. Faça uma lista de tudo o que, a seu ver, está ruim, há quanto tempo, e quanto do seu dia esse problema está tomando. Então, analise se trata-se de um problema recente e qual é a origem dele. O que o incomoda hoje já aconteceu, está acontecendo ou você está preocupado com algo que pode acontecer? Esse momento de dificuldade é passado, presente ou futuro?

Acontece que, muitas vezes, boa parte do que nos faz sofrer não está no presente. Talvez você esteja ruminando ou sofrendo por antecipação. Ainda, talvez a razão do seu sofrimento seja algo que durou cinco minutos, mas o fez passar o dia inteiro pensando nisso. Essa é uma reflexão fundamental.

A partir do momento que o problema já estiver bem delineado, avalie quem são os personagens envolvidos. Você está lidando com clientes difíceis? Com um chefe difícil? Com pares difíceis? Com parceiros difíceis? Agora, tente avaliar a situação sob a perspectiva de cada personagem: por que será que cada um dos envolvidos está lidando assim?

É tentador pensar: "Ah, fulano faz isso porque é FDP!" Mas não é bem assim. É óbvio, existem pessoas sacanas, mas normalmente, quando buscamos compreender os pontos de vista dos demais, ganhamos perspectiva. Nos momentos difíceis também vale a máxima na qual tenho insistido ao longo deste livro: sair da visão da árvore e ir para a visão da floresta.

Entenda o que você controla ou não. Ainda que não tenha controle da situação, você pode ter controle sobre como responde a ela.

"Quando eu estiver lidando com aquele cliente difícil, a partir de hoje, não vou mais me abalar." "A partir de hoje, quando for conversar com meu chefe, vou me preparar para fazer uma boa apresentação ou ter uma abordagem melhor." Assim você entende como atacar o problema sem o confronto, com base no que está sob seu domínio.

E eventualmente, se entender que o confronto é a melhor opção, vá em frente. Sim, vão existir situações em que não é possível evitar o confronto! O que não dá é para esta ser sempre a sua resposta-padrão. Na maior parte das vezes, reagimos mais em uma postura de desabafo, de colocar para fora o que nos incomoda, do que pensar estrategicamente na melhor forma de conseguir o resultado que queremos.

A autora Louisa Weinstein, com vasta experiência em direito corporativo, private equity e consultora do setor público e social, em seu livro *The 7 Principles of Conflict Resolution* (*Os 7 Princípios da Resolução de Conflitos*, em tradução livre), fornece uma espécie de framework bem interessante para uma resolução de conflitos eficaz. Em suma, o caminho é:

1. Reconhecer o conflito.

2. Manter sentimentos e reações sob controle.

3. Aplicar o seguinte modelo de resolução para conversas difíceis:

    - administre sua resposta física e emocional;
    - coloque no papel seus medos, desejos e necessidades, a fim de compreendê-los e de minimizar a necessidade de falar sobre eles para os outros em uma eventual conversa difícil;
    - mude sua abordagem de acordo com o cenário geral;
    - obtenha você mesmo as informações, sem "disse me disse";
    - identifique suas opções e avalie os possíveis resultados.

4. Gerenciar a resolução do conflito e, se necessário, escolher um mediador para ajudá-lo.

5. Construir uma cultura de resolução de conflitos precoce.

6. Agir em consonância com o que diz.

7. Envolver sua rede de apoio (gestores, especialistas ou até mesmo aconselhamento jurídico), se necessário.

E entenda que o único responsável pela sua agenda e por gerir sua motivação é você. Terceirizar a culpa e entrar na onda do "Estou desmotivado, e meu chefe não nota, nem faz nada" é furada! Tenha claro: 1) O que é importante para você ser feliz? 2) Que tipo de atividades ou projetos o interessam? 3) Com que tipo de pessoas quer conversar? 4) Que tipo de conhecimento novo quer adquirir? 5) Por qual aprendizado quer passar?

Uma ideia legal é fazer um diário de aprendizado. Pode ser no Excel, no Word, em um caderno, enfim, como preferir. Anote o que você está aprendendo, seja conhecimento técnico, comportamental ou de qualquer outro tipo.

Ciente do que lhe faz bem, olhe para sua agenda e organize-se. Observe quantos por cento do seu tempo são dedicados às atividades que o motivam. Esta será a sua força motriz! Sem ela, é pouco provável que seja feliz fazendo o que faz. A maior parte das agendas executivas é como um jogo de Tetris: as peças (compromissos) estão aparecendo e caindo, e você apenas tenta encaixá-las da melhor forma.

Essa análise mais apurada da sua agenda lhe permite ainda analisar se você não está colocando expectativas demais na empresa. O emprego perfeito não existe, e esperar que seu local de trabalho, sua equipe, seus chefes ou quem quer que seja cumpra essa função é irrealista. Afinal, talvez uma parte importante da sua motivação virá de fora da empresa. Pode ser começar um projeto social, fazer uma mentoria, ser mentor de alguém mais jovem ou se desenvolver para embarcar em uma nova área. Isso dá fôlego e energia para os momentos difíceis pelos quais esteja passando dentro da empresa.

> Seja positivo. Quando estamos em um momento ruim internamente, de péssimo humor, com enxaqueca ou após várias noites maldormidas, raramente encontramos soluções ou resolvemos problemas; pelo contrário, nessas horas, só dá vontade de brigar. Muitas vezes, a solução para um momento difícil está em cuidar efetivamente de si — se alimentar direitinho, descansar, beber água, fazer uma caminhada. Se cuidar faz bem.

A chave está na atitude, ou seja, no que você faz para mudar. Aqui, vale uma reflexão: quanto você está conseguindo deixar o trabalho no trabalho e o que está levando para casa, podendo interferir em seu ambiente profissional e em seu ambiente doméstico? Delimite casa e trabalho ao máximo, para que seu cérebro possa descansar!

Então, por mais desafiador que seja o que você está vivendo, tente ver a empresa como uma plataforma. O que ela pode lhe proporcionar? Será que você está frustrado, mas está explorando tudo da plataforma? E quando digo "tudo", me refiro ao aprendizado que a empresa pode fornecer, como cursos, e ao relacionamento com os colegas de trabalho, fornecedores, parceiros etc. Será que você conhece e está conseguindo aproveitar o negócio na amplitude que poderia?

Olhar o que você vive como uma plataforma e entender que você está usando-a, e não sendo usado por ela, é bastante motivador e faz entender que, talvez, um rompimento devido ao esgotamento não seja a melhor alternativa. Eventualmente, o que falta é um balanço entre coisas positivas e negativas. E, de novo, isso é uma responsabilidade sua.

A partir dessa análise, elabore um plano que defina o que fará de diferente. Sob a perspectiva do framework de Louisa Weinstein, ele deve envolver: 1) o que você vai começar a fazer; 2) como reagirá; 3) quem vai procurar caso precise de ajuda; 4) quais objetivos pretende alcançar, dentro e fora da empresa; 5) o que você quer que seja diferente; 6) o que é e o que não é negociável para você.

Agora, amplie seu campo de visão e analise: tudo isso que faz hoje, você está fazendo por quem? Anote o nome deles! São seus filhos? Seus pais? Sua esposa ou esposo? Seus amigos ou outros familiares que dependem de você? Você faz isso tudo por si mesmo e seus próprios objetivos e metas? Mentalizar quem depende dos seus esforços é fundamental para manter a energia e o foco.

Equilíbrio para Não Surtar

Foi disseminada uma visão distorcida sobre o que é o **equilíbrio**, o famoso *worklife balance*. A maior parte das pessoas o interpreta sob a perspectiva da gestão do tempo e da produtividade, ou seja, conseguir fazer um monte de coisas, da melhor forma, no menor tempo possível. Mas, na realidade, esse conceito está ligado aos primórdios deste livro: o autoconhecimento.

Worklife balance é ter certeza de não estar deixando de lado nada do que importa para você, e, consequentemente, tem relação direta com causar impacto por onde passa. Estar em equilíbrio é estar presente.

MARATONA, NÃO UMA CORRIDA DE 100 METROS

No Capítulo 7, foi dito que produtividade tem mais a ver com a gestão da energia (lembre-se: é preciso escolher suas batalhas). Se você trabalha 6h por dia, mas chega em casa esgotado e fica vegetando na frente da TV ou deslizando o dedo pela tela do celular, sem aproveitar o tempo com a sua família ou fazer algo que lhe dê prazer, como ler um bom livro ou fazer exercícios, será que isso é worklife balance, só porque você passa bastante tempo em casa?

Fique atento e monitore os ladrões de tempo: redes sociais, conversinhas de corredor, TV — existem muitas coisas que não só drenam o nosso tempo, mas, muitas vezes, também drenam a nossa energia. Ao falar de equilíbrio, estamos falando de reconstrução de hábitos.

Por outro lado, há também aquela pessoa que não tem tanto tempo com a família, porque trabalha muito ou está sempre envolvido em vários projetos, mas quando senta para jantar está mais do que de corpo presente, está ali por inteiro, com disposição e disponibilidade, conversando e criando conexões. Então, qual é o seu conceito de equilíbrio? Dedicar tempo para si também é importante no worklife balance. Ter tempo para reflexões e para cuidar de você.

Entendo a pressão que boa parte das pessoas coloca em si mesma em relação ao crescimento de carreira, e não tem a ver só com ambição, ego ou vaidade. Não podemos deixar de dizer que vivemos em um país cuja taxa de desemprego ao final de 2021 estava próximo de 13%, e que essa taxa torna a competição ainda maior; consideremos ainda que, no Brasil, sem uma boa renda relativa, você não tem condições básicas. Segundo dados do Dieese (jan/22), para suprir as necessidades básicas de saúde, alimentação, educação, moradia e lazer, o salário-mínimo no país deveria ser de R$5.997,14 (mil).

A necessidade de suprir a si e à sua família certamente impacta o modo como você se relaciona com o trabalho, a que destina seu tempo livre (se é que ele existe) e, por fim, sua qualidade de vida. E isso certamente explica a pressão que as pessoas se autoimpõem.

Contudo, um aspecto importante a se considerar é que essa pressão pelo resultado não é necessariamente o que traz o resultado. Ao longo da minha carreira, vi uma enorme quantidade de executivos indo para o caminho errado, quebrando a cara e, depois, pagando caro por isso.

Todo o estresse que o acompanha pode ser oriundo da sua autocobrança; do seu gestor que o cobra demais; por não ter claras as prioridades e colocar energia em coisas que importam menos; da cultura da sua empresa, que exige presença em horários não convencionais ou aos finais de semana; e sobretudo porque a maioria de nós foi criada ouvindo das famílias que é o trabalho duro que faz crescer. Mas crescer de que forma? E para onde? Se você é afeito a questões espirituais, há diversos livros do tema que podem ajudá-lo nessa jornada. Neste livro, porém, posso ajudar em outro aspecto — dizendo algumas verdades duras de serem ouvidas.

Sem o trabalho duro é muito difícil crescer. Mas é bem errado achar que trabalho duro é garantia de crescimento. No fim do dia, o que as empresas valorizam para decidir quem vai crescer ou não é comprometimento e resultado (nunca se esqueça de que o ponteiro do saldo para os stakeholders precisa se movimentar). E ainda pode esbarrar na cultura da empresa e em como você se conecta com ela e demonstra alinhamento.

Outro ponto importante, e bastante controverso, é fazer um *check* emocional e avaliar se o trabalho, por ocupar a maior parte das nossas vidas, não está sendo usado como fuga de questões pessoais com as quais não queremos lidar e que estão sendo jogadas para baixo do tapete. Todas essas horas trabalhadas e projetos assumidos seriam a válvula de escape de um problema pessoal, familiar, de relacionamento? Não quero colocar o dedo na ferida — mas, se este for seu caso, talvez você devesse.

De toda forma, sua escalada profissional, e sua vida, são como uma maratona, e não uma corrida de 100m. Não basta ser bom, você tem que durar! E, se não cuidar da máquina, sofrerá muito o impacto. Portanto, o equilíbrio também tem a ver com onde você busca energia para os momentos em que algo vai mal. Se encontra acolhimento e apoio na família, quando algo vai mal na empresa. Se consegue buscar energia no trabalho, nos colegas, quando alguma coisa vai mal na sua família.

E essa energia pode vir ainda de um esporte, de um hobby, enfim, quanto mais fontes tiver, mais fácil será sair do buraco quando estiver passando por um momento difícil em qualquer âmbito da vida. Então, se possível, não abra mão das boas relações familiares por causa do trabalho; não largue suas práticas esportivas; não se afaste dos amigos. Mantenha a maior quantidade de fontes de energia que puder, pois elas reduzem o impacto!

Quanto mais eu me conheço, mais sei o que é prioridade para mim (lá vou eu de novo!), e, a partir daí, posso elaborar a minha lista dos itens negociáveis e dos não negociáveis. Uma hora ou outra, sempre vai ter um aspecto da vida que exige um pouco mais. Se alguém na família está doente; se surge em um projeto importante ou uma promoção iminente... é natural que isso demande mais energia. Agora, se você sabe nitidamente o que mais lhe importa, e do que está disposto ou não a abrir mão, será capaz de priorizar, eliminar algo que possa estar sugando seu tempo, deixar de lado alguma atividade secundária — e estar ciente de que este desequilíbrio não deve durar para sempre.

Equilíbrio não é dar um jeito de fazer tudo o que você quer. Isso é impossível! A vida não é um jogo de Tetris, para poder sair encaixando cada pecinha em espacinhos vagos. O tempo é limitado. E o desafio está justamente em termos que dizer não para coisas bacanas, coisas que seriam importantes, para priorizar outras que são ainda mais importantes.

> O grande desafio do ser humano é se acostumar às coisas ruins, inclusive. Já ouviu aquela história do sapo fervendo? Se você joga o sapo na água fervente, ele pula e tenta sair de todo jeito. Mas, se você colocá-lo para ferver junto com a água, ele provavelmente morrerá antes que perceba, porque a água esquenta aos poucos, de modo que ele vai se acostumando. Seria você hoje um sapo na água quente?

Contudo, se em tempos comuns falar em equilíbrio (sobretudo alcançá-lo) já é desafiador, ler sobre o tema em um momento como este pode ser ainda mais incômodo. A pandemia da Covid-19, o evento mais disruptivo e a maior crise deste século, fez com que nossas vidas e quaisquer que fossem nossos planejamentos virassem de cabeça para baixo.

Uma vez que o macro (a economia nacional e a global, questões sanitárias, de saúde e geopolíticas) pode estar além das nossas mãos, o que podemos fazer pelo micro, nós mesmos, já que tem se falado tanto sobre saúde mental durante os períodos de isolamento, mudanças e perdas?

Em uma pesquisa feita durante a pandemia da Covid-19, Boris Groysberg e Robin Abrahams, pesquisadores da Harvard Business School, entrevistaram mais de seiscentos CEOs, perguntando-lhes o que especificamente lhes tirava o sono em meio à crise. As respostas deles puderam ser enquadradas em três categorias: 1) a urgente demanda por aprender e desenvolver novas habilidades, formas e métodos de trabalho; 2) a necessidade de tomar decisões complexas e urgentes; 3) a empatia pelos demais e a tentativa de manter o foco e o autocontrole.

Por fim, em uma abordagem interdisciplinar, os autores da pesquisa indicam o que o cérebro precisa para poder dar conta dessas demandas apontadas pelos CEOs (e, sejamos sinceros, por todos nós), para que eles pudessem voltar a dormir minimamente em paz. A resposta poderia ser dada por um guru ou monge, mas foi dada pelos pesquisadores de Harvard:

- **Alimente-se bem e mantenha-se hidratado (nunca se esqueça de beber água!):** pode parecer óbvio, mas, sob estresse, os sinais de fome e sede enviados pelo cérebro podem ser confundidos ou suprimidos por outras emoções. Além disso, a rotina e os sinais sutis que indicam os horários de refeição (por exemplo, a rodinha que vai se formando na recepção, com o pessoal se encontrando para almoçar, ou o fato subentendido de que seu horário de almoço é logo depois da entrega das correspondências diárias) não existem no home office, principalmente para quem não está habituado com ele, e é possível que eles passem batido em meio a tanto trabalho.

- **Durma bem:** o que significa passar por todas as fases do sono. A fase REM está associada a estabelecer conexões — nela, temos os sonhos mais vívidos, e é quando os estímulos do nosso dia se transformam em memórias e aprendizados. No sono não REM, nós efetivamente descansamos — o cérebro "se desliga", preparando-nos para o dia seguinte. A privação de sono tem efeitos semelhantes a uma ressaca sobre o nosso desempenho diário.

- **Faça exercícios:** segundo os autores, pesquisas recentes demonstraram que o cérebro de corredores apresenta mais conexões neurais em áreas relacionadas ao pensamento complexo, à tomada de decisão e à atenção do que o de pessoas que não praticam exercícios com regularidade.

- **Medite:** meditação, segundo Herbert Benson, da Harvard Medical School, é uma prática simples, que independe de qualquer crença espiritual ou afiliação religiosa. Trata-se, basicamente, de se concentrar — em uma palavra, um movimento, um som, na sua própria respiração —, durante dez a vinte minutos, duas vezes ao dia, se possível.
- **Não faça nada:** deixe sua mente vagar! Qual foi a última vez que você se permitiu ficar entregue aos seus pensamentos e reflexões, de modo a poder formular melhor suas estratégias, sem a pressão do tempo?

À medida do possível, se desconecte. Talvez sua empresa precise que você esteja online durante alguns períodos pouco pertinentes, caso precise acioná-lo, e você segue lembrando que os resultados que entrega estão sempre na mira. Mas é preciso ser estratégico, afinal, a sua própria manutenção é um cuidado que também convém à empresa.

Imagine esta situação: "Compramos um carro para a frota da empresa, e, para fazer o melhor uso e a empresa tirar o máximo de resultado dele, vamos usá-lo o tempo todo, sem fazer revisão, sem trocar o óleo, e sem calibrar os pneus, para que ele esteja em uso constante, pelo bem da empresa." Aí o carro logo quebra, o motor funde e, às vezes, não tem nem conserto. É isso que as pessoas estão fazendo com elas mesmas e umas com as outras.

Eu olho com muito cuidado quando falam "Ah, eu não tiro férias há 3, 4, 5 anos". Tem alguma coisa muito errada. A maior parte das pessoas não sabe o que está fazendo direito. É preciso tomar cuidado, inclusive porque as conexões que você faz fora do trabalho não só lhe dão forças para estar bem, mas servem para provocá-lo, lhe dar energia e mais repertório.

Considere estas três regras práticas para roteirizar esse processo:

1. Aceite que não existe equilíbrio perfeito.

2. Procure uma carreira pela qual você tenha paixão, que o energize e que não simplesmente sugue a sua energia.

3. Lembre-se de que a sua saúde é fundamental para o seu sucesso. Você dificilmente terá longevidade no que faz e será a sua melhor versão, com as prioridades mais bem organizadas, se não cuidar da sua saúde.

E a partir daí você aprende a definir as fronteiras, até onde vai o trabalho, seja o horário em que você vai trabalhar ou se levará trabalho para casa ou não. Costumamos falar tanto que criatividades e insights são fundamentais, e é a vida fora da empresa que o ajuda nisso, bem como a formar o seu networking de sucesso (lembre-se do Capítulo 6).

Ambiguidade e Adaptabilidade

Algumas competências no mundo corporativo são autoexplicativas. Comunicação, raciocínio lógico, liderança... por mais que as definições sejam vastas, não há muita dúvida do que se trata. Mas o que é exatamente *ambiguidade*? Como gerenciá-la? Ora, ambiguidade é justamente você não ter uma resposta clara. É lidar com nuances e incertezas, e com mais de uma interpretação sobre a mesma situação. E isso, no mundo tão dinâmico em que vivemos, o mundo VUCA — volátil, incerto, complexo e ambíguo —, acaba se tornando um dos pontos mais importantes.

Quanto mais você cresce na sua carreira, mais terá que lidar com a ambiguidade, afinal, quanto mais júnior é sua posição, mais bem delimitado é o que você tem que fazer, há menos espaço para criatividade ou qualquer outro tipo de ajuste. Mas, à medida que você cresce, a ambiguidade aumenta junto.

O desafio reside em como você gerencia essas informações. Quanto mais cresce, não pode contar com o que viu e ouviu; você depende de informações dos outros. Com a transformação digital e a busca contínua por aumento de produtividade, as funções e as prioridades mudam a todo momento, e é preciso evitar, ou administrar, o caos.

O mundo está mudando, e muito mais rápido do que antigamente. As interpretações são múltiplas, e as coisas não são mais "preto no branco" — tudo é mais sutil e com mais nuances, o que dificulta a tomada de decisões. Por outro lado, é essa habilidade que nos diferencia de algoritmos ou inteligência artificial. Quando olhamos para eles, fica claro que a IA tem menos habilidade de lidar com essa incerteza, ainda que tenha uma imensidão de dados. Então, é aí que o componente humano se torna um grande diferencial.

Quando falamos de ambiguidade, podemos usar duas perspectivas: a ambiguidade da posição e a ambiguidade de carreira. A da posição equivale a este cenário: "O que eu preciso fazer para garantir que os resultados estão sendo entregues?" Nesse caso, muitas vezes, pode faltar clareza do que é prioritário ou até mesmo das métricas. "Ah, então eu tenho que expandir o resultado ou aumentar a rentabilidade?" Em boa parte das empresas, dificilmente você terá uma resposta concreta a esses questionamentos; na maior parte das vezes dirão: "Gerencie os dois", e muitas vezes os dois podem ser conflitantes. Então, essa habilidade de ler nas entrelinhas, entender o que está acontecendo e gerir a ambiguidade (daí a adaptabilidade) é fundamental.

Do outro lado existe a ambiguidade da carreira. Muitas vezes o que você precisa fazer para crescer pode estar meio nebuloso. Porque, de novo, esperamos um caminho ou um direcionamento muito claro, que nos traz conforto, e no cenário corporativo infelizmente isso vai existir cada vez menos. Mas, muitas vezes, essa falta de clareza da carreira tem a ver com um gestor ou um chefe incompetente que não sabe orientá-lo de forma adequada. A ambiguidade é natural, e é preciso lidar com ela, mas não incentivá-la! O papel do seu líder é ajudá-lo a compreender o cenário corporativo, fornecer os melhores dados e informações e evitar pedidos contraditórios ou metas abstratas demais (que deixam de ser objetivos e se tornam subjetivos). Em situações assim, ninguém sai ganhando.

A única forma de lidar com essa ambiguidade é tomando uma atitude. Quanto mais você espera que venha uma definição de cima ou que tenha uma maior clareza do cenário, mais você se frustra e menor é a chance de você entregar resultados e conquistar o que quer.

Em um artigo para a *Harvard Business Review*, Lisa Lai recomenda que, em situações ambíguas, o ideal é ser pragmático e seguir fazendo um bom trabalho e entregando valor. Analise o contexto, faça apostas inteligentes e, se necessário, divida os problemas menores, e vá solucionando ou esclarecendo um a um. Mantenha a estabilidade emocional e reconheça seus limites, mas não permita que seus sentimentos momentâneos o limitem. Seja proativo e comunique-se abertamente com seus líderes e pares — talvez, o que é confuso para alguém já tenha sido administrado por outra pessoa, e essa troca o ajudará a superar determinadas questões.

Então, vale ressaltar que uma das principais responsabilidades de qualquer executivo é reduzir a ambiguidade. Para o time, para os seus parceiros, para as outras áreas. Quanto mais você consegue interpretar esse dinamismo sob esses prismas tão diferentes e traduzi-lo em objetividade, clareza, maior a chance de ter sucesso. Não assuma que "Essa loucura é natural no dia a dia hoje, então vamos nos acostumar a esse ambiente confuso", mas diga: "Vamos minimizar esta falta de clareza o quanto for possível."

Aliás, um grande papel do líder é simplificar o que mais importa para os liderados e contribuir para remover as interferências que atrapalham o resultado.

Costumo dizer que o ser humano muda por meio de três Cs: ou por convicção; ou por conveniência; ou por constrangimento. Basta você escolher qual dos três vai usar para se desenvolver. O engraçado é que as pessoas gostam de mudar, mas elas não gostam de ser mudadas. E é aqui que entra a **adaptabilidade**.

Uma das definições de inteligência, da qual eu gosto bastante e acho que se aplica muito aos tempos que estamos vivendo, é a de que inteligente não é mais a pessoa que tem um grande volume de informações estocadas ou que fica adquirindo conhecimento para utilizá-lo sabe-se lá quando. Como mencionei no Capítulo 8, cada vez mais, inteligente é a pessoa que nunca teve contato com determinado tema, se propõe a aprender, e não só o aprende rápido como se torna acima da média.

Conhecimento e informação mudam cada vez mais rápido, e não adianta tentar prever o futuro para estocar o que talvez seja importante. Você tem que ser rápido para adquirir o novo à medida que necessita dele. Muitos acreditam inclusive estarem se adaptando, buscando conhecimento, mas, na realidade, só estão fazendo treinamento. E treinamento não é garantia de conhecimento; assim como conhecimento não é garantia de aprendizado; e aprendizado não é garantia de resultados. E no mercado de trabalho o que tem valor são os resultados, muito mais do que a formação.

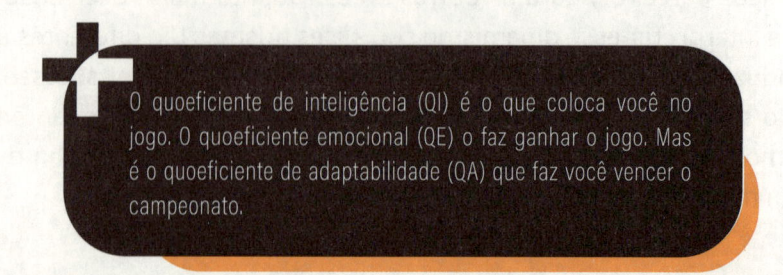

> O quoeficiente de inteligência (QI) é o que coloca você no jogo. O quoeficiente emocional (QE) o faz ganhar o jogo. Mas é o quoeficiente de adaptabilidade (QA) que faz você vencer o campeonato.

Na teoria, é fácil falar de mudança e adaptabilidade. Mas, na prática, o conforto, a rotina e a previsibilidade são o que nos conforta, o que nos acalma — o conhecido é como voltar para a nossa cama quentinha e macia depois de dez dias viajando a trabalho e ficando em hospedaria de qualidade duvidosa.

Se você for pensar, o primeiro impacto que tivemos de adaptabilidade foi ao nascermos; estávamos ali num lugar quentinho, na barriga das nossas mães, até que alguém nos tirou daquele conforto (não é à toa que choramos tanto). E qual é a primeira ação do médico depois que vê que o bebê está bem? Entregá-lo à mãe, para que ele sinta o calor e a temperatura dela, e volte às referências do que antes o confortava.

Assim é a história da humanidade, uma dinâmica constante à qual devemos nos adaptar, querendo, planejando, ou não. Nossa adaptabilidade é testada o tempo todo. Ninguém planejou a pandemia da Covid-19, ninguém planejou ficar de quarentena — mas aconteceu, e nossa capacidade de reagir a esse cenário é o que define como sairemos dele.

E qual é a diferença entre ser flexível e ser adaptável? Flexibilidade é quando você muda, porque é forçado a mudar, mas não está consciente daquele desenvolvimento; nesse caso, na primeira oportunidade volta a ser o que era antes. Adaptabilidade é quando você aprende com a situação e, a partir dela, se transforma.

Ser flexível é importante e válido, sim — desde que não impacte seus valores, você tem que buscar a mudança necessária para o momento, mas lembre-se de que toda mudança gera um estresse temporário, por isso é mais valioso se esse desgaste for justificado e esse processo gerar valor. Isso vale para todos, não importa se você é colaborador, executivo ou empresário.

Você se recorda da analogia do app, usada no Capítulo 2? Todo aplicativo que pretende continuar sendo usado ao longo dos anos passa por renovações constantes. Desenvolvedores, designers, profissionais de análise de mercado estão sempre avaliando a melhor forma de manter o app rodando, de acordo com o mais novo sistema operacional e, sobretudo, com os interesses dos usuários. Você é como um app no mercado: qual foi a sua última atualização e quais são suas novas funcionalidades?

Uma referência interessante são os cursos online. Hoje, quase todos os cursos online vendidos no Brasil não são concluídos. Em mais da metade deles, as pessoas não chegam a dar o primeiro play. "Mas eu comprei o curso, o meu login e senha estão lá no e-mail. Quando for necessário eu vou lá, acesso e adquiro aquele conhecimento."

Não é bem assim que as coisas funcionam. Pensando em um momento pontual, no qual precise de uma informação, é interessante essa *flexibilidade* de poder acessá-la. Mas será que essa estratégia é característica de alguém adaptável — e será que este é o melhor uso do seu dinheiro, pagar por um curso cujo material você consulta como se fosse o Google?

Um bom exemplo de uso do conhecimento e de como adaptá-lo é o do nutricionista. Ninguém precisa ir ao nutricionista para saber que doce, fritura e álcool fazem mal. Mas então qual é o ponto de ir a uma consulta dessa? Quando você chega lá, esse profissional lhe pergunta: "Como é a sua rotina?", então, ele entende como adaptar a melhor alimentação para a sua realidade, a fim de que se torne um hábito.

Em suma, ser adaptável é estar atento a cada oportunidade de lutar contra o que está imposto e abraçar o novo no dia a dia. Esta inclusive é uma reflexão minha, que inclui o posicionamento que adotei no Instagram e que rapidamente cresceu, ganhando uma grande proporção. Retomo o cartunista Scott Adams: você pode ser o melhor em uma única coisa ou estar entre os melhores em duas ou mais.

Eu não acho que sou a pessoa que mais estudou carreira e liderança no Brasil. Não sou o headhunter com mais anos de experiência nem me considero expert em redes sociais; tampouco me acho a pessoa mais carismática. Mas, quando eu **reúno** essas quatro habilidades, isso me coloca em um patamar único, que me fez conquistar a posição que eu tenho nas redes sociais.

O sucesso pode vir por diferentes caminhos, com definições diversas. Muitas vezes, nos pegamos criticando alguém bem-sucedido, dizendo: "Olha, aquela pessoa, ela tem sucesso, mas nem é a melhor naquela atividade." Mas ela não precisa ser a melhor: precisa estar entre as melhores naquela exata combinação de habilidades.

E será que a gente sabe efetivamente o que vai ser o diferencial para que tenhamos sucesso? Tom Brady é maior campeão da história do futebol americano. Não sei se vocês conhecem a história dele, então vou resumi-la: na peneira (draft) para entrar na liga profissional ele ficou na posição 199; por muito pouco, o maior campeão da história da liga ficaria de fora do futebol americano profissional. O que isso nos diz? Será que estamos mirando nas coisas certas?

O que Você Pensa, Você Cria

A criatividade está no âmago de qualquer negócio. E quanto mais a tecnologia se infiltra no mundo, mais a **criatividade** importa, uma vez que ela nos diferencia dos robôs. A inteligência artificial pode fazer coisas impressionantes atualmente, mas a piada que a Alexa, assistente virtual da Amazon, conta foi criada por humanos.

Como é imune à automação, a criatividade pode garantir a sua empregabilidade. Um grande desafio é que ouvimos muito: "Ah, tem que ser criativo, pensar fora da caixa", mas isso é tão abrangente que fica difícil de traduzir em práticas no dia a dia. Nesse sentido, até posições muito técnicas, como engenheiro de softwares, matemático; ou mesmo gerenciais, como diretor e CEO, dependem da criatividade.

Isso vai ao encontro do que propõem Teresa M. Amabile e Mukti Khaire, em seu artigo para a *Harvard Business Review*, no qual salientam que o alto escalão tem passado longe de focar a criatividade, ainda que ela seja implicitamente exigida o tempo todo. Eles aconselham que prioridade número um da liderança deve ser conectar e engajar as pessoas certas, na hora certa, com o estímulo certo para um trabalho criativo.

Nesse sentido, o Design Thinking é um método composto por um conjunto de abordagens e insights voltados a solucionar problemas internos (da empresa) e externos (do cliente), de forma colaborativa, com foco em gestão e inovação.

A jornada do Design Thinking prevê a necessidade de:

GUIAR-SE PELA CURIOSIDADE
fazendo perguntas

ACEITAR A COMPLEXIDADE
explorando sistemas e aceitando inseguranças

VISUALIZAR E MOSTRAR
usando histórias e demonstrações

EXPERIMENTAR E ITERAR
produzindo e testando protótipos

CONCENTRAR-SE EM PESSOAS
fomentando empatia e suprindo necessidades

Aqui, podemos definir criatividade como a dinâmica de um pensamento lateral, de perceber padrões não óbvios e incluir outras referências. Ela está respaldada em dois pilares: o primeiro, é tudo o que você traz de conhecimento, de insights, da sua experiência; o segundo pilar é sua capacidade de estar conectado com o mundo e entender os problemas que o permeiam.

Com isso, você se torna capaz de mudar tanto ângulo quanto o prisma pelos quais olha. Aquele consultor de vendas com inúmeros cases de sucesso ou o empreendedor serial que já iniciou vários negócios bem-sucedidos têm algo em comum: o pessoal olha de fora e diz: "Esse cara é um gênio." E a realidade é que ambos se respaldam nos pilares da criatividade.

Segundo o economista Tim Harford, em sua palestra TED "A Powerful Way to Unleash Your Natural Creativity", a criatividade favorece a criação de conexões — e, nos momentos mais inusitados, uma ideia pode surgir. Desenvolver determinada habilidade, por sua vez, impulsiona suas outras habilidades e pode ajudá-lo a melhorar várias tarefas diferentes. E, nesse sentido, fazer diversas coisas ao mesmo tempo (o famoso *multitasking*), eventualmente, pode destravar suas ideias e gerar novos insights de como fazer algo velho de um jeito novo.

Para exercitar a criatividade, tente desenvolver a habilidade de encontrar melhorias por onde você passa. Isso exige um pouco de inquietude, um pouco de curiosidade, e é característico de alguém que não se acostuma com o *status quo*. Afinal, essa prática é contraintuitiva: como disse anteriormente, nossa tendência é buscar o conforto, nos apegar ao que estamos acostumados e nos deixa seguros. A questão é não se fixar em uma rotina; mudar os caminhos que faz diariamente, por exemplo, ajuda, bem como, por outro lado, manter foco sem distração (sem paradinhas para olhar e-mails e mensagens). Essas técnicas fornecem conforto psicológico para assumir riscos.

No fim do dia, a criatividade é a capacidade de buscar o que está fora. Então, você olha sua área, com todos os problemas e as cobranças que tem no dia a dia, e tem o discernimento de que não precisa que seu gestor demande mais eficiência ou inovação. Você se cobra, busca, vai atrás de benchmarks, fala com pessoas, faz networking e avança.

E qual é o papel do gestor nisso tudo? Permitir e viabilizar esse caminho. Segundo o artigo de Amabile e Khaire, o líder deve encorajar a colaboração, minimizar os obstáculos burocráticos, estar aberto e respeitar a diversidade de ideias e estipular uma faixa de falhas aceitável.

Mas saiba que ninguém vai estender um tapete vermelho só pelas suas ideias. Elas devem estar acompanhadas da capacidade de vendê-las. É necessária a visão; depois estruturar isso em um projeto; engajar pessoas; e trazer os patrocinadores da ideia, os stakeholders dentro da empresa, para que lhe deem o aval para executar. Aí você efetivamente será capaz de executar e entregar resultados. Com isso, você ganha mais credibilidade, e suas próximas propostas possivelmente serão mais bem aceitas.

O pulo do gato aqui é sair do campo exclusivo das ideias e expandir para a aplicação. Até mesmo projetos mais burocráticos podem ser extremamente inovadores com o uso de metodologias como Design Thinking, que permitam brainstormings poderosos e sistematização do processo criativo.

Fique atento, pois, para tudo isso acontecer, é preciso gerenciar a máquina: o seu cérebro. Na seção "Equilíbrio para Não Surtar", recomendo algumas estratégias simples para descansar e potencializar o seu cérebro, com uma rotina que não o sobrecarregue. Um cérebro estressado, no limite, dificilmente levantará problemas que ninguém mais viu ou produzirá respostas e soluções criativas.

Com a palavra...

Aksel Krieger
Presidente e CEO do BMW Group Brasil

Ao longo da minha carreira de mais de vinte anos no setor automotivo, uma lição que levo sempre comigo é que, para crescer, é preciso sair da zona de conforto. Ou, como diz a expressão em inglês, *no pain no gain* (sem dor não há ganho). Quando o Ricardo me convidou para participar do seu livro, fiquei super-honrado por participar e contribuir para um tema que tenho muito interesse e paixão: carreira e liderança.

Quando olho para o começo da minha vida profissional, vejo que sempre foi repleto de desafios, não vou negar. Mas ao mesmo tempo ganhei flexibilidade, criatividade, agilidade e uma visão do mundo que eu não trocaria por nada! Hoje, quando surge um novo desafio, consigo correlacionar com algo que eu vi ou vivi na China, na Alemanha ou na África do Sul. Aplico e adapto essa experiência para o meu momento, agora no Brasil.

Muito de nosso desenvolvimento diário e a maior parte dessas lições que valem para a vida toda vêm de algo que dá errado ou de quando estamos sob extrema pressão. No começo da minha carreira, eu ficava ruminando por dias quando algo dava errado. Sempre me cobrei muito — e continuo me cobrando. Ao longo do tempo tive de aprender a gerenciar a minha cobrança interna porque percebi que estava intoxicando minha saúde física e mental. *No pain no gain* é bom. Mas é preciso refletir sobre o que deu errado, aprender com o erro e implementar estratégias com o time, ou até com você mesmo, para evoluir e não só focar o que deu errado. Parece fácil, não? No fim do dia, ainda hoje é um hábito para o qual sempre preciso canalizar energia para poder crescer e aprender.

No mundo atual, cada dia mais volátil, incerto, complexo e ambíguo (VUCA, da expressão em inglês), desafios não faltam para nós e nossas equipes. O sucesso de hoje não garante o nosso futuro. Um grande exemplo disso são empresas centenárias sendo desafiadas por startups. Coragem, flexibilidade e criatividade são atitudes essenciais. Sendo assim, o aprendizado contínuo depende de sair da zona de conforto, mesmo que isso provoque alguma dor.

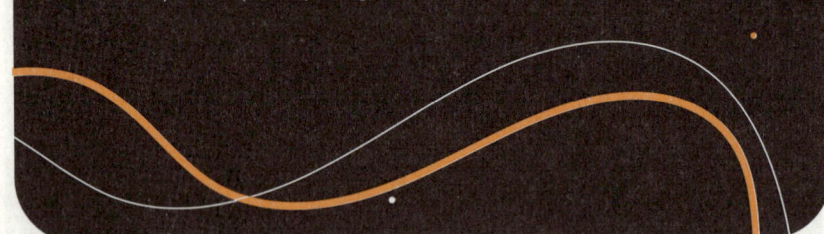

Mapa Mental

Crescimento Profissional – Habilidades e Ferramentas

Comunicação
- Etiqueta corporativa
- Comunicação não violenta

Networking
- Relações de Confiança
- Resolução de Conflitos

Lifelong Learning
- Buscar Mentores
- Dar e receber Feedback

Adaptabilidade, Criatividade e Insights

Parte 3

PRÓXIMOS PASSOS

+

Acesse o QR Code e assista a entrevista exclusiva com o convidado

Bruno Szarf
Diretor Executivo de Gente e Gestão

Capítulo 10

Carreira Trem-bala ou Carrinho de Mão?

Chegou a hora de avançar! O processo de transição de carreira pode ser bem amedrontador, mas prometo tentar torná-lo o mais amigável e encorajador possível. Não se assuste! Seguiremos um passo de cada vez — afinal, existe outra maneira de realizar algo?

A Importância de Estar Bem

Transição é um recomeço; afinal, toda a vida no planeta Terra ocorre em ciclos, que começam, se desenvolvem, e se fecham, até que outro comece; boa parte das vezes, o próximo já começou enquanto o anterior ainda está se fechando. Por mais natural que isso seja, e que emocionalmente lidemos com as mudanças da mesma forma que nossos antepassados (com afetos, desafetos, raiva e, sobretudo, medo), o nosso lado racional, tão bem desenvolvido, desconectou-se desse processo intuitivo, principalmente enquanto vive em uma revolução tecnológica tão transformadora, que não nos dá tempo para processar essas transições.

Estar desempregado; ter um novo emprego; querer um novo emprego; estar com um problema familiar, ou de relacionamento, ou passando por um divórcio; mudando de cidade ou país; ou uma combinação de vários — tudo isso são transições, e elas ocorrem com mais frequência do que você talvez note. Aqui, vamos nos ater à transição de carreira ou emprego.

Segundo a pesquisa feita pelo consultor de carreiras Fredy Machado, 90% das pessoas estão infelizes em seus trabalhos. No Brasil, em 2020, mais de 11 milhões de pessoas foram diagnosticadas com depressão (e vale lembrar que muitos convivem com a doença sem saber); de acordo com a Organização Mundial da Saúde (OMS), a depressão ocupou a segunda causa de afastamentos no trabalho por doença no mundo. Isso já mostra um pouco do desafio que temos pela frente e do quão perigoso é seguir em uma carreira que mina a sua disposição a ponto de adoecê-lo.

A grande reflexão que quero deixar aqui, então, é: e se essa transição for realmente uma oportunidade para você desenhar sua vida, sua carreira ou conquistar a posição que realmente deseja? "Todo mundo tem um plano até tomar o primeiro soco na cara" — essa excelente frase do Mike Tyson, a meu ver, é o principal mote para dar uma chacoalhada em você, leitor! Após encarar esses números, quais atitudes tomará para transformar esse objetivo em realidade?

Por isso é necessário falar da importância do bem-estar no momento das transições. Observe se outras necessidades estão sendo suprimidas e lembre-se das dicas básicas para cuidar do seu cérebro do capítulo anterior.

O estresse é inimigo de uma transição bem-sucedida. Este é um ponto contraintuitivo, porque, quando as pessoas ficam desempregadas ou precisam fazer uma transição, saem colocando toda a sua energia no processo, e qualquer uso de tempo que não esteja diretamente ligado a essa busca pode parecer desperdício. Entretanto, com base na minha experiência, as pessoas que fizeram as melhores transições que acompanhei não descuidaram de si mesmas durante esse período.

Sabendo Quem Sou, Defino para Onde Vou

Em seu best-seller *Do Over: Make today the first day of your new career* (*Refaça: Transforme o hoje no primeiro dia da sua nova carreira*, em tradução livre), Jon Acuff descreve as quatro possíveis transições de carreira pelas quais o profissional pode passar:

CARREIRA TREM-BALA OU CARRINHO DE MÃO? 221

1. Você decide dar um salto — quando está empregado, mas quer algo melhor, e busca voluntariamente uma nova carreira, um novo local de trabalho, uma nova responsabilidade.

2. Você foi demitido — não há outra alternativa além de sair em busca de uma recolocação.

3. Você está em um emprego sem futuro — ou seja, está empregado, mas sem possibilidades de se movimentar, tendo atingido um ponto de estagnação.

4. Surge uma oportunidade — sem planejar, algo novo e interessante surgiu, e você precisa lidar com isso e tomar uma decisão.

Quando decide que está na hora de mudar de emprego, idealmente, você deveria ainda estar empregado. Um erro bastante comum é pensar: "Estou trabalhando muito, fazendo muitas coisas, não terei tempo para me dedicar a procurar um emprego. Então é melhor pedir demissão, e aí sim eu procuro um novo emprego." Esse não é o melhor caminho.

Toda vez que você procura trabalho estando desempregado, corre o risco de perder o poder de barganha na negociação de uma nova proposta. Na medida em que você está desempregado, as empresas tendem, ao lhe oferecer um serviço, a olhar qual foi sua última remuneração e fazer uma proposta de acordo com o que você recebia. Mas, se você estiver em um período de crise, muitas vezes, elas fazem propostas com valores inferiores, afinal, você está desempregado.

Mas é óbvio que esse é apenas um recorte — muita gente não escolhe isso. E essa impossibilidade de escolha pode se dar por dois motivos: você foi demitido, e aí realmente não há o que fazer; ou o que acaba acontecendo é que o ambiente de trabalho começa a se tornar tóxico e a impactar a sua saúde, ou pode haver problemas éticos inaceitáveis, e a decisão de sair se baseia em evitar um problema mais sério. Nesses casos, pedir demissão é totalmente compreensível.

Fora isso, reforço: você deveria fazer essa transição empregado. E, a partir desse momento, é muito importante ter discrição. Por mais insatisfeito que esteja, deixar claro que você está procurando outro emprego prejudica a sua imagem. Tem gente que, quando pega birra da empresa e decide sair, começa a anunciar aos quatro ventos só para provocar ou como forma de protesto. Além de isso não o ajudar em nada em sua busca, a sua imagem naquele ambiente fica arranhada.

Então, cuidado. Da porta para dentro, seja discreto; e da porta para fora... também! Caso queira compartilhar com alguém, escolha para quem contará a notícia, e também a forma como dirá. Fique atento às redes sociais, pois boa parte das pessoas da sua empresa provavelmente está por lá, vendo o que você está escrevendo. E notícias correm. Arranhar sua imagem com uma empresa pode repercutir em todo o seu networking e em potenciais contratantes, quando buscarem referência sobre você.

Independentemente de qual seja o motivo para sua transição, quando chegar a hora dela, comece a fazer suas pesquisas e análises. Essa busca é fundamental se você ainda não tem certeza de qual caminho quer seguir. Então, antes de sair mandando currículos e pedindo emprego, olhe para o seu networking e todas as potencialidades dentro dele, para ampliar o seu campo de visão. Afinal, de acordo com Schopenhauer: "Todo homem toma os limites de seu próprio campo de visão como os limites do mundo." Quanto menor o seu campo de visão, maior a chance de você procurar ape-

CARREIRA TREM-BALA OU CARRINHO DE MÃO?

nas posições e realidades similares ao que já tem; assim, além de não potencializar suas possibilidades, talvez não haja um grande número de empresas que tenham posições como a que você tinha.

Com frequência, vejo pessoas perdidas, sem conseguir enxergar todas as possibilidades que estão ao alcance delas. Pois este primeiro momento é de expandir o cardápio de opções, justamente para, a partir daí, efetivamente conseguir extrair o máximo nessa transição.

Ao acionar seu networking, tenha em mãos as perguntas a seguir — não, você não precisa ficar lendo uma a uma, como se fosse um interrogatório! A ideia aqui é ter uma lista norteadora para sanar as suas dúvidas e ajudá-lo a compreender o que está à sua frente. Mas, se puder anotar ou gravar (apenas com permissão, hein) as respostas, vá em frente!

Começando a conversa:

- "A sua empresa trabalha com o quê?"
- "Quais são os desafios?"
- "Quais são as prioridades?"
- "Qual é a sua função?"
- "Quais são as suas responsabilidades?"
- "Pelo que você é cobrado?"

Vá em frente e se aprofunde:

- "O que você precisa ter de habilidade e conhecimento para desempenhar a sua função?"
- "Quais são as suas frustrações em relação à cultura da empresa?"

- "Quais são suas frustrações e motivações em relação à função que você desempenha?"
- "Como você vê o futuro nessa área?"
- "Quando a sua empresa precisa contratar alguém para essa área, o que ela busca?"

A partir das respostas, dá para começar a entender o que tem ou não a ver com você. Além disso, siga lendo notícias de jornal e buscando relatórios de tendências a fim de observar como anda o mercado.

Cruze o seu plano com as tendências identificadas, para buscar pontos de convergência. Mas é essencial confrontar tudo isso com o cheiro do asfalto, ou seja, a realidade prática e diária daquela posição, cargo ou área de atuação, que as perguntas feitas aos contatos do seu networking ajudarão a compreender, pelo menos, um pouco.

Depois, ao concluir que fará uma transição entre carreiras que diferem uma da outra, é preciso entender de forma muito consciente qual é a distância que terá que percorrer. Por exemplo, se você trabalha na área de vendas e quer migrar para o marketing, ou se está na área de pré-vendas e quer ir para vendas, a distância pode não ser tão longa. Agora, se você trabalha na área financeira e quer se tornar um neurocirurgião, a distância é enorme e exige uma nova formação totalmente diferente.

Então, tome cuidado porque essa distância vai definir o tamanho do *gap* de que habilidades você tem hoje e quanto precisará adquirir de conhecimento, experiência e reputação. Isso também dá uma noção do fôlego, seja financeiro ou motivacional, que você vai precisar ter para essa transição.

CARREIRA TREM-BALA OU CARRINHO DE MÃO?

A maioria das pessoas falha na transição de carreira porque dimensiona mal essa jornada e o tamanho do caminho que precisa percorrer. Acabam, então, ficando pelo caminho, porque não tiveram autoconhecimento o suficiente para saber o quanto isso poderia lhes causar impacto — ou a motivação necessária.

No Capítulo 8, falo da importância de tomar as rédeas da sua própria formação e da sua jornada, sem esperar que uma instituição de ensino o "presenteie" com uma vaga de emprego. Quando mapear os *gaps* e identificar o que ainda precisa desenvolver, não caia no autoengano de simplesmente pensar: "Quero mudar para RH, então vou fazer um MBA ou uma pós-graduação em Recursos Humanos e Gestão de Pessoas." Seu plano precisa ser muito mais sólido que isso. Portanto, reforço a importância do mapeamento de seu networking para, assim, identificar quais habilidades você já tem e quais lhe faltam.

E a partir daí, comece a reativar e ampliar seu networking com as pessoas que estão nessa nova área, seja frequentando cursos, eventos, associações — não simplesmente fazendo um MBA ou mandando currículos aleatoriamente (inclusive, para mudança de área, raramente vejo isso dar certo). O que você precisa é se aproximar das pessoas, não só pelo networking, mas, de novo, para você conhecer o cheiro do asfalto, ver mais de perto a nova realidade.

Tudo isso pode ser assustador, eu sei. Mas, como diz a autora e palestrante Pamela Mitchell, ao tomar as rédeas da sua carreira e assumir o controle do seu destino é que você conquista, de fato, segurança no trabalho.

Cinco Passos para uma Transição de Sucesso

A intenção deste livro, longe de ser uma "receita de bolo" (quem dera fosse possível elaborar algo assim com esta finalidade), é fornecer dicas práticas, que podem ser aplicadas nos mais diversos segmentos e momentos da sua vida. Estes cinco passos para uma transição de carreira bem-sucedida o guiarão em sua trajetória, tornando-a mais fácil, objetiva e, quem sabe, até mesmo prazerosa.

PASSO 1: Conheça a si mesmo

Esta é uma oportunidade ótima para você conhecer a si mesmo e se reconectar com seu propósito; entender o que e quem você impacta; e priorizar. Se chegou até aqui, certamente já leu a primeira parte deste livro, que serve para ajudá-lo nesta trajetória.

PASSO 2: Descubra e defina o que você quer

O problema, às vezes, não é o problema; o problema é identificar um problema. Se você é gerente de marketing, por exemplo, e agora deseja migrar para o RH, será que é isso o que você quer mesmo? No mundo profissional, pude identificar que parte das pessoas sabe apenas o que *não* quer fazer, mas não tem uma lista de coisas que *quer* fazer. Então, reveja isso nesta oportunidade. Essa mudança é porque você está fugindo de algo ou está buscando algo que lhe falta?

PASSO 3: Identifique as skills e o conhecimento que você precisa

Quais são os seus pontos cegos? O exercício a seguir lhe permite reconhecer os pontos com os quais você se identifica e depois confrontá-los com o feedback de outras pessoas. Assim, você saberá como tem se projetado ao mundo, e quais são suas habilidades evidentes e quais precisa potencializar. Esse é um excelente complemento para o seu repertório de autoconhecimento.

PASSO 4: Saiba quem pode ajudá-lo e de que maneira

Reflita sobre como extrair o máximo da sua rede de relacionamento, bem como pedir ajuda e compartilhar sentimentos. E aqui entra o ponto de como você lida com o networking. Mais do que efetivamente só ter uma lista de quem pode ajudá-lo, é preciso também saber o que pedir para cada pessoa (o Capítulo 6 pode ajudá-lo com isso).

PASSO 5: Conheça o seu plano

Desenhe seu plano e aja de acordo com ele. Elabore um plano de uma página, que possa consultar diariamente ao longo de sua jornada.

Exercício

A Janela de Johari é uma ferramenta criada por Joseph Luft e Harrington Ingham ("Johari" é uma junção do nome dos dois), cujo objetivo é auxiliar no entendimento de si próprio e de como outros indivíduos o percebem.

- É importante colocar o passo a passo de responder sozinho, escolher as pessoas para responder e então estruturar todo o conteúdo neste diagrama.

Analise o diagrama.

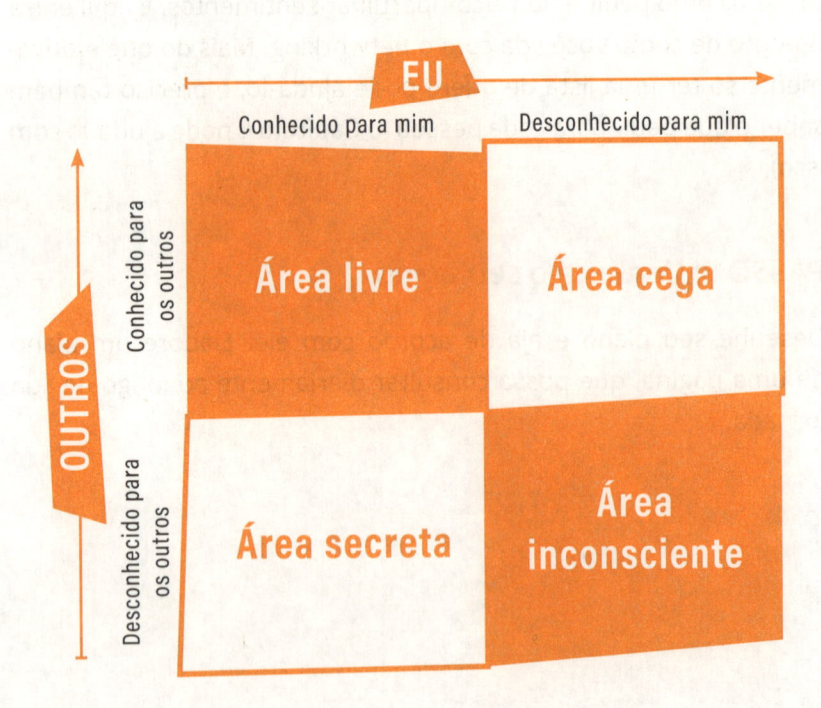

	EU Conhecido para mim	EU Desconhecido para mim
OUTROS Conhecido para os outros	Área livre	Área cega
OUTROS Desconhecido para os outros	Área secreta	Área inconsciente

Reflita sobre suas áreas "Livre" e "Secreta":

- Livre: o que você sente que você é e nota que os outros também o percebem assim? Por exemplo: "Eu sinto que transmito firmeza, e noto que os outros me percebem assim também."
- Secreta: o que você sabe que é e não revela? Por exemplo: "Não revelo que sou procrastinador."

Reflita sobre áreas cegas que tem identificado conforme presta atenção aos feedbacks que recebe, incluindo os feedbacks não estruturados. Por exemplo: "Sou muito sincero, mas não deixo isso evidente. Algumas pessoas interpretam que sou rude; então, vou trabalhar essa questão, deixando claro que o modo como me expresso se dá porque sou muito verdadeiro e não costumo 'dourar a pílula'. Dessa forma, as pessoas saberão que não estou sendo rude, e sim sincero, porque não quero mentir nem enganar ninguém." Essa é a área-chave a ser desenvolvida, afinal, você quer projetar para o mundo tudo o que você tem de melhor!

A área "inconsciente" engloba características que nem você nem os outros indicaram. É a mais complexa de ser desenvolvida, já que é bastante subjetiva e inclui suas características subconscientes.

Com a palavra...

Paul Ferreira
Professor de estratégia e Diretor do Centro de Liderança na Fundação Dom Cabral

À medida que as carreiras estão perdendo suas fronteiras, os próprios padrões de crescimento corporativo se tornam menos relevantes para as necessidades de muitas pessoas. Por exemplo, os executivos querem seguir uma vida profissional menos linear, mais flexível, e multiestágios, o que pode entrar em conflito com as práticas e processos corporativos da maioria das empresas.

Outra dimensão, talvez mais radical ainda, é mudar o seu rumo de carreira. Quem nunca pensou em mudar de carreira? Já pensei e mudei, radicalmente. Há alguns anos, eu me sentia preso e sem inspiração no trabalho; trabalhava em consultoria estratégica e morava na Suíça. Resolvi parar sem nenhuma outra oportunidade real. Durante um ano aproximadamente estive empreendendo.

No final de um dia de aula de MBA sobre ambidestria organizacional — empresas que têm a capacidade de gerenciar simultaneamente a inovação radical e a inovação incremental —, fui conversar com o professor para entender melhor o papel da alta liderança em gerenciar as forças e tensões contraditórias que essas estratégias exigem. Já estávamos dialogando há quase duas horas quando ele me provocou a iniciar um doutorado sob sua supervisão. O resto da jornada consistiu em vários testes e entrevistas que realizei na semana seguinte no lobby de um hotel em Zurique, quatro anos a desenvolver vários projetos de pesquisa, inúmeras apresentações em conferências acadêmicas internacionais, uma bolsa do Fundo Nacional Suíço de Pesquisa... que culminou na mudança com a minha família para o Brasil e no meu cargo atual de professor.

Ao longo desses últimos anos de convivência com executivos, tenho observado que, apesar da vontade de muitos de mudar o rumo de suas carreiras, os obstáculos para o alcance desse objetivo são tão grandes, que em várias situações esse desejo é despriorizado ou, pior ainda, simplesmente abandonado. A pandemia da Covid-19 nos forçou a ressignificar muitos hábitos, normas e regras que estavam institucionalizados, e talvez haja espaço para refletir sobre os pressupostos que estão conduzindo-nos a fazer coisas que não gostamos — ou inclusive que conflitam com nossos valores — e confrontar nossos modelos mentais com as evidências e com "modelos/exemplos" de pessoas que tiveram coragem para redefinir seus próprios caminhos.

Capítulo 11

Colocando a Cara no Mercado

Nas suas andanças entre a multidão, você tem que se destacar. Mas a sua cara pode ser reconhecida com alegria ou podem achá-lo um fanfarrão mascarado. Ao se jogar no mercado, o objetivo é ser visto como alguém interessante, capaz de oferecer o que ninguém mais tem. E você é a sua própria vitrine.

Está Chegando a Hora

Depois de toda a reflexão feita no Capítulo 10, a fim de prepará-lo para a transição, chegou a hora de finalmente colocar a cara no mercado. Gustavo Borges, nadador, medalhista olímpico e empresário brasileiro, em um ótimo bate-papo que tivemos em uma live no Instagram, fez um apontamento interessante: a carreira de um atleta tem um prazo de validade bem definido. Pode ser 20, 30 ou 40 anos, mas todo atleta sabe que, em algum momento, terá que se aposentar do esporte; isso exige uma preparação, física e psicológica, prévia, para que essa transição seja o menos impactante possível.

Daí, surge uma provocação: o tempo de todos nós é limitado, afinal, todos somos mortais e sabemos que nossa vida na Terra é limitada. Assim, a natureza humana nos leva a buscar uma zona de conforto, que minimize o sentimento de estarmos sob ameaça. Por isso é comum lançarem o clássico "sair da zona de conforto", para dizer que alguém deve se arriscar ou ser mais ousado. Eu, contudo, prefiro outra abordagem: é necessário se desenvolver para *ampliar* a zona de conforto.

Tudo o que desejamos poder incluir no currículo, no perfil do LinkedIn, ou do Instagram, ou de qualquer outra rede social que eventualmente utilizemos para nos promover profissionalmente tem uma finalidade: conseguir uma entrevista e conquistar um emprego — ou parcerias frutíferas. Este é o propósito do seu currículo. Aí reside a importância de você entender o quanto é preciso dedicar-se a construir um currículo que seja um bom cartão de visitas.

Costumo dizer que o currículo é como o trailer de um filme, que pode despertar ou não o interesse do espectador e interfere na decisão de assisti-lo. No PageGroup, recebemos em torno de 50 mil aplicações por mês. Cada headhunter faz em média 20 entrevistas por semana e olha cerca de 1 mil a 2 mil currículos semanalmente. Nesse sentido, há algo que costumo chamar de "a regra dos 6" ou "6, 60, 6, 60".

Considerando o elevado volume de currículos recebidos, estima-se que um headhunter invista não mais do que 6 segundos olhando cada um. E por que isso? Precisamos lembrar que, principalmente no Brasil, um grande número de profissionais se candidata a vagas que não têm nada a ver com eles.

Então, os primeiros 6 segundos servem para o recrutador bater o olho e dizer: "Esta pessoa tem minimamente o perfil?" A partir daí, ele vai investir mais 60 segundos pegando mais detalhes do currículo. Depois, se gostou do currículo, ele vai ligar para o candidato e obter mais informações, investindo mais 6 minutos. Se a conversa for boa, ele investe mais 60 minutos em uma entrevista — 6, 60, 6, 60. Então, o maior objetivo com seu currículo é avançar ao longo das etapas.

Nesse aspecto, é importante lembrar: quanto maior for sua capacidade de customizar o currículo para cada situação, maior sua chance de causar impacto e conseguir a entrevista. Da mesma forma como um produto genérico, que tenta atingir todas as classes e todos os perfis de consumidor, dificilmente consegue mirar um público-alvo bem definido e estratégico — razão pela qual existem diversos tipos de produtos, com características e preços diferentes —, o currículo também deve trazer recortes diferentes para cada abordagem. É óbvio que isso não significa inventar ou mentir, e sim enfatizar o que é mais importante para cada vaga.

No mundo ideal, você deveria customizar seu currículo para cada situação, oportunidade e empresa. Muitas vezes, isso é inviável, porém elaborar 3 ou 4 opções, de modo que cada uma possa dar mais ênfase a determinados projetos e experiências, conforme você segmenta os potenciais empregadores, é bastante factível e pode ser decisivo.

As pessoas muitas vezes pensam "O que eu tenho que ter no currículo para ser contratado?", como se houvesse algo mágico para colocar. Na realidade, o que você precisa é tentar passar o máximo da sua essência, para, caso seja contratado, o valor logo se torne evidente. A pior coisa é ser contratado com base em algo que você não é! A empresa terá expectativas que, no médio e longo prazos, não serão atendidas. É a receita para a frustração generalizada.

A customização só vai funcionar se você souber reconhecer seus pontos fortes e seus diferenciais mediante as necessidades de uma empresa ou do mercado; caso contrário, dificilmente conseguirá fazer o melhor currículo, à altura da sua competência. Conhecer a si mesmo o ajuda a vender o seu peixe com honestidade!

Mito ou Verdade

O currículo deve ter apenas uma página.

MITO. É comum que pessoas no início da carreira tenham um currículo de uma página, pois não têm tanta experiência. Em contrapartida, profissionais com 10 a 30 anos de carreira podem ter experiências muito mais vastas e, por isso, podem usar de 2 a 3 páginas. Mas o ideal, de fato, é que não seja mais extenso do que isso. A ideia é que o currículo não fique longo demais, para que seja lido por completo.

Colocar foto no currículo ajuda.

✗ MITO. Foto é algo que não agrega valor ao recrutamento. Minha sugestão é incluí-la apenas se a empresa solicitar; nesse caso, o tamanho deve ser próximo a 3x4, com fundo neutro e boa resolução. Caso a empresa queira ver a sua foto, ela poderá acessar seu LinkedIn (então, é valido lembrar que sua foto no LinkedIn também deve estar bem formatada).

Currículo pode ter hiperlinks.

✓ VERDADE. O currículo se modernizou com o tempo — antes ele era impresso e o deixávamos nas empresas pessoalmente; depois ele foi para o fax e, atualmente, é digital. Então você pode usar hiperlinks em alguns pontos, por exemplo, para direcionar ao seu e-mail ou LinkedIn, para o seu portfólio, ou até mesmo para uma matéria ou entrevista que você tenha dado. Mas ele não pode parecer uma bibliografia, e esse artifício deve ser usado com moderação.

Enviar currículo em inglês logo de cara é um diferencial.

✗ MITO. Apenas 3% da população brasileira domina o inglês. A minha sugestão é sempre enviar o currículo em português, exceto quando a empresa o solicita em outro idioma.

Não é necessário incluir cargo pretendido e pretensão salarial no currículo.

✓ VERDADE. A meu ver, essas informações acabam restringindo o seu perfil. Por exemplo, o cargo pretendido que consta no currículo é o de gerente de recrutamento e seleção, mas a empresa identifica que o perfil é adequado para gerente de RH generalista. Então, talvez ela não chame o candidato, já que seu objetivo não é esse. Outra situação: a pretensão salarial no currículo é de R$6 mil, mas a empresa está oferecendo R$5 mil, porém com bons benefícios; talvez ela também não o chame. Então, assim como a foto, a não ser que seja pedido, não coloque.

É importante incluir todas as empresas nas quais trabalhou.

✗ MITO. Tudo depende de quantas empresas são e em que momento de carreira você está. Por exemplo, se você hoje é analista e teve passagens relevantes de estágio, é legal incluí-las; por outro lado, se já está em um cargo de liderança, acho válido colocar experiências mais recentes. Acrescente no máximo as últimas 5 empresas (a não ser que a sexta empresa seja uma na qual você passou muitos anos e teve uma grande evolução de carreira, aí é interessante mencioná-la também). Mas não omita passagens que possam despertar dúvidas em relação a sua credibilidade, principalmente entre uma empresa e outra.

Um currículo com layout diferentão chama a atenção e coloca você na frente dos demais.

X **MITO.** Muitas vezes, querem inovar na formatação usando cores no fundo, tipografias variadas, incluir o logo das empresas ou uma timeline. O currículo fica poluído e confuso, e o headhunter acaba indo para o próximo. Muitos profissionais também usam ícones para ilustrar nível de idioma ou características pessoais: recomendo não fazer isso, pois, quando fazemos buscas por palavras-chave, a informação não será localizada, e o currículo ficará de fora. O simples funciona. Fundo branco, tipografia Arial ou Times New Roman em tamanho 10 ou 12, cores sóbrias, informações objetivas e com espaços entre os campos serão mais eficientes.

Como Elaborar um Currículo Certeiro

Atualmente, os recrutadores contam com ferramentas de busca para aumentar a assertividade na hora de encontrar o currículo, por exemplo os robôs que fazem as triagens. Funciona assim: na hora de fazer uma busca, coloco palavras-chave que desejo encontrar no currículo de um profissional que tenha aderência à minha vaga, como o nível de inglês. Por essa razão é tão importante todas as informações estarem escritas, não em ícones. Por isso, ao longo do seu currículo sempre coloque as palavras-chave para você ser encontrado. É como um site que quer ser encontrado e bem ranqueado no Google. Se tiver determinado conhecimento e não o colocar no seu CV, pode ficar de fora. Cada segmento sempre tem requisitos técnicos pertinentes, então, inclua-os também.

Na primeira seção da primeira página do CV, devem constar informações pessoais, como:

- Nome.
- Cidade onde mora.
- Contatos atualizados.
- NÃO precisa colocar o seu endereço completo ou números de documentos. Se necessário, a empresa os solicitará. Se você não se incomodar, inclua data de nascimento e estado civil, ainda existem muitas empresas que avaliam essas informações.

A seguir, ainda na primeira página, inclua:

- Formação (não coloque formação interrompida).
- Idiomas e níveis — lembrando que, se o nível for básico, não precisa mencionar.
- Você tem alguma deficiência, que possa ser classificado como PCD?

A seção de resumo de qualificações é basicamente uma apresentação sua. Lembre-se de colocar palavras-chave aqui, como segmentos nos quais você trabalhou, projetos e outros.

Seu emprego atual sempre deve aparecer em uma seção na primeira página. Coloque:

- O nome da empresa, data de início e o segmento dela.
- Embaixo coloque o cargo e, a seguir, suas principais responsabilidades para gerar resultados — isso deve ter entre 5 e 10 linhas.

Nas páginas seguintes, insira suas experiências em outras empresas e cursos/certificações.

Revise erros de português, datas de entrada nas empresas e sempre use contatos atualizados e um e-mail adequado (nada de colocar no CV a conta p1r4d0_sk8@... que você criou em tempos idos e da qual ainda não desapegou! Ou gatinhodapraia@).

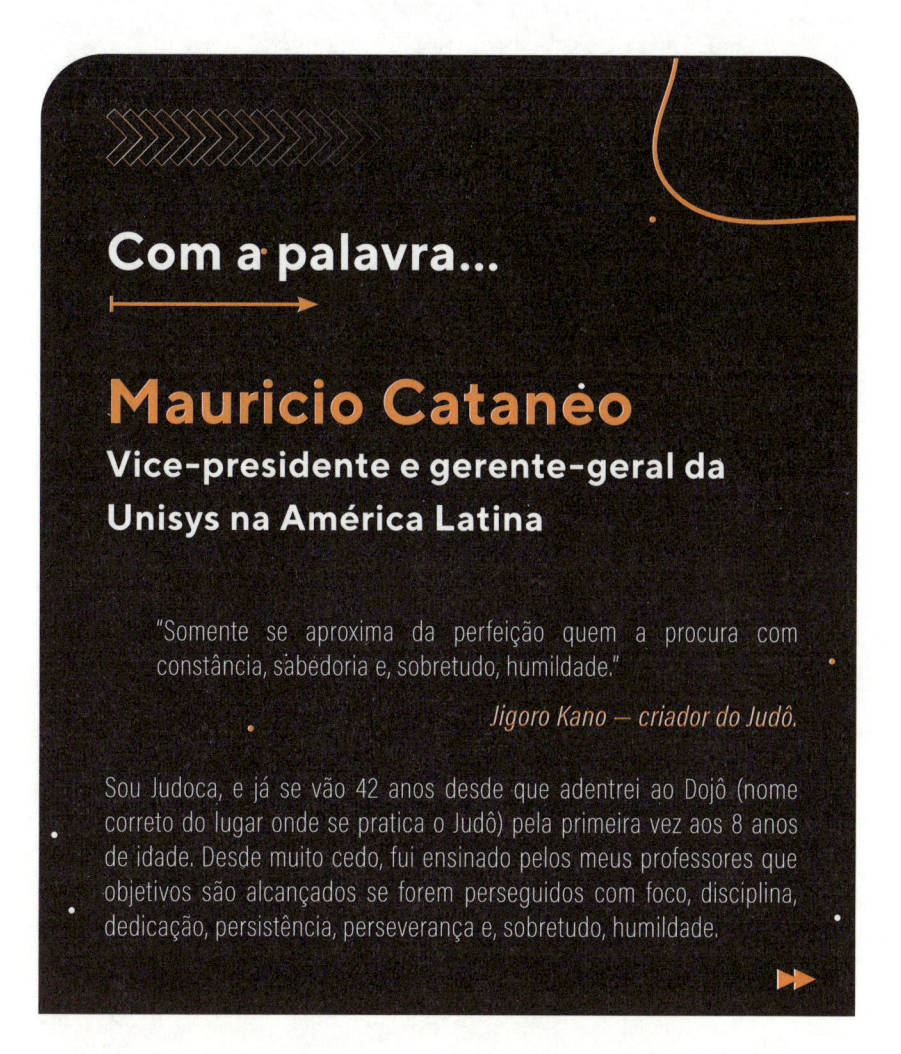

Com a palavra...

Mauricio Cataneo
Vice-presidente e gerente-geral da Unisys na América Latina

"Somente se aproxima da perfeição quem a procura com constância, sabedoria e, sobretudo, humildade."

Jigoro Kano — criador do Judô.

Sou Judoca, e já se vão 42 anos desde que adentrei ao Dojô (nome correto do lugar onde se pratica o Judô) pela primeira vez aos 8 anos de idade. Desde muito cedo, fui ensinado pelos meus professores que objetivos são alcançados se forem perseguidos com foco, disciplina, dedicação, persistência, perseverança e, sobretudo, humildade.

LUGAR DE POTÊNCIA

>>

Há um ditado que diz que um Faixa Preta é um Faixa Branca que não desistiu. Apesar de haver conquistado a minha Faixa Preta aos 17 anos, ainda me considero um aprendiz, que continua a sua busca por evolução, conhecimento e, claro, resultados. Treinei muito, competi muito, ganhei muitas lutas, e perdi tantas outras, mas o que fica são o aprendizado, o espírito e o caráter forjados na resiliência e na vontade de vencer. O que isso tem a ver com minha carreira? Tudo!

Esses ensinamentos que aprendi com meus mestres, traduzem-se no que chamamos no mundo corporativo de soft skills. Para mim, cada dia no trabalho, é como um dia de treino: preciso sair dele melhor do entrei, aprendendo coisas novas e corrigindo erros anteriores. Cada reunião ou apresentação, é como uma competição: preciso dar o meu melhor e sair vitorioso. No mundo corporativo, a vitória significa uma estratégia bem definida, uma decisão tomada corretamente, uma ação que resulta no sucesso coletivo de nossa empresa, clientes e colaboradores. O sucesso na empresa, assim como no esporte, depende, além de suas próprias dedicação e vontade de vencer, das pessoas que o acompanham nessa jornada. Ninguém treina sozinho, ninguém cresce sozinho, ninguém vence sozinho. O seu "eu" só terá sucesso ao juntar-se com um outro "eu" formando um "nós". O esporte e a empresa têm muitas similaridades: um campeão só é campeão porque treinou e competiu com outras pessoas. Uma empresa só é uma empresa se for formada por pessoas com habilidades diferentes, porém com objetivos comuns. No esporte a vitória é representada por uma medalha. Na empresa, a vitória é representada por clientes felizes e satisfeitos.

Escreva um breve e-mail para o recrutador, fazendo uma conexão com o requisito da vaga, por exemplo: "Olá, Júlia. Vi que você está com a vaga de gerente de recrutamento e seleção em aberto. Estou nesse cargo atualmente e tenho seis anos de experiência em uma multinacional. Caso tenha interesse, segue o meu currículo." No assunto do e-mail, sempre coloque o nome da vaga, por exemplo "CV Maria da Silva — gerente de recrutamento e seleção". Anexe o currículo em formato PDF. Seja claro e objetivo. Quanto mais você facilitar, maiores serão as chances de dar certo.

Sobre o LinkedIn

O objetivo ao falar sobre o LinkedIn não é dar dicas de funcionalidade ou que envolvam qualquer aspecto técnico dessa rede, por vários motivos — o primeiro deles é que as ferramentas e o analytics mudam tão rápido que a chance de eu dar uma dica técnica e em breve ela não ter mais validade é grande.

E o segundo ponto é que não importa qual seja a rede social de maior destaque no que se refere à carreira. Hoje é o LinkedIn, amanhã pode ser outra, e o que vale é abordar justamente a exposição do seu perfil na rede mais relevante para este fim.

As redes sociais, de maneira geral, têm os dois lados da moeda: qualquer coisa que fizermos nelas pode amplificar nossa exposição tanto para o lado positivo quanto para o negativo. Seja o que colocamos no currículo, temas sobre os quais escrevemos ou como comentamos sobre algo que alguém escreveu.

É muito comum hoje os recrutadores buscarem informações sobre o candidato em redes sociais, não porque estão vasculhando alguma coisa, mas principalmente para verificar se há coerência entre a forma como ele se comporta nas redes e a que ele apresentou para a empresa.

Fato é que a comunicação escrita demanda muito cuidado com as sutilezas, pois, se alguém tem um entendimento incorreto do que você escreve, isso pode repercutir e gerar uma exposição capaz de provocar um grande impacto. No Capítulo 3, me aprofundo sobre o tema comunicação e como explorá-la melhor para transformar a sua carreira.

Todos os cuidados em relação à imagem e à boa escrita envolvendo o currículo, que abordei na seção anterior, valem para o LinkedIn. Então comece escolhendo uma boa foto, com ares de profissional, para colocar no seu perfil. (Aquela foto segurando uma cerveja ou dançando na balada fica para outras redes!) Mas lembre-se de que essa rede tem uma amplitude ainda maior, afinal, nem precisa receber um arquivo com as suas informações: tudo o que entra no LinkedIn está exposto e é de fácil acesso.

O mesmo cuidado com o uso de palavras-chave deve ser tomado aqui, porque é assim que você será encontrado ou não quando alguém pesquisar sobre determinado tema. Portanto, seja estratégico ao descrever suas experiências e habilidades.

Tome cuidado ao citar experiências, para não dar detalhes além do que deveria sobre um projeto da empresa. Na ânsia de querer mostrar resultados, ou que economizou, potencializou vendas e trouxe determinado cliente, pode acabar expondo uma informação que não deixaria seu empregador, atual ou não, feliz. Essa quebra de confidencialidade, inclusive, pode pegar mal com um futuro empregador.

Além disso, fique atento ao citar exemplos de casos, principalmente negativos, que sejam facilmente identificáveis por quem os lê. Se o seu gestor ou algum outro funcionário da empresa identificar que "aquele líder que atrapalha o desenvolvimento do projeto" mencionado em sua publicação é o Fulano de Tal, e que tal fato ocorreu na Empresa X, isso pode gerar mal-estar.

E, se no currículo é necessário se ater a informações fidedignas, na hora de expor um currículo online esse cuidado deve ser redobrado. Já pensou dizer que você liderou uma determinada iniciativa, e o real responsável por ela vê isso no seu perfil? No currículo ou nas redes sociais, o princípio é o mesmo: venda seu peixe, mas seja sempre idôneo.

É comum ficarmos em dúvida se devemos ou não aceitar qualquer pessoa nas redes sociais, já que, dessa forma, estamos conectados a elas, e elas poderão ver nossas publicações e nos contatar caso desejem. Eu não tenho uma opinião formada sobre isso, depende muito da sua abordagem e do que você quer com o LinkedIn. Por exemplo, um headhunter tende a adicionar todo mundo, porque precisa ampliar sua rede de relacionamentos; uma pessoa da área comercial tende a adicionar todo mundo porque talvez queira criar uma conexão para entrar em determinada empresa; caso não tenha determinados interesses, talvez aceitar todo mundo só polua a sua rede. Ou seja, depende muito do motivo pelo qual inclui esses contatos.

Criar conexões não é só adicionar alguém, mas eventualmente comentar em uma postagem e de fato interagir. À medida que você inicia uma interação em uma rede social, começa a ganhar proximidade. Nesse sentido, os grupos de mensagens são ótimas opções para se conectar com pessoas de acordo com suas áreas de interesse e fazer contatos profissionais estratégicos.

Hoje, as pessoas costumam monitorar muito mais os comentários de uma publicação do que um backlog gigantesco de e-mails.

Então, este pode ser o caminho para você dar o pontapé inicial a fim de se conectar com alguém de seu interesse, com quem queira falar, seja para fazer negócios, para tentar contratar ou para buscar um emprego.

O LinkedIn é, sem dúvidas, uma oportunidade para mostrar conhecimento sobre determinados temas, o que serve como um gancho muito estratégico para se destacar e valorizar ainda mais o seu perfil. Isso pode ser feito tanto em uma publicação estruturada, no formato de artigo ou de uma postagem mais simples, mas também em comentários inteligentes e pertinentes em publicações de outros.

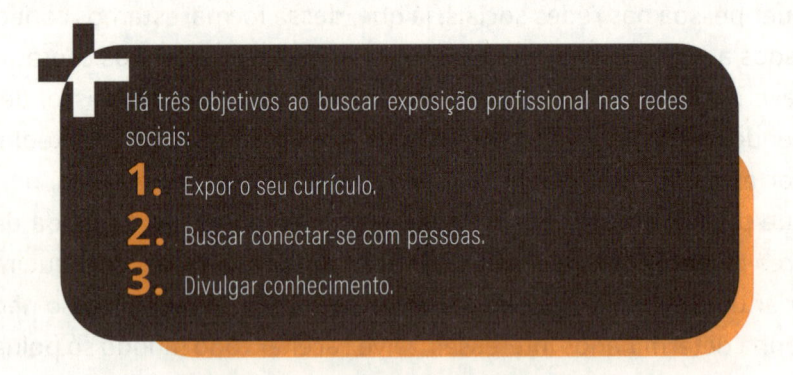

> Há três objetivos ao buscar exposição profissional nas redes sociais:
> 1. Expor o seu currículo.
> 2. Buscar conectar-se com pessoas.
> 3. Divulgar conhecimento.

Planeje suas publicações a partir de um desses aspectos, de modo que ele dialogue com seu público-alvo, seja para conseguir um emprego, seja para contratar alguém ou para fazer negócios.

Uma coisa é fato: atualmente, não estar em nenhuma rede social, e principalmente não estar no LinkedIn, queima o filme, porque a primeira coisa que um recrutador ou um executivo pode pensar é: "Poxa, essa pessoa é desatualizada, ela não está conectada com o mundo; o mundo está indo para o digital e esse cara não tem sequer um perfil no LinkedIn."

E pior do que não ter um perfil é ter um, porém muito desatualizado. É como ter um terreno em uma boa localização, mas deixá-lo abandonado, juntando lixo ou cheio de mato para carpir. Ao criar uma conta em qualquer rede, assuma o compromisso de atualizá-la com frequência, para não transmitir uma imagem de desleixo.

O Tipo de Serviço para Ninguém Ficar Perdido

O mundo de recrutamento de executivos opera com recortes muito distintos para selecionar pessoas especializadas, o que se estende ao universo do recrutamento como um todo. Entender isso é fundamental para que você possa alinhar sua expectativa e, principalmente, se posicionar da melhor forma para extrair o máximo de cada serviço de recrutamento ofertado.

Comecemos pelos headhunters. As empresas de recrutamento de executivos trabalham para outras empresas, que visam contratar profissionais externos para ocupar vagas do alto escalão. Quem arca com essa prestação de serviço é a empresa que deseja contratar o executivo, e o candidato não paga nada para participar do processo seletivo.

Na medida em que a empresa paga pelo serviço, o headhunter tem que ser ágil para fechar o processo, porque, a depender do acordo comercial, se ele não encontrar o candidato que a empresa deseja, não será remunerado pelo serviço.

O headhunter, portanto, tende a dar mais atenção aos profissionais que tenham o perfil que ele está buscando para um cliente. Pode acontecer de um candidato entrar em contato com ele, ter um bom currículo, mas não preencher os pré-requisitos para a vaga em específico que está aberta. Nesse caso, tal candidato não será prioridade para o headhunter. Evite pensar: "Ah, mas o headhunter não está me dando atenção", "Está muito difícil marcar uma entrevista com o headhunter"; se esse for o caso, possivelmente hoje ele não tem uma posição em aberto para o seu perfil.

É claro que os headhunters sempre procuram abrir leques de possibilidades para, no futuro, já ter estabelecido uma ponte com determinados candidatos. E quanto mais diferenciado forem seu currículo, seu perfil, e sua história, maior a chance de ele lhe dar algum tipo de atenção, ainda que no momento não haja vagas disponíveis. O mesmo vale quando o candidato vem indicado por alguém em quem o headhunter confia.

Para se conectar com um headhunter, você pode: ser indicado por alguém; ter o e-mail ou telefone dessa pessoa e tentar mandar o seu currículo; encontrar anúncios de vagas ou um campo para mandar seu currículo por meio do site da consultoria. E, de novo, não fique magoado se o headhunter não lhe der atenção no momento, afinal, o número de abordagens que um headhunter conhecido recebe é gigantesco, e ele precisa priorizar.

Entenda que essa ausência de resposta também poupa o seu tempo, pois é péssimo ser chamado para um processo seletivo que não tem nada a ver com o seu perfil e que claramente você não conseguirá a vaga. Concentre-se no que você tem chances reais.

O segundo tipo de serviço, que é completamente diferente, é o outplacement. Nesse caso, a consultoria ou o especialista trabalha para o candidato, a fim de ajudá-lo a se recolocar. Esse serviço pode variar desde ajudar o profissional a fazer uma reflexão de carreira; ajudá-lo a elaborar um currículo; a preparar-se para uma entrevista; fazer networking; bem como traçar um plano para retomar os contatos, a fim de ajudar esse profissional a se posicionar.

O que acaba acontecendo é que esse é o tipo de serviço que os candidatos gostariam de ter dos headhunters. Mas, de novo, os headhunters trabalham para as empresas que os contratam visando encontrar um determinado candidato. Quem trabalha para o candidato oferecendo esse suporte é a empresa de outplacement. Então, muito cuidado para não confundir.

As empresas de outplacement podem trabalhar tanto para uma companhia — que, quando demite um profissional, inclui um serviço de outplacement no pacote de demissão para ajudá-lo a se recolocar — quanto direto para um candidato, que contrata o serviço como pessoa física. Mas é preciso dizer: não confie em nenhuma consultoria de outplacement, ou em qualquer tipo de assessoria de carreira, que lhe prometa uma vaga ou que queira cobrar de você, sob a desculpa de garantir a contratação. Isso não existe. Se fizerem promessas mirabolantes, saiba que estão tentando sacanear você.

Outro tipo de serviço é o assessment, que faz uma avaliação do seu perfil, a fim de identificar no que você é bom, no que não é, suas preferências e perfil comportamental. Isso pode ser feito pela empresa que deseja avaliar os profissionais que ela já tem dentro de casa; ou, muitas vezes, quando ocorre uma fusão ou aquisição, e se quer avaliar os profissionais da empresa adquirida; ou, então, quando a companhia está em dúvida entre preencher uma vaga com um candidato interno ou um externo e quer uma avaliação independente. Em resumo, o assessment é uma avaliação.

Existem ainda os job boards, lugares onde as empresas ou consultorias de recrutamento anunciam as vagas e que você os acessa para se candidatar. Há dois modelos de job boards: aquele que cobra das empresas para anunciar as vagas e, portanto, você pode acessá-las e se candidatar gratuitamente; e aquele que anuncia as vagas sem custo para as empresas, e os candidatos pagam para cadastrar o currículo, ter acesso às vagas e se candidatar a elas.

Por último, há os coaches de carreira, profissionais que o ajudam a identificar seus pontos fracos, desenvolvê-los, e então potencializar suas fortalezas. Você pode contratar um coach porque quer melhorar ou desenvolver algum aspecto-chave para alcançar seus objetivos — esse profissional o ajuda ainda a traçar metas atingíveis e elaborar um plano, caso você ainda não tenha clareza sobre os seus objetivos.

Acionando os Contatinhos

Todo mundo sabe da importância dos relacionamentos, e das indicações, na hora de conseguir um novo emprego ou avançar na carreira. Por outro lado, a maior parte das pessoas tem um medo gigantesco, ou vergonha, de usar seu networking para galgar novas posições, sobretudo se tiverem desempregadas.

É preciso superar a vergonha, tão arraigada em nossa cultura, de ficar desempregado. Assim como as transições, das quais falo no Capítulo 10, essa troca de emprego faz parte da vida. Com a evolução do mercado de trabalho e as mudanças geracionais, as pessoas têm ficado cada vez menos tempo nas organizações. É cada vez mais raro ter uma carreira em uma única empresa, e ainda há quem tenha dificuldade ao lidar com transição, principalmente quando é preciso pedir ajuda.

Encare a si mesmo e prepare-se para falar sobre o que você está procurando. Muitos acabam perdendo ótimas oportunidades, porque existem pessoas do seu círculo de relacionamentos que têm acesso e poderiam indicá-los a algumas vagas, mas a preocupação, a vergonha ou o medo acabam prejudicando-os. No Capítulo 5, há boas dicas para ajudá-lo a superar a timidez a fim de se comunicar com assertividade.

Por outro lado, é importante que esse contato seja feito de forma estruturada. Tenha muito claro o que você vai falar sobre si e sobre sua transição; o que você gostaria de perguntar para o seu interlocutor; e o que você pedirá.

No Capítulo 6, você classificou seu networking de acordo com afinidade/proximidade, entre contatos A, B, C e D. Idealmente, você deve ter uma abordagem diferente para cada um deles. Para contatos A e B, mais próximos, busque conversas o mais próximas possíveis: encontros presenciais seriam o ideal, mas, caso algo o impeça (como uma pandemia), pode optar por uma videoconferência. Com quem o relacionamento é mais distante, como contatos C e D, comece por um e-mail ou uma mensagem de WhatsApp. Mas não há nada como um encontro presencial; sempre que possível, conduza a conversa para este rumo.

Não se esqueça de que relacionamentos pessoais também ajudam bastante. Muitas vezes, subestimamos pessoas que não têm conhecimento em áreas correlatas às nossas ou não ocupam altas posições, mas que podem ser muito bem relacionadas e fazer uma boa indicação.

E a confiança, associada à experiência, é um componente importante para alguém ser contratado. Uma indicação é como um "selo de qualidade" que acompanha o candidato. Então, não subestime esse aspecto ao contatar pessoas. E networking é, sobretudo, sobre mobilizar pessoas. Se não ajudá-lo a conseguir uma vaga, pode servir para dar-lhe apoio emocional, que é fundamental nessa trajetória.

Comunique que você está procurando trabalho. Ninguém vai adivinhar a sua necessidade, e talvez até o desconsiderem para uma posição ideal, por acharem que você está empregado ou, mesmo estando empregado, por achar que você não está aberto a olhar oportunidades. Faça a sua parte e coloque a cara no mercado!

Aceite todos os convites possíveis para socializar, ir a eventos, associações, batizados, enfim, qualquer oportunidade de se conectar com pessoas. Em vez de tentar dar um tiro por vez, que é marcando cafés individualmente, tente matar todos os coelhos com uma cajadada só, indo a eventos nos quais possa encontrar várias pessoas. (Ou evite tiros e cajadadas... mas você entendeu a ideia: socialize muito!)

Depois dessas conversas, anote tudo: a data, o assunto, os insights que você teve. É muito importante não deixar escapar nada. Além disso, forneça sua contrapartida. Sempre que puder, retribua a quem lhe concedeu tempo, atenção e se dedicou a ajudá-lo, seja enviando um material, indicando uma leitura ou um evento, ou até mesmo colocando-a em contato com alguém que possa ajudá-la em alguma outra questão. Anote também essa promessa de contrapartida, para não se esquecer de cumpri-la. Isso gera ainda mais aproximação.

E nunca deixe de acompanhar suas prospecções. Muita gente erra porque abre frentes e depois não faz o follow-up, ou seja, vai atrás de tantas formas que acaba deixando de acompanhar os retornos pelos sites de outplacement, se esquece de telefonar de volta quando alguém pede, e acaba deixando a oportunidade escapar.

Finding a good job is a full time job. Encontrar um bom emprego é um projeto em tempo integral; então, se comprometa com ele e dedique-se às atividades que possivelmente vão consumir todo o seu dia.

Um dos piores sentimentos é a ansiedade de estar em casa sem fazer nada, apenas esperando o telefone tocar, porque fez um disparo de currículos, e achar que cada chamada recebida é uma oportunidade para uma entrevista. Esse é o perfil de pessoas que mais demora para se recolocar.

Capítulo 12

Prepare-se para Detonar

Se você está preocupado, e alguém aparece simplesmente dizendo "Calma, vai dar tudo certo", é muito provável que, além de preocupado, você também fique irritado! Mas se, em vez de ouvir conselho vazio, você parar e ouvir uma música da qual goste, que tenha uma letra ou um ritmo animador, as chances de se sentir melhor aumentam muito. Segundo um estudo da Society For Personality and Social Psychology, isso também vale para ajudá-lo a se preparar para entrevistas de emprego. Ou seja, além do seu currículo, há coisas, sim, que você pode fazer para se sair bem nessa.

Sacode a Poeira e Dá a Volta por Cima

Algo fundamental para termos em mente é que um processo seletivo é o caminho para conseguir o emprego. E ele é proativo — cada passo é dado apenas pelas suas pernas, com a maior disposição possível. Por mais que essa definição seja óbvia, é muito importante que tenhamos esse caminho estruturado, visto que ele passa por várias etapas, e você tem que se posicionar bem em cada uma delas, para poder avançar.

Para quem é da área de vendas, pense nessa estrutura como se ela fosse o funil de vendas: existe a fase de prospectar clientes, identificar oportunidades, mandar propostas, negociar, e assim por diante, até chegar à fase final da venda. É basicamente assim que acontece o processo de recrutamento.

Saiba então o que esperar de cada etapa no decorrer delas, a fim de se preparar para os arranjos que são pertinentes àquele momento do processo. Por exemplo, uma pessoa que quer negociar salário ainda em uma primeira etapa de triagem por telefone está pondo o carro na frente dos bois, queimando fases (e se queimando).

O objetivo, a priori, é agendar uma entrevista com um potencial empregador. Então, comece disparando o seu currículo.

Nessa hora, você tem três opções:

1. Você pode mandar seu currículo para um contato que conheça, ou não, e que trabalhe em uma empresa na qual gostaria de trabalhar.

2. Se estiver buscando uma vaga específica, pode mandar o currículo para um headhunter.

3. Você pode enviar seu currículo para pessoas que o conectem a outras, que possam colocá-lo na cara do gol ou lhe oferecer uma oportunidade.

Para cada uma delas, é importante customizar o seu currículo: quanto mais conseguir fazer uma abordagem individualizada para cada uma das situações, maior a chance de ser bem-sucedido nessa empreitada (o Capítulo 11 se concentra nesse aspecto).

Um erro muito comum é elaborar um e-mail padrão, colocar todos os contatos como destinatários e disparar para todos. Além de ser uma péssima abordagem, seu e-mail corre o risco de cair na caixa de spam de boa parte deles.

Caso opte por contatar um headhunter (lembre-se de que eles podem trabalhar com várias empresas), faça-o em uma destas duas situações: você sabe que ele está conduzindo a seleção de determinada vaga e quer se candidatar a ela, e, nesse caso, leia sobre a vaga e esteja bem informado sobre ela; ou você confia, gosta ou ouviu falar do headhunter, do que ele faz, e quer deixar seu nome e currículo no radar dele, para ele se lembrar de você quando surgirem oportunidades.

Tome um cuidado muito grande de não se candidatar a todas as posições que aparecem na mesma empresa ou com o mesmo headhunter. Isso pode jogar muito contra você, porque fica parecendo que você não sabe o que quer — ou seja, mesmo que tenha as habilidades, a experiência e venha a ser contratado, se os seus objetivos não são claros, talvez signifique que você não ficará na empresa no médio e longo prazos.

Nem sempre as posições dizem tudo sobre a vaga. Existem informações que, muitas vezes, não são descritas no anúncio; pode ser que seja uma substituição, e a empresa fica com medo de dar todos os detalhes e o executivo que será demitido acabe descobrindo; enfim, pode haver uma série de motivos. E, numa primeira leitura, isso pode lhe gerar uma falsa sensação de "Essa vaga é perfeita para mim".

Claro, existe uma chance grande de, nesse processo da descoberta, você descobrir que não é isso que quer. E um recrutador, mais do que procurar experiência e competência de um executivo para ocupar aquela posição, deseja saber também se o executivo quer aquela posição. Afinal, uma parte importante para uma relação de emprego dar certo é que a pessoa que está sendo contratada queira também. Ocupar um cargo por vontade, e não por necessidade, é um fator fundamental.

Antes de **agendar uma entrevista**, uma pessoa responsável pelo recrutamento provavelmente vai querer falar com você, para economizar tanto o tempo dela quanto o seu, evitando um desperdício de tempo das duas partes. Esse contato prévio pode ser uma ligação telefônica ou um contato por WhatsApp. É importante que você tenha disponibilidade para falar.

Você começa a ser avaliado desde a primeira ligação. Seja sucinto em suas perguntas e respostas, porém demonstre cordialidade e abertura ao falar — com profissionalismo, é claro —, e mostre efetivamente que está feliz e interessado naquele contato.

Tenha muito claras as informações-chave que constam em seu currículo, porque essa é uma fase importante para conseguir a entrevista presencial.

Uma dica: fique em pé na hora de atender à ligação. A psicologia comportamental afirma que estar em uma posição altiva proporciona mais autoconfiança e firmeza ao se comunicar do que se estiver jogado no sofá, ou deitado de qualquer jeito, por exemplo. Seja muito honesto e transparente, não tente fazer um *embromation*, porque isso é facilmente detectável e queima seu filme logo no início.

E lembre-se sempre de que você já avançou uma etapa: alguém já viu o seu currículo e quis falar com você. Agora, nesse contato por telefone, o importante é ir adiante.

Então, à medida que vai respondendo às perguntas, diga "Se você preferir uma entrevista, fique à vontade, já podemos agendar, ou se preferir fazemos hoje". Mostrar disponibilidade e interesse é fundamental. Tenha sua agenda à mão, e, obviamente, seja o mais flexível que puder. Muitas vezes o entrevistador está conduzindo vários processos seletivos, com a agenda apertada, e suas restrições de horário podem tirar você do jogo, ou o colocar no fim da fila, dependendo da situação.

Confirme também como será a entrevista, presencial ou virtual; se for presencial, não se esqueça de anotar o endereço; se for virtual, a plataforma. Pergunte quem vai entrevistá-lo, se será uma ou mais pessoas; se haverá outra entrevista em seguida ou não, e quanto tempo vai durar. Pegue todas as informações, pois tudo isso vai ajudá-lo a pesquisar sobre as pessoas, para entender o processo e se preparar da melhor forma. E peça um contato da pessoa que está agendando a entrevista, para caso de emergência.

Hoje também são comuns as "entrevistas Twitter" (com "número de caracteres limitado"), com duração de apenas trinta minutos. O desafio nesse caso é resumir a sua experiência de anos em alguns minutos, ser sucinto e focar o que realmente importa.

Prepara que Agora É a Hora

Se conseguiu uma *entrevista*, parabéns! Significa que passou de fase. As pessoas gostaram do que viram até agora, seja do seu currículo ou da conversa por telefone. Então é muito importante que você se prepare para a próxima etapa, pois em uma entrevista o grande objetivo é: identificar se essa oportunidade é para você e, claro, avançar no processo.

Para isso, o entrevistador e as demais pessoas que estejam acompanhando-o precisam gostar do seu perfil e passá-lo para a frente, para os outros entrevistadores o conhecerem. Normalmente, o processo inicia com uma pessoa de RH, e à medida que vai evoluindo, a fase final acaba sendo um *shake hands* com alguém mais alto na hierarquia e mais relacionado ao cargo visado.

Antes de ir para uma entrevista, busque a maior quantidade de informações possível sobre:

- A empresa em que está indo fazer a entrevista.
- A posição para a qual está se candidatando.
- A área ou o departamento no qual pretende trabalhar dentro da empresa.
- Quais inovações a empresa tem buscado fazer.
- O setor em que essa empresa atua.
- Quais têm sido os maiores desafios da organização.

Eventualmente você pode ser entrevistado por futuros pares. Algumas empresas, inclusive, pedem que candidatos a gestor sejam entrevistados por algumas pessoas do time. Fato é que os interlocutores do processo seletivo podem variar muito, dependendo de cada empresa, então não se assuste.

Se possível, é legal saber um pouco da história do entrevistador, porque você pode ter trabalhado com pessoas que o conhecem ou vocês talvez tenham trabalhado em empresas em comum, que já passaram por projetos em comum. Isso tudo ajuda a criar conexão. A intenção aqui não é puxar saco, mas encontrar esses elos joga a seu favor, já que as pessoas tendem a preferir outras com as quais criam links. Assim você até facilita a vida do entrevistador, se ele precisar de referências suas e já souber de alguém em comum que possa referenciá-lo.

O estudo da Society For Personality and Social Psychology, citado no início deste capítulo, fornece uma tática extra para se preparar para uma entrevista de emprego.

Os pesquisadores dividiram dois grupos: um deles ouviu músicas mais potentes, como "We Will Rock You", do Queen, e "In Da Club", do 50 Cent; outro, sons menos potentes, como "Big Poppa", do Notorious BIG, "Because We Can", Fatboy Slim, e "Who Let The Dogs Out?", da banda Baha Men.

Foi pedido então para completarem a palavra em inglês "P _ _ ER". O primeiro grupo, mais motivado, em sua maioria completava com a palavra "POWER" (poder); no segundo grupo apareceram palavras mais genéricas, como "PAPER" (papel).

Quem ouviu a primeira seleção de músicas também se mostrou mais determinado a se posicionar em debates, em um resultado de 34% contra 20% do segundo grupo.

Derek D. Rucker, professor de marketing da Kellogg School of Management e um dos cientistas que participaram do estudo, compara esse efeito ao que se vê nos atletas de alta performance que incluem músicas em seus planos de treino e antes das competições para se sentirem mais energizados.

De acordo com os resultados, ouvir músicas potentes, com sons de baixos, graves, além de letras motivadoras, ajuda a acalmar os ânimos do candidato e fornece mais autoconfiança para encarar o desafio.

Planeje-se com base na distância e no trajeto, para não chegar atrasado e esbaforido — além de pesar contra, isso mina a sua confiança. Se a entrevista for virtual, prepare toda a estrutura necessária, como o app do qual precisa fazer download; dispositivo eletrônico com bateria carregada; um lugar adequado, com boa conexão à internet, sem barulho nem poluição visual (não vá fazer entrevista online no seu quarto com a cama desarrumada, roupas espalhadas no fundo e meia suja no encosto da cadeira). Ah! E não agende nenhum compromisso que acabe na sequência da entrevista evitando assim atrasos ou entrar nervoso por um tema discutido na reunião anterior.

Ser Entrevistado

Você nunca conseguirá falar sobre tudo o que fez ao longo da sua carreira durante uma entrevista. Então é preciso selecionar muito bem o que mais gera resultado, e o que faz sentido, para se sair bem.

Neste âmbito, um aspecto no qual parte das pessoas falha é não se preparar para responder a perguntas que são muito comuns de serem feitas. Então, passam pela situação horrível de serem perguntadas a respeito de algo que nunca tiveram a oportunidade de refletir com profundidade e acabam respondendo qualquer coisa. Quando termina a entrevista, ficam com a sensação de "Puxa, deveria ter respondido isso ou aquilo, ou de uma forma mais completa".

Você já deveria saber responder à grande maioria das perguntas feitas em entrevistas. Elas versam sobre as suas experiências, seu perfil pessoal e profissional e tudo o que envolve o seu repertório. Não quer dizer que as perguntas serão sempre iguais, pois podem ser feitas sob diferentes perspectivas, mas se você fez uma boa reflexão sobre sua carreira, experiência, habilidades, sobre o que está procurando, o que quer nos próximos passos, dificilmente terá dificuldade para respondê-las.

Tenha as respostas na ponta da língua. Afinal, uma entrevista não costuma ser um processo no qual você é colocado em uma situação inesperada e precisa reagir a ela; na verdade, uma entrevista nada mais é do que checar o que você tem de experiência, como reage a determinadas situações, qual o seu modelo mental, como você opera, suas motivações e preferências e, a partir daí, entender se isso encaixa na vaga ou não.

Erros que Você Não Vai Cometer em uma Entrevista

- Não ficar atento à linguagem corporal e não olhar nos olhos do entrevistador: o Capítulo 5 deste livro pode ajudá-lo com isso.
- Esquecer de "vender o próprio peixe" e não demonstrar interesse na vaga: você está em uma situação de tudo ou nada, e é importante dar tudo de si, demonstrar interesse e sempre mostrar por que você é o candidato ideal.
- Perder o foco: a entrevista não é uma conversa qualquer, em que se pode divagar e falar sobre coisas que não são pertinentes ao recrutamento. Ainda que o assunto mude um pouco de tom, este continua sendo um processo no qual você está sendo avaliado e que tem um objetivo bem específico — conquistar a vaga.

PREPARE-SE PARA DETONAR 261

- Não estar ciente do que você tem para oferecer: de novo, autoconhecimento é fundamental para poder vender seus talentos e seus pontos fortes para o entrevistador.
- Desconhecer o empregador ou não compreender o que o entrevistador está buscando: se você se preparou para a entrevista conforme os tópicos abordados na seção anterior, buscou conhecer a empresa e o setor no qual ela atua, e entender as especificidades da vaga para a qual está se candidatando, não estará em maus lençóis neste quesito.
- Ficar muito à vontade: é ótimo se sentir confortável em uma entrevista, sem nervosismo ou ansiedade. Mas ficar à vontade demais pode levá-lo a falar mais do que deveria, fazer comentários inconvenientes e gerar algum tipo de constrangimento, para você ou para o entrevistador.
- Não saber nada sobre a empresa: pesquise sobre ela no Glassdoor, leia sobre o gestor no LinkedIn, busque sobre a empresa no Reclame Aqui, e saiba tudo que puder antes desse contato.

Essas dicas se baseiam no livro *Job Seeker Manual* (*Manual para Encontrar um Emprego*, em tradução livre), da autora, palestrante e consultora de cultura empresarial Sheila L. Margolis.

A entrevista pode ser feita por um recrutador superprofissional, que conduz o processo de modo todo estruturado, ou por alguém que é muito bom na área de atuação, mas não tem afinidade como recrutamento e vai conduzir um bate-papo desestruturado.

Uma boa entrevista começa causando uma boa primeira impressão. Uma pesquisa feita pelo portal norte-americano CareerBuilder mostrou que 49% dos recrutadores sabem, logo no início de uma entrevista, se o candidato é adequado ou não para o cargo em questão, e 87% definem o perfil nos primeiros 15 minutos.

Presencial ou virtualmente, fique atento à sua aparência. Mais do que se preocupar em contratar alguém que está bem-vestido ou não, o asseio para a entrevista demonstra cuidado, atenção e preparo que são fundamentais — e você não terá uma segunda chance de causar uma boa primeira impressão.

No caso de uma entrevista presencial, trate a todos que encontrar pela empresa com respeito. Já vi muitos candidatos serem eliminados do processo porque não trataram de maneira adequada uma secretária ou alguém na portaria, e a empresa estava observando tudo.

Não cometa o vacilo de dizer que domina um idioma se isso não for verdade. Nas fases iniciais, em entrevistas por telefone ou online, vejo acontecer muitas conversas do tipo: "Você tem inglês fluente?", "Tenho sim", "Podemos falar agora", "Claro!", e na hora em que o entrevistador começa a falar em inglês com o candidato, a ligação cai. Não sei exatamente o que o candidato espera em situações como essa, se ele acha que vai derrubar a ligação, fazer uma aula rápida de uma hora e voltar falando inglês, ou se ele considerou que o entrevistador não testaria o idioma. Mas é incrível o poder mágico que um idioma estrangeiro tem de derrubar ligações e conexões com a internet!

Algo que nem deveria ser necessário mencionar, pois parece básico, mas é extremamente relevante: desligue o seu celular. Não o deixe tocar, porque mesmo no modo de vibração, se alguém insistir, o som pode incomodar. Caso haja uma situação de emergência e você esteja esperando uma ligação importante, avise logo no início da entrevista que está aguardando uma ligação que é importante por motivo de saúde ou o que for. Cuidado também com os smartwatches. Muitos ficam com a mania de conferir o relógio toda a hora, porque sempre há notificações. Isso não só mostra que você não está atento à entrevista, como pode tirar seu foco e desviá-lo das melhores respostas.

Lembre-se também de que a comunicação está muito além da fala. Por meio da linguagem corporal, é possível demonstrar confiança, disponibilidade, desde o momento em que entra até a forma como se senta. Muito cuidado com eventuais cacoetes que possam tirar a atenção do entrevistador, como, por exemplo, ficar mexendo em uma caneta, balançando o pé, ou algo que demonstre ansiedade. Certamente, um bom entrevistador não deveria se incomodar com essas coisas — mas ninguém lhe garante que você estará à frente de um dos bons. Nunca subestime a capacidade do ser humano de julgar por razões que não necessariamente são as mais adequadas para o processo.

Mantenha a autenticidade, a verdade. Qualquer mentira que o entrevistador identificar, por menor que seja, coloca em cheque tudo o que você fala — e recrutadores profissionais são craques em notar esse tipo de vacilo.

Demonstre positividade e otimismo. As empresas já passam por momentos tão desafiadores na maior parte das vezes, que um candidato qualificado que seja otimista e positivo certamente estará na frente de outra pessoa que seja negativa ou crítica. Toda contratação externa também pode ser avaliada pela capacidade desse agente externo de criar um impacto positivo em quem já está na empresa.

Opte por responder de forma concisa e focada, e jamais fale mal do seu antigo empregador — isso é um erro crasso. Se você saiu porque não concordava com algo, concentre-se em dizer o que está procurando, em vez de criticar o que deixou na outra empresa, pois isso pega muito mal. Provavelmente perguntarão por que você saiu ou quer sair da empresa, então foque as suas expectativas, o que funciona melhor para o seu ponto de vista, o que você está buscando, e evite fazer críticas.

É importante ser assertivo e demonstrar vontade de se expressar. Vejo muitos candidatos que são passivos durante uma entrevista, ficam só em uma postura, quietos, apenas esperando pelas perguntas; então, dão respostas secas, truncadas. Isso é um erro. Assuma também a responsabilidade de fazer a conversa render e as coisas andarem bem.

As entrevistas normalmente duram em torno de uma hora. Mas eu, como headhunter, já vi algumas durarem 3, 4 horas; e, por mais que eu não enxergue eficiência nesse tipo de abordagem, isso tem muito mais a ver com o estilo do entrevistador do que da empresa. A meu ver, o grande ponto é: se você quer essa oportunidade, se ela faz sentido para a sua carreira, então é importante estar preparado para o que vem pela frente.

Se você praticou os exercícios e fez as reflexões que estão na primeira parte deste livro, possivelmente já identificou algum feedback relevante, como: "Você se prolonga demais, é prolixo, entra demais em detalhes"; ou o oposto: "Você vai muito direto ao ponto, e isso pode soar rude ou agressivo"; ou: "Você fala alto demais, usa muitas gírias"; "Seu tom é muito informal/formal demais". Esses feedbacks são superimportantes para calibrar o modo como vai se expressar ao longo da entrevista.

Uma boa abordagem para responder às perguntas e apresentar os seus feitos é por meio do método STAR — situação, tarefa, ação e resultado.

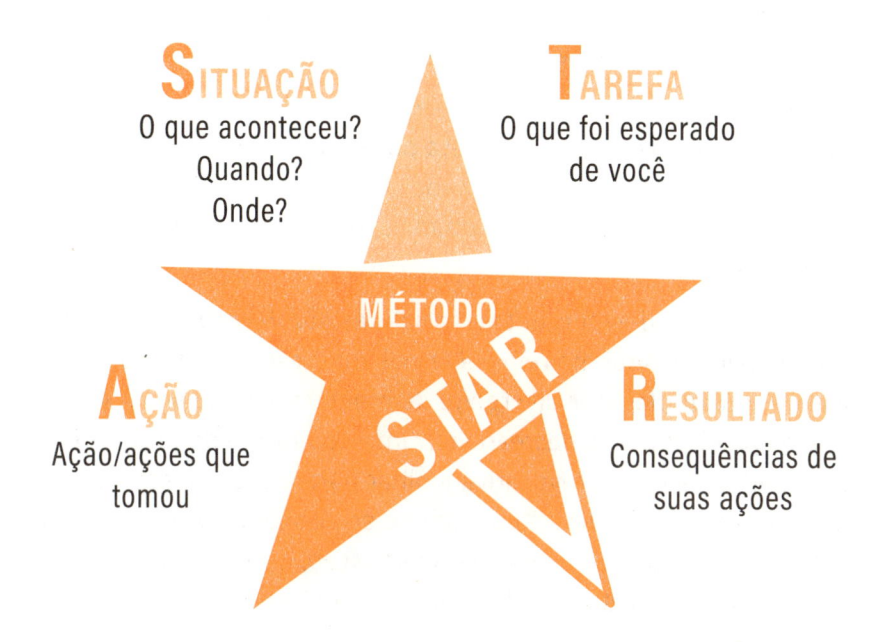

SITUAÇÃO
O que aconteceu?
Quando?
Onde?

TAREFA
O que foi esperado de você

MÉTODO STAR

AÇÃO
Ação/ações que tomou

RESULTADO
Consequências de suas ações

De acordo com o modelo STAR, o primeiro passo ao citar uma experiência é descrever a situação: como ela se passou, qual era o contexto (o que aconteceu; quando; onde); em seguida, a tarefa, ou o que era esperado de você naquele cenário; então, vem a ação: de que forma você respondeu àquele problema, quais soluções disruptivas encontrou e desenvolveu; e, por último, o resultado: como sua atuação foi decisiva, o que aconteceu a partir daí e, se possível, de que modo moveu o ponteiro para os stakeholders. Se desejar, também pode citar os aprendizados resultantes do processo.

No início, é interessante perguntar ao entrevistador quanto tempo ele disponibilizou para a entrevista. Com base nisso, você deve calibrar o tempo que consome para contar sua história, de modo que não precise passar correndo por pontos que considera fundamentais, quando estiver no final da entrevista. Vale lembrar também que é necessário deixar tempo para que o entrevistador esclareça dúvidas ou lhe faça perguntas extras.

Estar ciente da duração acaba sendo também um feedback, afinal, se a entrevista estava prevista para acontecer em 40 minutos, mas foi muito mais curta, talvez você tenha desagradado ao entrevistador. Ou, se ela se prolongou mais, existe uma chance de você ter se saído bem.

Cuidado para que perguntas mais duras não lhe causem uma reação emocional. Aqui me refiro a temas mais espinhosos, nos quais você e seu interlocutor divergem; de maneira alguma é justificável que o entrevistador o desrespeite. Uma boa forma de responder a uma pergunta mais provocativa é olhar para a pessoa, esperar um ou dois segundos, e dizer: "Eu entendo seu ponto de vista, mas gostaria de trazer outro prisma. Nessa situação, o meu ponto de vista é o de que poderia ser assim, assim e assim."

É importante saber que determinadas perguntas são ilegais, ainda que muitas vezes possam ser feitas. Caso se depare com uma situação desse tipo, esteja pronto e demonstre profissionalismo. Por exemplo, se perguntam a uma mulher: "Você pretende ter filhos no próximo ano?", uma resposta adequada seria: "Não sei como vai ser meu planejamento familiar, se terei filhos ou não, isso ainda não está definido. Mas posso afirmar que isso não vai impactar as minhas responsabilidades, o meu comprometimento e o meu desejo de permanecer no cargo e fazer as coisas acontecerem."

Caso não se sinta à vontade para continuar, quando a oportunidade surgir, diga com polidez que talvez esta não seja a oportunidade adequada para você, agradeça ao entrevistador e se despeça.

Você Também Pode Entrevistar

A etapa da entrevista no processo seletivo é uma via de mão dupla. Sem dúvida nenhuma você vai ser entrevistado, para avaliarem se você é a pessoa adequada para a vaga, mas você também deveria entrevistar, e ler todos os sinais, a fim de avaliar se esta é a posição que você quer. É claro que você vai perguntar muito menos que o entrevistador, mas isso não significa que não possa fazer perguntas e principalmente aprender conforme vai observando ao longo do processo.

Quando vai a uma entrevista presencial, há muitas vezes a chance de andar pelo ambiente da empresa, mesmo que não seja onde a maior parte das pessoas esteja, mas minimamente esbarrar com pessoas chegando para trabalhar ou saindo. Essa é uma oportunidade de avaliar o ambiente; a expressão das pessoas; como elas se vestem; como conversam e se relacionam umas com as outras, e refletir se esse é o ambiente que você está buscando.

Depois da entrevista, é super-relevante considerar três aspectos. O primeiro são o ambiente e a cultura da empresa, o DNA dela, e analisar se está alinhado aos seus valores. O segundo, qual é o papel, no todo, da posição que está sendo contratada, as responsabilidades, expectativas, o que é necessário para dar certo. E o terceiro, o quanto o seu "santo bate" com o do gestor — porque, por mais que falemos de todas as demais estruturas, no fim do dia, haverá uma pessoa com quem você terá contato com muita frequência e que vai avaliar o seu trabalho. Então, é fundamental observar isso.

Estas são algumas perguntas que você pode fazer pensando nesses três aspectos.

Sobre a empresa:

- Qual é a cultura da empresa e o que a identifica?
- As pessoas que não dão certo na empresa, normalmente dão errado por quê? — muitas vezes perguntamos só o que dá certo, mas outra dica é perguntar também o que dá errado.
- As pessoas que não dão certo trabalhando com você, normalmente é por qual motivo? — você pode fazer essa pergunta ao gestor.
- As pessoas que estavam nessa posição antes não deram certo por quê? Ou: as que deram certo, deram certo por quê? — por mais que pareçam ser a mesma coisa, essas duas perspectivas trazem respostas adicionais que você talvez possa explorar.

Algumas perguntas mais objetivas:

- Você poderia me explicar um pouco como é o dia a dia e as responsabilidades dessa posição?
- Como você descreveria as características de sucesso de alguém nessa posição?
- Se eu for contratado, como meu trabalho será mensurado?
- Como serei avaliado para saber se estou tendo sucesso ou não nessa posição?
- A avaliação será feita depois de quanto tempo e com qual frequência?
- Quais são os outros departamentos com os quais essa posição tem que interagir?
- Qual é o elemento-chave para que esta seja uma relação de sucesso?
- No que residem os pontos de conflito dessa posição, onde normalmente existem divergências, sejam em atividades diárias ou entre posições?
- Quais são os desafios que essa posição está enfrentando?

A meu ver, esses são pontos fundamentais para você ter certeza de que está no caminho certo e entender se essa posição faz sentido para você.

O Bom Fechamento É com Você

À medida que você vê que a entrevista vai caminhando para o final, sua preocupação deve ser se fez um bom fechamento. Ele parte da convicção de que se expressou da melhor forma e de que não ficou nenhuma dúvida. Caso identifique que sua resposta não foi tão adequada à determinada pergunta, no final você pode perguntar ao entrevistador "Quando você me perguntou 'isso', acho que não consegui ser tão claro. Você se importa se eu falar sob outro prisma?", e reformular sua resposta, de forma muito sucinta.

Você também pode perguntar ao entrevistador "Tem algum aspecto que você considera fundamental para se ter sucesso nessa posição, que não abordamos aqui e que eu possa entrar em mais detalhes?". Aqui, você vai além e busca se identificar ao máximo ao *fit* cultural da empresa. Não se trata de inventar, mas de aproveitar a oportunidade de mostrar por que você é a melhor opção para essa vaga.

Depois de ter a certeza de que abordou tudo o que era necessário, pergunte sobre os próximos passos. Muita gente sofre de ansiedade, querendo saber se foi bem ou não no processo, se deveria ou não fazer um follow-up, sendo que muitas vezes você pode combinar isso previamente com o entrevistador. "Quais seriam os próximos passos do processo seletivo? Seria a entrevista com quem, são quantas etapas?" — perguntar não ofende! Talvez ele não dê muitos detalhes, mas você ao menos terá uma ideia do que esperar.

Não há nenhum problema você dizer: "Olha, baseado no que conversamos, a seu ver, eu teria chances de avançar no processo?" No Brasil, as pessoas têm uma dificuldade gigante de falar não, então, existe a chance de ou a pessoa ainda não saber se você avança ou não no processo, porque ainda fará outras entrevistas e precisa comparar, ou de ela não querer dar uma negativa agora. Mas pode ser também uma oportunidade de já receber um sinal positivo ou, se foi muito mal, saber que precisa seguir em frente e bater em outras portas.

Você também pode perguntar em quanto tempo possivelmente terá o feedback para saber se avança ou não para a próxima etapa. O ritmo do processo pode variar, então, se o entrevistador disser que o prazo é de duas ou três semanas, você saberá que aguardar esse tempo não significa uma negativa. Afinal, é péssimo passar por um processo seletivo e depois ficar no escuro! Caso o prazo se estenda e você continue sem retorno, pode entrar em contato e dizer: "Quero reforçar meu interesse e gostaria de saber se vocês têm previsão para os próximos passos."

Combinar as regras do jogo facilita muito e, sem dúvida nenhuma, vai deixá-lo mais tranquilo em saber quais são os próximos passos.

É de bom tom mandar uma mensagem de agradecimento ao entrevistador, por meio da plataforma de comunicação que vocês usaram previamente, seja e-mail, WhatsApp etc. A mensagem deve ser muito curta e objetiva, e, caso esteja realmente interessado na posição, aproveite a oportunidade de enfatizar isso. Se houver algo que considere muito relevante reforçar, seja relacionado aos seus interesses ou experiências, pode incluir nessa mensagem, de forma muito sucinta. Isso demonstra interesse e pode ajudar muito a deixar uma boa impressão.

Por fim, você pode ter todas as qualificações, mas existem pessoas que não só têm as qualificações, mas estão em um patamar superior ao seu, seja devido ao perfil ou às experiências prévias. O entrevistador está sempre querendo selecionar quem se adéqua melhor àquela posição; quem tem maior chance de se encaixar na cultura da empresa; e quem é o executivo que vai conseguir entregar mais resultados.

Juntos no Follow-up

Esclarecer as etapas do processo, como sugere a seção de fechamento, viabiliza um posterior contato para follow-up. Isso é importante porque muitas vezes a falta de retorno o induz a pensar que você não foi aprovado. Porém existe todo um trâmite por trás de um processo seletivo, que as pessoas geralmente nem imaginam: aprovação ou não da contratação; avaliação de pessoas internas que eventualmente poderiam estar naquela posição; falta de clareza ou indefinição de determinados pré-requisitos para a posição, que vão sendo ajustados com base nas pessoas entrevistadas, e assim por diante.

Se um entrevistador administra muitos processos seletivos, ou um gestor tem uma agenda cheia, o follow-up de um determinado processo infelizmente acaba não entrando na lista de prioridades. Por outro lado, o seu contato interessado pode ajudar não só o follow-up a figurar entre as prioridades, como também faz com que você seja lembrado.

E, nos próximos passos, busque e esteja aberto aos feedbacks. Não espere ouvir se você é bom ou ruim; procure um feedback em relação a quanto da sua experiência e do seu perfil está alinhado com aquele determinado cargo.

Tenha em mente que os diferentes profissionais que atuam no processo seletivo têm interesses e perspectivas diversos ao olhar para você na posição. O gestor quer alguém que venha para resolver um problema. O RH se preocupa com a aderência à cultura, e talvez ele tenha metas de contratação, e a performance dele é avaliada com base nisso. Um headhunter muitas vezes está sendo remunerado pelo sucesso daquela contratação. Um par dessa posição almeja quem possa ajudá-lo, inclusive na interação entre áreas. Um representante de um time, ao entrevistar um possível líder, buscará um bom gestor.

De novo, é importante sair da visão da árvore e partir para a visão da floresta, a fim de entender qual é o prisma de cada entrevistador, porque os recortes e as expectativas não são os mesmos.

Existe muito aprendizado ao longo do processo. As informações colhidas, de maneira direta ou indireta, ao longo do processo dão sinais do que aquela posição exige, o que importa para cada entrevistador e para a empresa. Quanto mais tiver a habilidade de interpretar o que está sendo ou não dito, maior a chance de você se aprimorar e melhorar a forma como se expõe e vende o seu peixe no decorrer de cada processo.

O não de uma empresa é uma lição do que pode ser posto em prática nos diferentes processos seletivos dos quais for participar, e todos os aspectos abordados ao longo deste capítulo vão sendo aprimorados.

Não É o Seu Preço, e Sim o Seu Valor

Jamais use um processo seletivo apenas para medir o seu valor para a atual empresa ou para fazer leilão. Vejo gente se dando muito mal com esse tipo de abordagem. Se você não está feliz com seu trabalho atual, chame seu gestor para uma conversa, alinhe o que for necessário, e, quando for para um processo seletivo, vá com a convicção de que aceitará a proposta caso ela esteja alinhada com as condições que você está procurando. Caso contrário, você desperdiça o seu tempo e o dos demais envolvidos, e pode até se queimar no futuro.

Ao optar por sair da empresa, seja com base no salário ou não, analise os ônus e bônus financeiros de pedir demissão. Consulte os saldos de seu FGTS, plano de aposentadoria, e inclua na conta tudo o que tem hoje: salário; benefícios; bônus, para ter uma dimensão correta de quanto vale o seu salário, mas também o pacote total. A partir daí, fica cada vez mais claro quanto você estará disposto a aceitar nas oportunidades que surgirem.

As empresas tendem a desenhar a proposta que farão com base nos seus ganhos pregressos. Se houver alguma mudança de cenário ao longo do processo, caso tenha recebido um aumento ou um bom benefício, informe ao entrevistador o quanto antes, para que ele avalie se ainda faz sentido mantê-lo no processo.

Contudo, dificilmente terá acesso a detalhes relacionados à remuneração e aos benefícios antes de evoluir para as fases finais. Muitas vezes, a empresa quer entender quem é o candidato escolhido, analisar quais são as condições e possibilidades que esse profissional tem atualmente e, a partir daí, ela elabora uma proposta adequada.

Negócio Fechado

Você progrediu no processo seletivo, gostou da oportunidade, a empresa gostou de você, e chegou a hora de receber uma proposta de remuneração. E, agora, você topa qualquer parada?

Um dos motivos de ser mais benéfico procurar trabalho estando empregado é que a futura empresa tende a olhar o que você recebe hoje e a fazer uma proposta, em média, entre 15% a 30% maior do que esse valor. As empresas têm muita preocupação em não fazer uma proposta de valor igual ou menor do que você tem hoje, ainda que você esteja disposto a aceitá-la, pois estão interessadas em longevidade, ou seja, que você chegue motivado (e, sim, dinheiro é uma boa motivação) e disposto a permanecer, e não que uma eventual proposta um pouco mais alta o tire de lá.

Se está desempregado, reforço, a sua âncora mudou, e existe sempre o risco de a empresa fazer uma proposta igual ou menor do que sua última remuneração.

Empregado, os elementos que precisa analisar são estes:

- Qual é o seu salário?
- Em que condições é contratado — CLT, PJ?
- Qual é sua renda líquida?
- O quanto desse valor vai para algum fundo? No caso de CLT, parte do seu salário bruto vai para o FGTS; algumas empresas mantêm um fundo de previdência que pode ser resgatado depois de algum tempo.
- Quais são seus bônus? Existe uma diferença entre bônus-alvo e histórico de bônus — um funcionário pode ter um alvo de até 12 salários, mas costuma receber de 3 a 4; tome como base aquilo que efetivamente recebe.

Os benefícios, por sua vez, podem ser mais difíceis de calcular de forma objetiva, pois dependem de como você os avalia e usufrui. Quais benefícios você tem hoje? Além dos benefícios básicos, como vale-alimentação, vale-refeição, reembolsos, algumas empresas fornecem auxílio-creche, opções para frequentar academia e até opções mais criativas como vale-livros. Algumas empresas dão direito a um automóvel ou fornecem ajuda de custo com moradia, que são benefícios de muito valor. O quanto esses benefícios são importantes para você? Em cargos mais altos, a complexidade dos benefícios aumenta.

Avalie esses fatores mais subjetivos, e então mensure: "Se eu sair hoje, do que eu abro mão? A multa do FGTS, uma parte da previdência, alguma remuneração de longo prazo..." Ou: "Eu preciso devolver algum dinheiro para a empresa, em relação a algum treinamento custeado por ela, atrelado à minha permanência?"

Por vezes, empresas investem no funcionário e, em contrapartida, ele se compromete a permanecer por determinado período de tempo, caso contrário precisa reembolsá-la pelo valor investido. Existem meandros legais, nos quais não pretendo me aprofundar neste livro, que tratam desse tipo de acordo, mas o ponto é: se você deu sua palavra, este é um fator importante a ser considerado, pois a sua imagem ficará em jogo naquela empresa e, sobretudo, com as pessoas que ficarão lá e que fazem parte do seu networking.

Quando começar a colocar essa conta na ponta do lápis, é preciso tomar muito cuidado e dosar as expectativas acerca do que vai querer da empresa prestes a lhe fazer uma proposta, com base em realidade de mercado. Se você atua há vinte anos na empresa atual, tem um valor considerável de multa do FGTS (no caso de ser demitido), salário e benefícios acumulados ao longo de duas décadas, a chance é muito pequena de a empresa contratante simplesmente topar cobrir todos esses valores, a não ser que você seja um profissional muito diferenciado.

Atitudes que Queimam o Seu Filme Durante uma Negociação

1. Dar a entender você não foi honesto e tentou usar artimanhas para negociar, seja mentindo um salário ou trazendo uma informação nova aos 48 minutos do segundo tempo, causando uma sensação de que foi mercenário e que, ao saber que foi aprovado, quis subir a régua.

2. Declinar a proposta devido a um fator que já tinha sido negociado antes, por exemplo: saber que aquela posição exigia viajar a trabalho, dar continuidade ao processo e, por fim, dizer: "Não vou aceitar essa posição, porque precisa viajar muito, e minha situação familiar não permite."

3. Apresentar um fato novo, que não foi mencionado antes e poderia ter sido antecipado.

4. Desaparecer. Seja durante o processo seletivo, ou pior ainda, na fase final, quando estiver caminhando para uma proposta. Se não tiver mais interesse ou estiver em dúvida, independentemente do motivo, seja transparente e não faça as pessoas perderem tempo. Nunca desapareça.

Então, talvez tenha que abrir mão de parte do que tem hoje, visando a uma mudança e pensando no futuro. Se não estiver disposto a isso, assuma essa escolha e deixe bem claro, ao participar de um processo seletivo, que a sua expectativa é a de que a empresa lhe pague determinado valor — e esteja ciente de que existe uma grande chance de a empresa já o descartar do processo logo de início.

Pode ser que a empresa dê uma "luva", que é um valor de adiantamento ofertado quando não é possível oferecer um salário mensal maior; ou talvez ela ofereça um bônus mensal assegurado para o primeiro ano. Existem várias possibilidades de atrair um profissional, que podem ser benéficas para ambas as partes.

Costumo dizer que todo mundo está aberto a uma nova oferta de emprego; é muito raro quem não está. A diferença é que, quando alguém está feliz com o trabalho atual, coloca sua régua lá em cima; quando está muito infeliz, a régua fica mais baixa. E é aí que você estaria disposto a fazer uma troca por algo muito parecido financeiramente. Afinal, se estiver feliz, precisará de muito mais dinheiro envolvido para essa mudança valer a pena. Mas, se posso dar um conselho, digo: jamais tome essa decisão somente dentro do aspecto financeiro.

Numa primeira proposta, talvez você não receba exatamente o que quer. Nesse caso, avalie todo o pacote que está sendo ofertado e o que de fato importa para você. Atenha sua análise aos argumentos e aos pontos que justifiquem por que gostaria de modificar algo na proposta e leve esses dados para a empresa, de maneira construtiva. Mostre que você quer trabalhar na empresa, que está feliz com a oportunidade, mas ainda precisa de um ajuste na oferta.

Obviamente, há uma dinâmica na qual você testa limites, mas sem romper a corda. A empresa não estará disposta a prolongar essa negociação; se o processo não evoluir, ela provavelmente fará uma oferta a outra pessoa. Fique atento.

Se algo não estiver claro, pergunte, eliminando todas as dúvidas sobre quais serão os direitos a partir dali. E procure ter formalizado pela empresa tudo o que for negociado, seja por e-mail, que já tem um valor legal, ou por escrito, para que, lá na frente, uma divergência de entendimento não impacte a relação.

Mas, por fim, existe a possibilidade de a proposta de fato não ser atrativa, e você poderá decliná-la. É claro que a empresa normalmente não gosta quando isso acontece, afinal, se ela avançou a ponto de fazer uma proposta é porque ela queria ter você no time.

Nesse caso, se você for o profissional que a empresa está buscando, talvez ela ainda faça mais uma proposta. Se não for possível, e a imagem que você deixou foi bastante positiva, em um novo processo seletivo eles podem lembrar-se do seu nome e voltar a contatá-lo. Por isso, conduza essa etapa de forma ética e respeitosa, a fim de que as impressões permaneçam positivas.

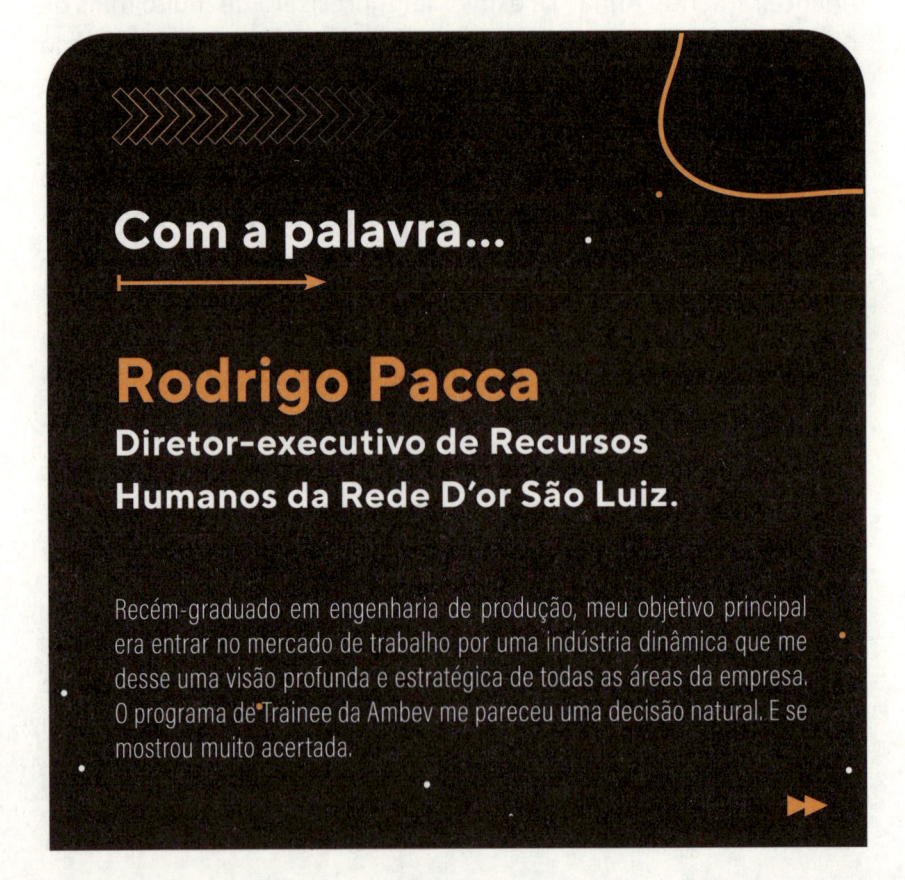

Com a palavra...

Rodrigo Pacca
Diretor-executivo de Recursos Humanos da Rede D'or São Luiz.

Recém-graduado em engenharia de produção, meu objetivo principal era entrar no mercado de trabalho por uma indústria dinâmica que me desse uma visão profunda e estratégica de todas as áreas da empresa. O programa de Trainee da Ambev me pareceu uma decisão natural. E se mostrou muito acertada.

O programa de trainee foi exatamente o que esperava — dois meses a fundo na área industrial; outros dois meses pela área comercial; e, finalmente, dois meses próximo ao corporativo em contato com a estratégia no escritório central.

Após esse período inicial de imersão, decidi seguir a minha trajetória na área comercial. Nos cinco anos seguintes assumi diversas posições entre vendas e trade marketing. Até que recebi o convite para assumir uma posição de "People and Management Business Partner".

Disse não por três vezes antes de aceitar.

Na minha cabeça, eu queria estar no coração do negócio. Entendia, à época, que isso só era possível estando na área comercial. Até que decidi aceitar o convite. E foi o movimento mais importante nesses últimos quinze anos de carreira profissional. Na área de Gente e Gestão fui capaz de conciliar a visão objetiva do negócio com as ferramentas de gestão e com as habilidades interpessoais para alcançar resultados, via pessoas.

Em uma cultura de alta performance, e com foco em resultados ambiciosos, gente e gestão são protagonistas.

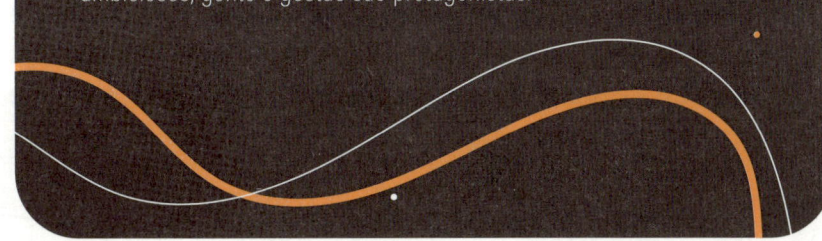

Capítulo 13

Embarcando com o Pé Direito

Novo emprego, com novos desafios, gente nova, e agora você vai... fazer exatamente o que fazia na outra empresa? Ninguém é contratado para ser um ctrl+c, ctrl+v humano!

A partir de agora, use seus conhecimentos e habilidades, somados à sua capacidade de leitura desse novo cenário, e entenda para onde ir. Deixe o passado no passado. Execute. Você está a bordo de uma locomotiva a todo vapor, e não de um barco de papel.

Saia de Mansinho, Mas Não de Fininho

Antes de se jogar na nova oportunidade e seguir um novo caminho na sua jornada, planeje a sua saída de onde está. E como pedir demissão é um tópico que gera dúvida em muita gente. O ideal é que, uma vez que tenha tomado a decisão de sair, e aceitado uma nova oportunidade, comunique o quanto antes ao seu gestor. Idealmente você deveria começar falando com ele; depois, dependendo do relacionamento que você tem com outras pessoas na empresa, comunicar aos demais. Comece pedindo demissão para a pessoa com quem você trabalha diretamente.

É importante ir muito preparado, sabendo que existe uma chance de essa pessoa querer fazer você mudar de opinião. Se você fez a lição de casa, e já avaliou que ficar não é uma opção, provavelmente já discutiu com seu gestor as opções antes de decidir sair de vez. Então, recomendo que você não aceite uma contraproposta. Existe uma conversa para quando você não está satisfeito e busca uma solução, e outra diferente quando está pedindo demissão e não pretende voltar atrás.

Ao fazer esse comunicado, é possível reforçar: "Olha, já estou com a decisão tomada, então não estou aqui para pedir uma contraproposta ou uma mudança. Estou aqui para agradecer pelo período em que estive na empresa, comunicar que estou saindo e combinar a transição nesse período em que ainda fico." Dessa forma, fica claro que você encerrou o ciclo e quer planejar essa transição da melhor forma, deixando as portas abertas.

Ao pedir demissão, evite fazer qualquer crítica em relação à empresa. Tem gente que vai pronta para colocar para fora tudo o que estava engasgado quanto à companhia, ao gestor, aos projetos. Esperava-se essa postura, clara e de forma construtiva, quando você ainda estava na empresa e inclusive poderia participar da transformação. Saiba que esta não é a hora para esse tipo de conversa, e ninguém vai ganhar nada com isso. Minha recomendação vai de encontro a isto: tenha uma lista de coisas para agradecer. Demonstre sua gratidão à empresa, ao seu gestor e aos demais.

Por outro lado, se tiver um relacionamento muito próximo com seu gestor, e ele perguntar o que você faria de diferente ou o que a empresa deveria mudar, e você realmente achar que pode ser construtivo, aí sim talvez seja o caso de emitir opinião e considerar o que poderia ser diferente. Diga sob a perspectiva do que você está buscando em outra organização. Não se trata de estar certo ou errado, mas do seu prisma, do que você prefere e do que busca em outra empresa.

Não recomendo também que entre em detalhes sobre qual é a sua nova empresa, o cargo e suas responsabilidades. Quanto mais você abre essas informações, em tese, mais espaço surge para o seu gestor questionar sua escolha e tentar fazê-lo mudar de opinião. Não existe problema nenhum em dizer: "Olha, eu prefiro não abrir para qual empresa estou indo ou qual posição vou ocupar. O que posso dizer é que esta é uma oportunidade mais alinhada aos meus interesses."

Entretanto, se estiver indo trabalhar para um concorrente, avise. Muitas vezes, a empresa tem uma política diferenciada nesse sentido, e pode querer que você saia o mais rápido possível, para evitar conflitos de interesse. Então, não é necessário dizer qual é a empresa, mas é importante sinalizar se esse for o caso. Aliás, as empresas podem ter políticas rígidas para lidar com a demissão, bloqueando acessos ao sistema ou ao escritório, não leve para o pessoal, faz parte do jogo.

Caso tenha assinado algum contrato de não competição com sua empresa atual, isso deve ser observado durante toda a transição — desde a fase de negociação de proposta. Se este for o caso, busque respaldo jurídico a fim de se certificar de que você pode trabalhar em uma empresa concorrente, para que isso não cause problemas futuros, não só para você, mas para o seu futuro empregador.

Existem dois pontos para conciliar ao negociar sua saída: 1) a data da sua saída; 2) o que você fará durante esse tempo. Este é um ponto normalmente desafiador, pois o seu atual empregador pode querer que você fique o máximo de tempo; o seu novo empregador, que você comece o quanto antes; e você fica na corda bamba.

No mundo ideal, o planejamento da sua saída incluiria uma boa transição, que lhe permitisse sair deixando a antiga casa em ordem; uma ou duas semanas para conseguir descansar e fazer o planejamento da sua chegada; e depois começar efetivamente na nova empresa. Eu sei que muitas vezes isso não vai ser possível, mas, quanto mais próximo conseguir chegar desse protocolo, maior a chance de chegar com as baterias recarregadas e preparado para dar tudo certo na nova empresa.

Ao elaborar o plano de saída com seu antigo empregador, foque soluções práticas, por exemplo: "Devo passar as minhas tarefas e tudo o que eu faço para alguém, deixar tudo anotado?" Tente racionalizar tudo o que está na sua cabeça e transferi-lo para uma espécie de manual, para que depois ninguém tenha que ficar ligando para você e consigam conduzir o trabalho em sua ausência.

De uma coisa, pode ter certeza: você, na maior parte das vezes, vai ser muito mais julgado pela forma como saiu do que pelos muitos anos, ou até décadas, que passou na empresa e entregou resultados. Todo esse cuidado nessa etapa assegura que você saia pela porta da frente.

Uma dica: não vejo valor em enviar mensagens de despedida para toda a empresa ou área. Das pessoas com quem efetivamente teve uma relação, você tem o contato pessoal e deveria enviar uma mensagem individual e customizada para cada um. Isso sim é cuidado e valorização pela relação criada, não uma mensagem genérica com seus novos contatos.

Com a dinâmica de cumprir o planejado, entregar o que combinou na data, deixar tudo alinhado, comunicar-se e agradecer a todos os envolvidos, melhor vai ser — mais portas estarão abertas, e permanecerá o sentimento construtivo de que este foi um passo importante na sua carreira e que você conseguiu deixar a melhor impressão.

Chegue Chegando

Um bom recomeço passa por você ter conseguido descansar minimamente e preparar-se para o que vem pela frente. O período de descanso também serve para colocar sua vida em ordem. Sabe aquele check-up que você tem adiado há anos, por falta de tempo? Será que não está precisando tirar aquela segunda via do RG, a lâmpada da área de serviço, resolver algo no banco ou qualquer outro tipo de burocracia?

Por mais tentador que seja começar logo no novo trabalho e colocar a mão na massa, quanto mais você cuidar de si e da sua saúde, maior será a chance de você efetivamente entrar bem na nova empresa e dar o seu melhor.

O primeiro aspecto da mudança é lembrar-se de que há duas escolhas: você pode se concentrar no passado e buscar neste novo emprego tudo o que você gostava no anterior e que ficou para trás; ou pode olhar para o que virá e o que ganhará a partir de agora. Preparar o mindset durante a transição faz todo sentido para ajudá-lo a encarar o novo.

O segundo aspecto é lembrar que na outra empresa você já tinha as pessoas com quem estabeleceu relações de confiança; conhecia os dados, para discernir mediante os fatos; agora, será necessário desenvolver essa abordagem de aproximação.

O terceiro aspecto consiste no fato de que você estava adaptado à cultura da empresa anterior, ciente do que era ou não aceitável e o que era considerado fundamental, além de saber elencar o que era mais ou menos relevante. A este novo universo, você chega com o mínimo de conhecimento sobre o *fit* cultural, e precisa interpretá-lo e se encaixar nele.

Ao chegar, portanto, a primeira fase é de descoberta. Você terá que conhecer pessoas, estabelecer relações de confiança, conhecer os fatos e dados, saber o que é prioridade. Esteja preparado e não subestime essa fase, que é fundamental para o seu futuro. O mindset correto vai guiá-lo ao longo do processo.

Existem ainda questões burocráticas, como documentações e exames a serem providenciados, e, eventualmente, organizar seus compromissos pessoais e familiares — buscar os filhos na escola, por exemplo —, de acordo com o novo local e horário de trabalho. Concentre-se em resolver tais pendências o mais rápido possível, para que não se arrastem ao longo das primeiras semanas e prejudiquem seu processo de adaptação à rotina.

Outra dica para começar bem é manter anotações de tudo o que colheu de informações ao longo do processo seletivo, de quais eram as principais responsabilidades e os objetivos da posição que você vai assumir, quais são as áreas e pessoas com quem você terá que se relacionar; enfim, tudo o que lhe foi respondido sobre o cargo até aqui.

Sua cabeça certamente já estará cheia de ideias, e também cheia de dúvidas. Então, coloque tudo no papel: quais são as ideias que vêm à cabeça para implementar? Quais são suas dúvidas? Mapeie um plano que inclua quem você pode consultar para obter determinadas informações, tanto interna quanto externamente, com clientes ou com fornecedores, para que consiga também ter uma visão completa da situação. A ideia não é sair falando com os outros aleatoriamente nem botando em prática seus planos mais loucos — este é o momento de planejar.

E ao falar da sua chegada, efetivamente, no primeiro dia, é muito importante pensar no framework do onboarding, que é a sua integração. As empresas nem sempre têm um bom plano de onboarding. Algumas proporcionam uma boa integração, mas em outras você basicamente chega, senta e trabalha, às vezes nem o computador ou o login estão disponíveis. Portanto, o fato é que não dá para delegar apenas à empresa a sua integração.

Em minha pesquisa para o mestrado, um dado que chama a atenção é que 1 em cada 6 profissionais pensa em pedir demissão ou chega a pedir demissão nos primeiros 90 dias. Além disso, 40% dos CEOs são demitidos ou afastados nos primeiros 18 meses. Trata-se de um processo bastante desafiador.

Organizações que conseguem ter, ao longo do processo de onboarding, um foco individualizado em "o que" o recém-contratado pode proporcionar para a organização, em vez de apenas demonstrar quão boa e estruturada a empresa é, têm um turnover menor em comparação às demais.

Antigamente, quando os profissionais passavam 20 ou 30 anos na mesma empresa, não havia problemas em levar de 1 a 3 anos para integrá-los totalmente à cultura da empresa, visto que eles ainda teriam longos anos pela frente para entregar resultados, crescer e mostrar dinamismo.

Na medida em que as pessoas passam cada vez menos tempo nas empresas, estas precisam que o processo seja bem-sucedido no menor período de tempo; caso contrário, o profissional pode sair antes mesmo de ter havido retorno sobre o investimento da contratação no formato de performance.

Em 2010, Talya Bauer produziu um guia para a Society of Human Resources Management (SHRM) sugerindo que um framework para cobrir o onboarding, que envolveria cobrir proativamente quatro aspectos centrais (4 Cs): Compliance, Clarificação, Cultura e Conexões. Ao longo dos anos, mediante suas aplicações práticas, essa teoria evoluiu incluindo um quinto C: Confiança.

Empresas com bons modelos de integração já têm esse processo estruturado, entretanto, contar com isso é contar com a sorte. Por isso é importante que você esteja à frente e seja protagonista do processo.

Ao chegar, tenha esse framework em mente, para que possa conduzir o seu próprio onboarding no decorrer do tempo. Busque, portanto, conhecer melhor o seu time e esteja preparado para falar com a maior quantidade de pessoas.

Tenha o seu *elevator pitch*, o seu discurso de introdução para apresentar-se e contar rapidamente a sua história. É bacana ter um discurso de 1 ou 2 minutos, um de 5 minutos e outro com mais ou menos 10 minutos de duração, para usá-los conforme for adequado. Se encontrar com alguém, use a versão rápida, para não tomar muito tempo nem parecer que sua intenção é ficar palestrando sobre si mesmo. Mas se houver um momento próprio para apresentações, no qual só você estará falando, com o intuito de se apresentar, use a versão mais longa.

Se você for aberto, mostrando querer aprender com quem está há mais tempo na empresa, para entender o negócio e a cultura, sem querer ser o dono da razão, criará conexões, ou *rapport*, com mais facilidade. O Capítulo 5, sobre comunicação, certamente o ajudará a quebrar o gelo e estabelecer esses primeiros contatos com os novos colegas.

Framework 5 Cs dos Aspectos Centrais do Onboarding

- **Compliance:** refere-se ao aprendizado do básico da posição e da organização, ou seja, tudo o que é necessário para cumprir as regras básicas e as políticas da empresa, como formulários, contas de e-mail, computadores etc. Organizações que têm processos de onboarding eficientes em Compliance deixam as atividades menos onerosas para o recém-contratado. A maioria das empresas administra bem este aspecto.

- **Clarificação:** garantir que o novo empregado entenda o contexto da posição, compreendendo os requerimentos e as normas para a execução das tarefas, a periodicidade com que os resultados serão medidos, bem como a linguagem interna da empresa. O quanto antes um profissional entender sua função e responsabilidades de entrega, mais rápido ele começará a ser produtivo.

- **Confiança:** o "novo C" do framework. Trata-se de reforçar a credibilidade da pessoa, para que a empresa sinta-se segura e confie que ela pode desempenhar um bom trabalho, o que impactará diretamente os resultados que serão entregues.

- **Cultura:** refere-se às normas da organização, à personalidade da empresa, padrões e expectativas, e como o funcionário pode se adaptar ao contexto. Costumo dizer que chegar a um novo emprego é como mudar de país — chegar a um lugar onde não se conhece ninguém; não se sabe o que é certo ou errado nem o que é educado ou não; há inclusive uma linguagem própria, porque toda empresa tem sua série de siglas, nomes de processos, normas de projetos.

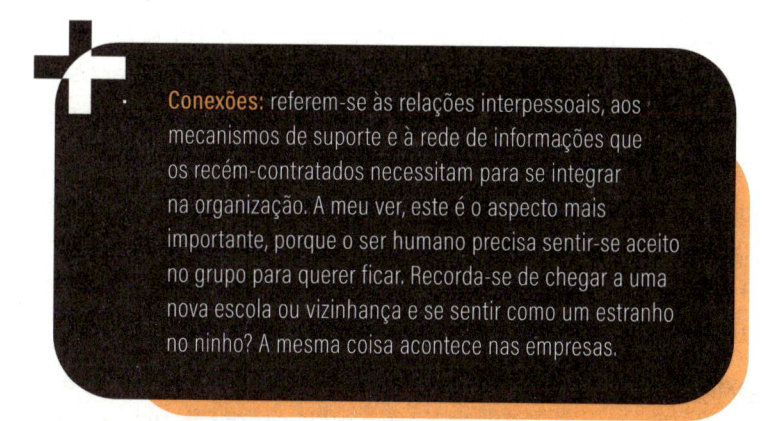

> **Conexões:** referem-se às relações interpessoais, aos mecanismos de suporte e à rede de informações que os recém-contratados necessitam para se integrar na organização. A meu ver, este é o aspecto mais importante, porque o ser humano precisa sentir-se aceito no grupo para querer ficar. Recorda-se de chegar a uma nova escola ou vizinhança e se sentir como um estranho no ninho? A mesma coisa acontece nas empresas.

A cultura também é composta de regras não ditas, mas subentendidas. Nesse sentido, os primeiros relacionamentos que você vai criando são fundamentais para identificar em quem confiar, a quem pedir conselhos e — por que não? — com quem ir a um happy hour, quando chegar o momento.

Essa interação é valiosa não apenas para o recém-chegado; ela também pode ser uma fonte de trocas e insights para os empregados veteranos da organização. Neste âmbito, o líder pode atuar como um facilitador, permeando essas relações à medida que elas se desenvolvem.

Evite comentários como "Na outra empresa, era assim ou assado", simplesmente para criticar ou dar a entender que você sabe mais, ou que a empresa anterior era melhor. Esse é o momento de perguntar, entender e aprender. Não faça presunções, não meça nada nem ninguém pela sua régua; na dúvida, pergunte e reveja.

Vale ressaltar que é interessante definir com seu gestor ou líder o que, para ele, é sucesso. O que você precisa entregar, qual é a expectativa no primeiro mês, nos primeiros três meses e nos primeiros seis meses, envolvendo tanto o que você precisa aprender quanto de fato entregar.

Há modelos de feedback após noventa dias. Porém existe um risco grande de você chegar, visualizar um problema, mas acostumar-se a ele ao longo dos três meses. Quando chega a hora da devolutiva, uma contribuição valiosa foi perdida: o olhar do novo.

E depois de tudo isso... tente manter-se leve. Com o volume de informações e a quantidade de pessoas com que vai se conectando, é natural ficar estressado ou sobrecarregado. Mas procure manter a mente aberta e entender que essa dinâmica faz parte do processo.

Flexibilidade é fundamental nesse momento. Isso inclui a agenda, para conseguir chegar um pouco mais cedo, sair um pouco mais tarde, e para conectar-se com as pessoas, bem como seu mindset, ao entrar em contato com novos pontos de vista e modos de fazer as coisas acontecerem.

Ao longo desse processo, você passará a se sentir à vontade para pedir feedback às pessoas com quem for construindo relações de confiança, e passará, principalmente, a ter segurança para pedir ajuda, conselhos, recomendações ou validar informações.

Quando chega um novato, pode acontecer de tentarem cooptá-lo para dentro de grupinhos e fazer fofocas sobre outrem. Logo começam os comentários de que um grupo ou área não faz o certo, que tal pessoa não age corretamente. E vejo muitas pessoas que chegam comprando a história de outras sem fazer uma análise ou conhecer os dois lados. Lembre-se de que o progresso da sua integração deve ser baseado em fatos e dados, avaliando o que é melhor para a empresa, e não julgando as pessoas.

Você não deveria tomar partido de nenhuma panelinha dentro da empresa. Afinal, você não tem nenhum compromisso com o passado, com os projetos que deram errado ou com as brigas preexistentes. Mantenha-se isento nesse tipo de competição negativa, e, em breve, poderá criar seus próprios grupos de afinidade e estabelecer relações saudáveis, correlatas com sua personalidade.

Ser protagonista da sua transição lhe fornece segurança e assertividade ao longo da sua trajetória, que será pautada em análises objetivas, relações de confiança, fatos e dados. Dessa forma, esta nova fase poderá de fato transformar a sua carreira.

E lembre-se de uma estatística importante: 91% dos profissionais são contratados por habilidades técnicas e demitidos por questões comportamentais — elas são tão importantes, ou até mais, do que "o que" você vai fazer.

Com a palavra...

Ronaldo Fragoso
Sócio em Risk Advisory na Deloitte

Em mais de 35 anos de experiência profissional, algumas situações me mostraram que você pode até não saber exatamente o que fará na sua carreira, mas precisa saber o que não fará, seja porque você não seria a melhor pessoa para aquele emprego ou projeto ou até mesmo por acreditar em determinados propósitos diferentes. Outro aspecto que aprendi com a experiência foi que as adaptações profissional e pessoal devem ser avaliadas em conjunto, já que as mudanças muitas vezes podem gerar impacto significativo em você e em sua família devendo buscar o melhor equilíbrio possível nessas situações.

LUGAR DE POTÊNCIA

▶▶ Trabalhei no fim dos anos 1980 em um grande Banco na Av. Paulista. Esse seria o meu 2º emprego, estava com 20 anos, na faculdade e contente por ter passado em um processo seletivo importante. Contudo, o trabalho era muito operacional. Além do horário das 0h-6h am, com controle rígido de entrada/saída, não existia restrição para as pessoas fumarem no ambiente de trabalho. Após quase um ano eu decidi que precisaria mudar de emprego e que NÃO gostaria de continuar trabalhando no período da noite, dentro do possível não bateria mais ponto e que o próximo emprego fosse no local mais saudável possível.

Já na carreira de auditoria/consultoria iniciada nos anos 1990, tive várias experiências em projetos locais e internacionais, incluindo muitas viagens. Mas, em 2008, já como sócio da consultoria fui convidado a mudar de cidade e assumir uma operação no escritório do RJ. Mesmo não tendo nenhuma experiência prévia que me desse algum nível de segurança nessa decisão, resolvi encarar o desafio e conversei com pessoas que tinham passado por essa experiência de mudar de cidade e/ou país a trabalho. Algo que me chamou muita atenção foram os casos que não deram certo em função de problemas de adaptação. A minha decisão, em acordo com a minha esposa, foi que para mudar para o RJ deveríamos viver como os cariocas, ou seja, adotar os hábitos locais. Do ponto de vista pessoal, vivemos muito bem por quase oito anos no RJ e totalmente adaptados; aprendemos a viver e desfrutar do RJ. Do ponto de vista profissional, a decisão foi acertada, já que a minha experiência em um novo ambiente de projetos e pessoas foi muito enriquecedora. Fui convidado a retornar a SP em 2016 para novas atribuições, mas muito reconhecido pelo trabalho e pelos resultados nesse período.

Mapa Mental

Próximos Passos

→ Conheça seu PEIXE para saber vendê-lo

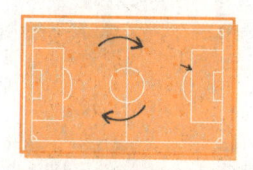

→ Seja ESTRATÉGICO

→ Dê um UP no seu currículo

→ Bote a cara no MERCADO

→ Conquiste seu ESPAÇO

Parte 4

No Topo

Acesse o QR Code e assista a entrevista exclusiva com o convidado

Luis Vabo Jr
Fundador da Vabo23 Educação, professor da Link School of Business e Empreendedor Endeavor

Capítulo 14

Os Primeiros Passos na Liderança

Passos de Formiga e Muita Vontade

A quem importa aprender sobre liderança? Ora, se você já é líder há algum tempo, este capítulo não é para você, afinal, você já deu seus primeiros passos e domina sua função, certo? Errado! Os aprendizados relacionados aos "primeiros passos da liderança" servem tanto para quem está assumindo uma posição como líder agora quanto para quem já ocupa a posição há algum tempo. Justamente por não ser comum destinarem o treinamento e acompanhamento adequado para esta competência, os novos líderes, que em breve se tornam líderes veteranos, vão aprendendo à força com o passar do tempo, e é natural que fiquem lacunas nesse desenvolvimento.

A proposta deste capítulo e dos próximos, portanto, é sintetizar os pontos-chave do desenvolvimento de liderança e refletir, muitas vezes com base na intuição ou na prática diária, sobre a sua performance. Além disso, há quem fique na dúvida se este é ou não o caminho certo a seguir, e o processo de análise e aprendizado também pode ajudar nisso.

O primeiro aspecto é que, quando você se torna líder, tudo começa por uma mudança de hábitos. Até então seu papel era gerenciar a si mesmo, e minimamente você se conhece, sabe do que é capaz, do que tem de dúvidas, quando está produtivo, quando está mais procrastinador, e, ao saber o que tem que entregar, se gerencia.

Vale lembrar que um bom líder é aquele que, em sua gestão e tomadas de decisão, consegue conciliar os interesses de três stakeholders: os clientes; o time; e os acionistas. Imagine que você queira melhorar seu moral com a galera e decida dar um bom aumento para todos: o time vai ficar feliz, mas isso reduziria a margem e aumentaria o custo — o acionista não ficaria nada feliz e para o cliente faria pouca diferença. Ou então pense em cortar pela metade todos preços dos produtos ou serviços que você vende: o cliente vai adorar — mas o acionista e, possivelmente, o time, não, porque essa decisão reduzirá as margens e aumentará a demanda subitamente. Equilibrar os interesses é fundamental para conquistar bons resultados.

Ou seja, a partir do momento em que começa a ter responsabilidade pela gestão, tudo muda. E é aqui que começa sua caminhada ao longo dos próximos passos para desenvolver este aspecto. Costumo sintetizar a gestão em quatro pilares:

1. Autogestão.
2. Gestão do time.
3. Gestão da rotina e dos resultados.
4. Gestão da visão e da estratégia.

Ao longo deste capítulo, desenvolvo cada um desses quatro pilares e, em seguida, apresento um modelo prático que abarque a sua trajetória ao longo desses primeiros passos para a liderança. Tenha em mente que ser um bom chefe pressupõe ser um bom líder, identificar e alocar talentos, e, principalmente, servir como exemplo. Costumo dizer que escadaria se lava de cima para baixo — então, elimine toda a sujeira, nível a nível, começando pelo seu.

Autogestão

Ao se tornar gestor, o primeiro passo é administrar sua rotina com muita eficiência, e a partir daí encontrar e disponibilizar espaço para poder cuidar das demais pessoas e lidar com os imprevistos. Independentemente do cargo — seja como coordenador, gerente ou diretor —, esse mapeamento de suas atividades e daquilo em que você precisa se envolver precisa ser feito logo de cara.

Gosto de sintetizar essa etapa da seguinte forma:

1. Liste as prioridades, ou seja, o que a sua área tem que fazer.

2. Dentre elas, separe o que tem que ser feito dentro da sua estrutura, aquelas em que você tem que estar envolvido, direta ou indiretamente.

3. A seguir, distingua em três categorias, quais destas você é i. executor — tem que colocar a mão na massa e fazer por si mesmo; em quais é ii. contribuinte — atividades pelas quais outra pessoa é responsável, mas você participa; e em quais é iii. supervisor — e tem que garantir que o trabalho executado por alguém esteja adequado.

Sem essa clareza, existe uma chance grande de você confundir os papéis esperados e comprometer a entrega da sua estrutura.

O pressuposto para alinhar esses processos é o gerenciamento da sua agenda, mas também o dos seus hábitos. O que o seu time deveria efetivamente copiar e o que você deveria mudar? Não adianta vir com aquela história de "eu sou assim e pronto" ou pior: "faça o que eu digo, não faça o que eu faço" — para quem tem filhos, é muito claro que não é assim que a banda toca.

Seus valores e, consequentemente, a cara que você visualiza para o seu time precisam estar bem definidos neste início, bem como a disciplina necessária para executar. Quanto mais você cresce é natural que se sinta solitário, que mais pessoas o procurem e seja necessário dar mais suporte do que receber. Sem contar que, muitas vezes, como gestor parece que as pessoas só o procuram em duas situações: para reclamar ou para mostrar serviço e buscar reconhecimento. Portanto, a automotivação aqui é imprescindível. Sobretudo, não descuide do seu desenvolvimento (no Capítulo 8, há várias ferramentas que podem ajudá-lo com essa questão).

Então, concentre-se em organizar o time, visando à melhor performance e, principalmente, em construir uma relação de abertura com seu superior e com seus subordinados, para entender o que precisa levar para cima, assim como quanta autonomia deve proporcionar para os níveis abaixo.

A construção da relação de confiança é fundamental para que você tenha segurança ao fazer o seu trabalho. Haverá pressão vindo de todos os lados, e sem preparo poderá acabar oprimido por ela, ou explodindo. Por outro lado, pode hierarquizar suas tarefas, como sugerido nesta seção; conhecer seus pares; olhar para si mesmo, para seu chefe e para sua equipe; e, então, ser a ponte que une o time à estratégia.

Gestão do Time

Com os resultados e objetivos em foco, desenhe como o time deveria estar estruturado a fim de atingi-los. Isso inclui definir a quantidade de pessoas necessárias, o papel delas, o que cada uma fará e a quem se reportará e quais serão as métricas para avaliação dos resultados.

Esse esboço servirá posteriormente para montar o seu time, o que envolve avaliar as pessoas que você já tem por perto; agregar gente nova, de outras áreas ou de fora da empresa; fazer substituições; e aproveitar os talentos da melhor forma.

Depois, é muito importante estruturar a rede, delimitar quem faz o que e como as coisas se interligam, de modo que possa coordená-la. Um desafio bastante comum com o qual me deparo é o das empresas que crescem muito sem ter esse preparo. Quando se tem uma empresa pequena, ou um time pequeno, se tiver pessoas bem-intencionadas, muitas vezes tudo pode funcionar só na base da colaboração. À medida que os times crescem, muito mais do que de colaboração, você precisa de coordenação, a fim de cadenciar como as coisas são executadas e as estruturas se conectam.

Estruturar o time da forma correta faz com o que o fluxo de trabalho flua, porque cada um conhece o seu respectivo papel e não bate cabeça. Burocratizar as estruturas e prejudicar a transparência resulta em pessoas movidas a cumprir regras, em vez de buscar os objetivos e resultados. Além disso, existe a máxima "Aos amigos tudo, e aos inimigos, o rigor da lei" — ajudamos quem gostamos e com quem não gostamos usamos a burocracia e regras para justificar o porquê não faremos. Portanto, clareza e boa comunicação são cuidados importantes para não dar brecha a possíveis más interpretações que possam beneficiar alguns e prejudicar outros.

Depois do time estruturado, é necessário mantê-lo engajado. Faça com que eles enxerguem o porquê das coisas e queiram se projetar na empresa. Encontre pistas que o ajudem a identificar o que motiva os indivíduos que fazem parte da sua equipe; com isso, você pode projetar eventuais caminhos para eles.

Nessa dinâmica, também é papel do líder dar a visão de aonde as pessoas têm que chegar e como vão chegar. Nem sempre todas as pessoas estão prontas, e você precisará ajudá-las no desenvolvimento, não só para que atinjam os resultados e estejam bem estabelecidas, mas também para que enxerguem que estão crescendo, para querer continuar. Um bom ambiente de trabalho é a base disso tudo, de modo que todo este processo pelo qual passarão seja leve. Não adianta executar muito em um ambiente extremamente pesado e tóxico.

Entenda que você será o responsável por promover quem se destacar, realocar quem não se alinhar com determinado projeto e também desligar quem não está entregando resultados ou não está com os comportamentos adequados — ou se a empresa passar por uma tempestade e precisar diminuir de tamanho. Lembre-se: muitas vezes, as pessoas que o fizeram chegar até certo ponto não serão as mesmas que conseguirão levá-lo para o próximo patamar.

Costumo dizer que o papel do gestor, seja qual for sua posição, ocupa três cadeiras: a cadeira do gestor, a cadeira do coach e a cadeira do líder.

Na cadeira do **gestor**, você garante que as coisas aconteçam, conduz o dia a dia para atingir os resultados. Na cadeira do **coach**, é quando identifica as potencialidades do time e em que precisam de ajuda, e dá suporte ao desenvolvimento dele, fazendo as pessoas serem as melhores versões de si mesmas. Na cadeira do **líder**, você inspira, orienta a visão e faz as pessoas sonharem. É a congruência entre as três que serve como força motriz e dá sentido ao time.

Gostaria de propor uma reflexão: qual é o percentual de tempo que você está passando em cada uma das cadeiras? Vejo a maior parte dos líderes caírem na armadilha de estar entre 90 e 95% do tempo na cadeira de gestor, de 5 a 10% na cadeira de coach e, quando sobra um tempo, usam esse restinho na cadeira de líder.

Ao notar que o *turnover*, ou rotatividade, na organização é alto, o gestor deve ser o primeiro a passar por uma análise: poucas vezes vi alguém querer sair da empresa porque não tem um gestor organizando o dia a dia, querendo que as coisas aconteçam, mas, sim, porque está faltando alguém sentar na cadeira de coach ou de líder. E não existe uma regra para calcular quanto tempo você deveria passar em cada uma delas. Existe a situação e o contexto nos quais se deve ter o cuidado que o time precisa para atingir o resultado desejado.

O único lugar em que se consegue ter potência e controle ao extremo é na engenharia, como no caso de um piloto que tem nas mãos um carro de Fórmula 1 a mais de 300km/h. Ao falar de pessoas, temos que escolher: ou temos potência ao extremo, ou controle ao extremo; ambos, não dá. Então, não adianta falar "Eu quero pessoas criativas, com autonomia, e ao mesmo tempo quero ter controle sobre tudo, e elas devem seguir o meu manual" — você dificilmente conseguirá resultados dessa forma. Novamente, é preciso encontrar o equilíbrio entre potência e controle para conseguir extrair o melhor resultado dos times.

Esteja ciente de que, nas organizações modernas, comando e controle estão em extinção. Raríssimas são as situações em que eles farão sentido. Na década de 1950, as empresas podiam traçar planos muito mais estáticos, que duravam anos ou até décadas, porque o mundo era menos competitivo e mudava mais devagar. Era, portanto, muito fácil contratar pessoas apenas para executar. Aliás, ninguém nem queria que elas pensassem ou opinassem muito; a maior parte dos líderes só queria execução.

E o que acontece é que, como vimos no Capítulo 1 deste livro, o mundo está muito mais dinâmico e competitivo. Neste momento, não se pode desperdiçar nenhum cérebro na organização, para conseguir as melhores ideias e, obviamente, equacionar isso dentro do grupo.

Em situações de emergência, talvez comando e controle sejam necessários. Afinal, se a casa está pegando fogo, não dá para o chefe dos bombeiros, ao chegar com a equipe na frente do incêndio, com pessoas dentro da casa precisando ser resgatadas, dizer: "Não vamos tomar decisões precoces. Vamos fazer um Design Thinking, cada um dá a sua opinião em cinco minutos, para chegarmos a uma solução." Numa emergência o que se espera é que o líder dos bombeiros dê as instruções em alto e bom som, e todos à volta dele corram para executá-las. E, ao término, é preciso garantir que haja uma análise do que foi certo e errado, e quais são os aprendizados, mas aquele momento em específico exigiu comando e controle. Contudo, nossas casas não pegam fogo com frequência — se sim, refaça sua estrutura urgentemente.

Ao longo de 20 anos, a Gallup desenvolveu uma pesquisa que entrevistou aproximadamente 1 milhão de funcionários oriundos de mais de 100 empresas, a fim de identificar fatores que os ajudaram a ser bem-sucedidos. A principal resposta obtida foi que o sucesso dos funcionários depende, basicamente, dos seus relacionamentos com seus supervisores, o que se traduz em todo o desenvolvimento posterior.

Lembrando que, ao se tornar um líder, existe a chance de você ter que gerenciar ex-pares. E a relação de confiança que você criou ao longo do tempo, quando não existia hierarquia entre vocês, fará toda a diferença em quão fácil ou difícil será a sua vida com eles. Outro aspecto fundamental são a postura e as atitudes que você tinha antes de ser promovido a líder, pois a sua coerência será colocada em cheque. Agora que você foi promovido começou a pensar assim? Deixou de ser um de nós e mudou do lado da mesa.

Para se tornar um bom líder, é fundamental lembrar que você começa a construir a sua reputação a partir do momento que você chega. Ou, se tem experiência de mercado, suas histórias possivelmente chegarão na nova empresa.

Gestão da Rotina e dos Resultados

Este pilar refere-se a garantir que as coisas estão sendo executadas efetivamente. Um erro comum dos líderes é achar que simplesmente desenhar o que tem que ser feito e comunicar é suficiente. Se fosse assim, qualquer um seria líder! Aliás, este é um grande erro dos líderes iniciantes, achar que "basta mandar". Na prática, é óbvio, não funciona. Ou pior, querer que as coisas aconteçam com base na força. Se força fosse suficiente, qualquer macaco com chicote seria um bom líder.

Nesse caso, sua gestão da rotina vai lhe assegurar tempo para dedicar ao devido acompanhamento. Fique de olho para que no final o resultado seja atingido. O resultado do mês não pode entrar em pauta apenas no dia da entrega, ele deve ser acompanhado semanalmente; para que o resultado do ano aconteça, ele precisa estar no foco mês a mês. De novo, trata-se de encontrar o equilíbrio entre autonomia versus negligência. Você precisa saber delegar, mas nunca "delargar".

Uma grande referência no Brasil, o consultor e autor Vicente Falconi diz que: "O papel do líder é bater meta, com o time, da forma certa." É uma frase simples, mas que diz muito: primeiro, o líder tem que entregar resultados, é para isso que ele é contratado; e isso deve ser feito com o time — não adianta carregar tudo nas costas para compensar o que o time não faz; e da forma certa, cumprindo as regras e de acordo com a cultura da empresa.

Lembrando que acompanhar a execução não é ficar fungando no cangote de cada pessoa do time, ou fazer follow-up, perguntando a cada cinco minutos. Um bom modelo de gestão não é apenas definir as métricas corretas de acompanhamento, mas também as ferramentas para esse acompanhamento — e hoje existe muita coisa no mercado que pode ajudá-lo com eficiência.

Gestão da Visão e da Estratégia

Este quarto pilar estrutura-se em saber — e fazer com que saibam — aonde se quer chegar, quais serão os objetivos e os benefícios. O grande desafio do líder aqui é que mais do que configurar metas, é preciso estruturar as ações visando a resolver problemas e atingir o objetivo.

Liderar de forma estratégica demanda alinhamento entre o time e os objetivos e metas; estudar o problema; levantar as diferentes perspectivas do time; e principalmente alinhar prioridades da empresa. No dia a dia cai um monte de coisas no colo de todo mundo e, se não estiver atento, daqui a pouco está colocando uma parte importante da energia e do foco do time em coisas que não necessariamente mexem o ponteiro. Lembre-se do Princípio de Pareto: concentrar 20% do trabalho em fatores que são estratégicos gera 80% do resultado.

Quanto menos claro fica o papel de cada um, quais são as regras e como as coisas funcionam, maior a chance de cair em um problema chamado custo de influência: quando as regras estão claras e as pessoas sabem o que fazer e como as decisões serão tomadas, elas investem menos tempo fazendo lobby umas com as outras; caso contrário, as pessoas de quem todo mundo quer ficar amigo, com quem todos querem "ficar bem na foto", tomam decisões discricionárias, por razões controversas e, se você não for amigo delas, pode ser prejudicado.

Se uma empresa gira em torno desse tipo de decisões, a chance de as pessoas estarem investindo tempo para fazer o lobby umas com as outras, em função dessas decisões discricionárias, em vez de entregar resultados é grande. E o maior problema é que os líderes que barganham dessa forma, muitas vezes, nem percebem ou não têm dimensão da armadilha em que estão caindo. O estado ideal é equilibrar a coordenação de modo a não ficar preso nas tramas da burocracia, mas, em contrapartida, não cair no custo de influência. Ou seja, papéis, responsabilidades, expectativas e regras claras.

Evite trabalhar como em um jogo de futebol de crianças, em que todos correm atrás da bola, achando que o jogo está disputado, com todos se esforçando, mas quem olha de fora vê a ineficiência.

A Dor e o Sabor de Liderar

Nesta seção, meu intuito é traçar uma espécie de framework que considero fundamental: trata-se, em suma, de um passo a passo que você poderá seguir a partir da sua chegada à nova organização (ou nova posição/desafio dentro da mesma empresa). Ele sintetiza o que orientei até aqui e reforça os pontos mais importantes.

Se está assumindo uma nova área, ou uma liderança pela primeira vez, é porque alguém ou algum grupo de pessoas confia em você. E o primeiro ponto é entender como alinhar essa missão com as expectativas de quem patrocinou a sua ida. Se lhe derem uma demanda, é importante entendê-la e perguntar caso tenha dúvidas; muitas pessoas erram por achar que entenderam o que foi pedido, ou já chegam fazendo coisas, e então descobrem que não estão alinhadas com o que precisa ser entregue — e depois se sentem injustiçadas por estarem trabalhando muito e a alta liderança não estar satisfeita com as entregas.

À medida que entendeu a expectativa, explore (no melhor sentido possível) muito com as pessoas; pergunte o que, na opinião delas, está indo bem, o que está indo mal, quais deveriam ser as prioridades. É natural que haja uma ansiedade de já querer chegar fazendo, de mostrar resultados, mas o ideal, antes de fazer qualquer mudança, é chegar, escutar o time e observar a dinâmica do ambiente.

Depois, concentre-se em entender a sua equipe. Após conversar com as pessoas e observá-las em determinados contextos, será possível minimamente identificar com quem você pode contar, quem vai contribuir, e quem pode atrapalhar. Então analise quem são as pessoas de quem você ainda precisa e não tem; se o time ainda está desfalcado; se será preciso preencher um gap e buscar alguém interna ou externamente; qual é o papel que cada pessoa vai ter; e de que recursos adicionais você precisa.

Desenhe um plano, concentrando-se: primeiro, na demanda que recebeu; em seguida, nas prioridades, definidas conforme o seu diagnóstico; nos recursos, humanos ou não, com os quais pode contar; de quais recursos adicionais precisa, como budget, outras áreas e tempo. Idealmente, você deveria apresentar esse plano ao seu líder ou aos seus patrocinadores, para fazer eventuais ajustes e ter o aval deles. E, claro, a construção do plano deveria ser conduzida em consonância com o time.

Aprovado o plano, defina como fará a gestão da rotina, as métricas, com que periodicidade fará as reuniões e as devolutivas (o Capítulo 16 deste livro o ajudará neste quesito).

OS PRIMEIROS PASSOS NA LIDERANÇA

Esse framework é fundamental para você conseguir ter certeza de que está no caminho certo, e, a partir disso, combinar com os stakeholders com que periodicidade vai se reportar a eles. É importante não sumir do radar e mostrar a evolução. Assim, você garante que não só está alinhado com seus stakeholders, mas também com o time, o que se reflete no progresso na entrega dos resultados.

> Ao assumir o seu time, é preciso prepará-lo, bem como a sua empresa, para os desafios de um mercado tão dinâmico como o atual. Sua visão de futuro, portanto, precisa ser estratégica e sua mente, aberta. Estas dicas do especialista em gestão orientada ao futuro, colunista da *Forbes* e autor best-seller Jacob Morgan sintetizam algumas das principais habilidades que, como líder, você não pode perder de vista:
>
> - Seja um líder flexível e curioso.
> - Equilibre as necessidades tecnológicas e humanas da organização.
> - Trabalhe em equipe, dando suporte ao time e aos seus pares.
> - Esteja aberto a novas culturas e à diversidade.
> - Prepare-se para vários cenários possíveis no mercado.
> - Desenvolva e use sua inteligência emocional.
> - Ouça e comunique-se com eficácia.
> - Ensine, engaje e motive o seu time.
> - Estude novas tecnologias e as adote quando for viável e estratégico.

A boa estratégia para crescer em uma organização é "cuidar do seu quadrado" entregando bons resultados e estabelecendo boas relações, em sintonia com a cultura da empresa. Se seus superiores gostarem do seu desempenho, naturalmente aumentarão suas atribuições — e é assim que você cresce cada vez mais o seu quadrado e consequentemente sua posição. Quem progride nas organizações costuma ter essa mentalidade. Ou eventualmente você mira outras oportunidades que lhe deem mais opções ou possibilidades de desenvolvimento.

Vale ressaltar que "cuidar bem do seu quadrado" também tem a ver com autonomia, a qual será preciso dosar. Lembre-se:

DELEGAR ≠ DELARGAR

Ainda, nem tudo o que você terá que executar está sob sua gestão direta. Então, para fazer as coisas acontecerem, certamente precisará de interação com outras áreas, clientes, fornecedores ou parceiros. Sua capacidade de liderança, portanto, precisa ir além da hierarquia, atuando perante pares ou até mesmo em relação ao seu gestor.

Com seu time, você terá um poder muito maior de combinar as regras do jogo; porém, com quem não está sob sua gestão direta, é preciso ter tato e se aproximar buscando ter influência, se necessário apelando para intermediários. Impor-se por meio da força significará que todo o resto deu errado.

Então você segue todas essas orientações... e seria tudo muito bonito, se as relações fossem apenas entre você e uma fábrica somente com robôs. Não se iluda ao longo deste capítulo achando que basta seguir esses passos que sua vida como gestor estará resolvida. Esse framework facilita muito, sim, o processo, e lhe dá um norte para que não se perca no caminho. Entretanto, o componente humano certamente é o maior desafio com o qual se deparará. Lembre-se: você está gerenciando pessoas, não processos.

Para o seu plano funcionar, esteja ciente de quais são os itens negociáveis, passíveis de flexibilizar de acordo com as normas, e os não negociáveis. Fatores negociáveis lhe fornecem uma margem para dedicar um tratamento individualizado com base no perfil, senioridade e expectativa do seu funcionário. Os não negociáveis, por sua vez, são a base que mantém a sua estrutura sólida.

Criar as conexões, ser empático e entender que cada indivíduo é diferente, e único, são fatores-chave. Tentar gerir dois funcionários da mesma forma é como tentar criar dois filhos como se fossem exatamente iguais — fazendo isso, a única certeza é que na melhor das hipóteses você está errando com um deles.

Com a palavra...

Flavio Silva
CEO da Bollhoff Brasil

Iniciei minha carreira profissional em meados da década de 1990 trabalhando na empresa da minha família; uma distribuidora de peças para o segmento automotivo. Cultura 100% local, de P-M porte, com processos estruturados, uma certa governança e tendo a maioria dos clientes nacionais, mas também alguns multinacionais.

Tive minha formação profissional em vários departamentos e em 2005 eu já estava atuando na diretoria quando fomos abordados por um gigante global do nosso segmento interessado em comprar a empresa. Após algumas rodadas de negociação, decidimos aceitar a oferta. Uma das condições para viabilizar o negócio, seria minha permanência à frente da operação para que a transição fosse tranquila.

De posição de dono para a de executivo; de uma cultura local para cultura global. Essa combinação foi extremamente desafiadora, mas também muito valiosa para o meu desenvolvimento profissional. Você não tem um treinamento para se adaptar a esse novo modus operandi e muito menos a musculatura adequada para enfrentar tal processo sem algumas cicatrizes. A adaptabilidade foi questão de sobrevivência.

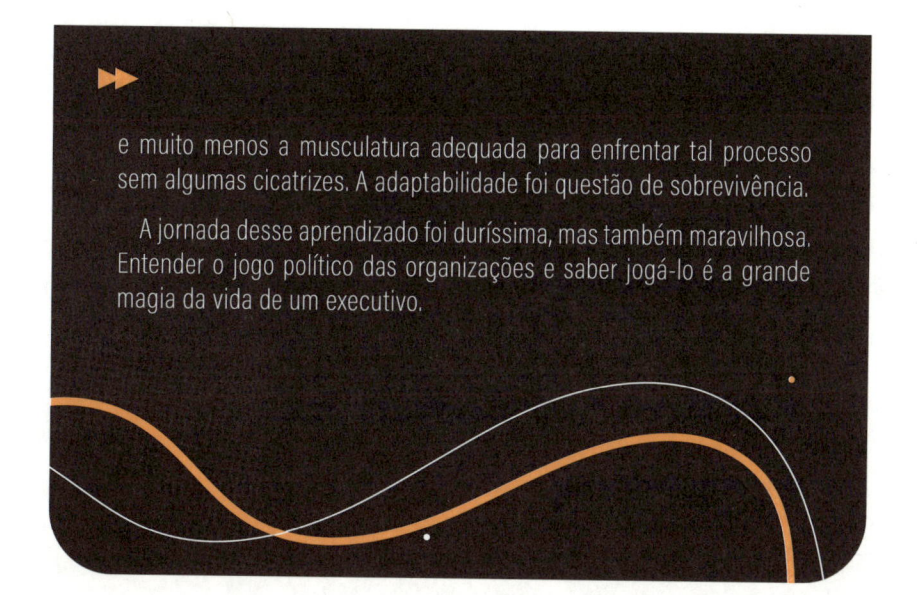

A jornada desse aprendizado foi duríssima, mas também maravilhosa. Entender o jogo político das organizações e saber jogá-lo é a grande magia da vida de um executivo.

Capítulo 15

Rumo à Escalação Campeã

Time bom poupa dor de cabeça e ajuda para que todos fiquem bem na fita e mexam os ponteiros dos stakeholders — já está mais do que claro que é isso o que importa! Mas existe uma fórmula para montar times vencedores? Alinhamento, engajamento, confiança, entrega (e outras coisinhas mais). Afinal, o objetivo não é bater na trave, mas sacudir a rede.

Cada Parte Importa

Ao chegar aqui, notará que esta parte já trata de uma etapa bastante complexa, porém muito interessante do processo de crescimento de carreira. Você pôde analisar e refletir a respeito de que tipo de profissional, e ser humano, é; o que o motiva; o que é fundamental e inegociável na sua vida e no seu trabalho, de acordo com os seus valores; de que modo se comunica; como equilibrar soft skills e hard skills; e como se desenvolver, seja individualmente, seja com o apoio de um mentor.

Percorrido esse caminho, que pode tê-lo levado a conquistar uma sonhada vaga, e até mesmo uma posição de liderança, é a hora de olhar para os lados e identificar quem seguirá nessa jornada com você, para fazer valer todo o esforço empreendido até então. Este é um chacoalhão, para lhe dizer que montar um time de alta performance é muito mais do que recrutar as pessoas certas, que tenham um determinado mix de habilidades, comportamentos e experiências.

A meu ver, um dos maiores erros de liderança é a ausência. Achar que é possível se ausentar porque acertou na contratação, e eventualmente até disse o que as pessoas tinham que fazer, acreditando que isso é o suficiente e que todos saberão executar, é uma cilada fácil de cair.

Quando pergunto aos altos executivos de sucesso "Qual é o segredo da liderança? Como ter resultados e alta performance?", comumente recebo respostas semelhantes: "Ter as melhores pessoas"; "Dar espaço para as pessoas trabalharem"; "Extraia o melhor da equipe"; "Ser um líder que escuta e tem empatia". Mas, na prática, aplicar tudo isso ao dia a dia é um tremendo desafio.

Como diz o ditado, o diabo mora nos detalhes — e esses detalhes estão diretamente relacionados à energia que o líder vai dedicar ao montar esse time, desenvolvê-lo, definir as prioridades e traçar um plano. Jim Collins, o memorável autor de *Empresas Feitas para Vencer* e também de *Feitas para Durar*, diz que se você tem mais que três prioridades, então você não tem nenhuma.

E, com o objetivo de montar o time correto, outro erro corriqueiro é querer contratar ou selecionar pessoas sem ter claro previamente quais são as prioridades e metas, e sem confrontar o desafio que o espera de forma bem delineada. Tem uma metáfora antiga no mundo da gestão que diz que todo líder deve ter as mesmas respostas que todos os pais dão às crianças que estão no banco de trás: "Aonde estamos indo?", "Como fazemos para chegar lá?", "Quanto tempo falta para chegar lá?" O líder precisa saber responder a essas perguntas para si mesmo e para o seu time, que busca diretivas.

De certa forma, este capítulo dialoga com os anteriores, no sentido de que priorizar e planejar devem sempre estar em foco. Mas, de novo, você só vai conseguir saber o que está procurando se tiver uma visão de floresta, a visão do todo, em vez de apenas uma visão de árvore.

A partir do momento que você tem o plano, sabe aonde quer ir e o que precisa executar, é chegada a hora da calibração do time. Ele poderá ser composto de pessoas que já estão com você, contudo, eventualmente terá que deixar algumas pessoas para trás, por não terem o perfil, comportamento ou experiência necessários; talvez tenha até que trazer gente de fora — da área ou da empresa.

No mundo ideal, o líder teria todo o tempo, dinheiro e pessoas necessários para executar um plano. Só que o mundo ideal não existe. O desafio, então, passa a ser encontrar o equilíbrio, com base no que temos e no que falta, e definir os riscos e a que dedicar mais energia.

Tendo isso em mente, se você está recrutando para uma posição pela qual já passaram outras pessoas, analise: qual é o histórico dessa posição? As pessoas que passaram por essa posição deram certo por quê? E as que deram errado, foi por quê? Qual é o histórico e o conhecimento acumulado dessa posição? Com base nisso, quais as habilidades, experiências e comportamentos que eu preciso? O que posso oferecer? A partir daí, comece a calibrar tendo também noção de o que seus competidores internos e externos buscam ao recrutar esses talentos específicos.

Ciente dos pré-requisitos, liste quais são as características negociáveis em um candidato, as quais você está disposto a flexibilizar, bem como os itens não negociáveis, que envolvam conhecimentos, experiências e comportamentos. Contudo, saiba que procurar um funcionário perfeito é como procurar uma namorada ou namorado perfeito — não existe.

Com os detalhes bem delimitados, comece a analisar suas opções. Se puder preencher uma posição com alguém que está dentro do time ou da empresa, dependendo apenas de uma transferência, é muito melhor. Caso esteja mirando alguém de fora, é preciso contar também com o fator velocidade (ou seja, precisa conquistar essa pessoa antes que o concorrente o faça), dependendo ainda da aprovação interna para prosseguir com a contratação, a fim de evitar conflitos de interesse e para poder ofertar um salário atrativo e dentro do escopo da organização.

```
                    ┌──────────────────────────────┐
                    │ QUERO RECRUTAR ALGUÉM DE     │
                    │ DENTRO OU DE FORA DA EMPRESA?│
                    └──────────────────────────────┘
                         ↓                    ↓
                      DENTRO               FORA
                         ↓                    ↓
```

DENTRO
- Alguém já cumpre os pré-requisitos para assumir a posição?
- Quais funcionários estão dispostos ou interessados em migrar de área?
- Quem são meus concorrentes internos?

FORA
- Selecionarei pessoas que venham de algum setor ou alguma posição específica?
- Por quais projetos a pessoa deve ter passado?
- Existe alguma limitação imposta devido a eventuais conflitos de interesse entre concorrentes de mercado?

Vá para o *hunting ground* — que é como chamamos a base utilizada para fazer essa busca — e estabeleça seus critérios, conforme o diagrama anterior. Então comece a analisar a história de pessoas que tiveram sucesso para ver se encontra componentes que façam sentido. É muito importante avaliar o quanto a pessoa vai ter que crescer junto com a posição e buscar um perfil que se adéque também a essa demanda. Ou o quanto essa posição pode crescer, para calibrar a ambição de quem você vai contratar.

Ao definir esses critérios, eu sempre digo que formação não é garantia de conhecimento, e conhecimento não é garantia de resultados. E o que você precisa, primordialmente, é de uma pessoa que atinja resultados. Então, mais do que simplesmente selecionar pela formação, avalie a capacidade da pessoa de percorrer este caminho elementar:

FORMAÇÃO → CONHECIMENTO → RESULTADOS

O objetivo com isso não é, de maneira alguma, descartar a faculdade pela qual uma pessoa passou ou os títulos que ela tem, mas entender o racional que está por trás dele. Entender o que ela fez para passar em um vestibular tão concorrido; como foi a experiência da faculdade; qual relação ela tinha com grupos ou diretórios e se teve oportunidades de exercer a liderança podem fornecer informações muito mais ricas do que simplesmente saber onde ela estudou. Vale lembrar que a relação do candidato com a música e o esporte também é um bom indicador, porque ambos exigem muita determinação, disciplina e comprometimento; além disso, demonstram a capacidade de transformar paixão em ação para atingir resultados.

Uma vez que as suas expectativas para a posição estejam alinhadas com o perfil definido, não tem certo e errado. Apenas lembre-se de que as expectativas do outro lado também importam, e muito: não adianta contratar alguém com o mix perfeito de conhecimento, habilidades e comportamento, se ele tiver pouca motivação para entregar resultados ou expectativas muito divergentes para o futuro. Não basta ser bom, tem que durar.

Com a palavra...

Magali Leite
CFO e Conselheira de empresas

Um dos principais propulsores da carreira clássica de finanças sempre foi o nível de conhecimento técnico dos profissionais da área. Esse porto seguro, ou essa garantia de estabilidade de carreira, vem sendo desafiado cada dia mais, principalmente com a aceleração digital e a transformação organizacional que a maioria dos setores vem experimentando. Dito isso, nunca foi muito natural para esses profissionais fazerem grandes movimentos fora dessa zona de conforto.

Ao contrário dessa tendência, algumas vezes experimentei mudanças radicais ao longo da carreira. Uma delas veio após muitos anos na trilha clássica de finanças, quando recebi o convite para assumir uma cadeira C-Level de supply chain em uma das maiores empresas de telecom da América Latina. Claramente, o diferencial que me proporcionou essa oportunidade teve a ver com um nível diferenciado de curiosidade a respeito dos negócios em que colaborei.

Quando participei do processo seletivo, ficou evidente o quanto eu conhecia os fundamentos da complexidade logística em negócios correlatos, principalmente porque essa é uma das melhores maneiras de entender a real contribuição de cada produto para o caixa das empresas. Essa habilidade, e a característica t-shape do meu perfil, foram essenciais para me convidarem.

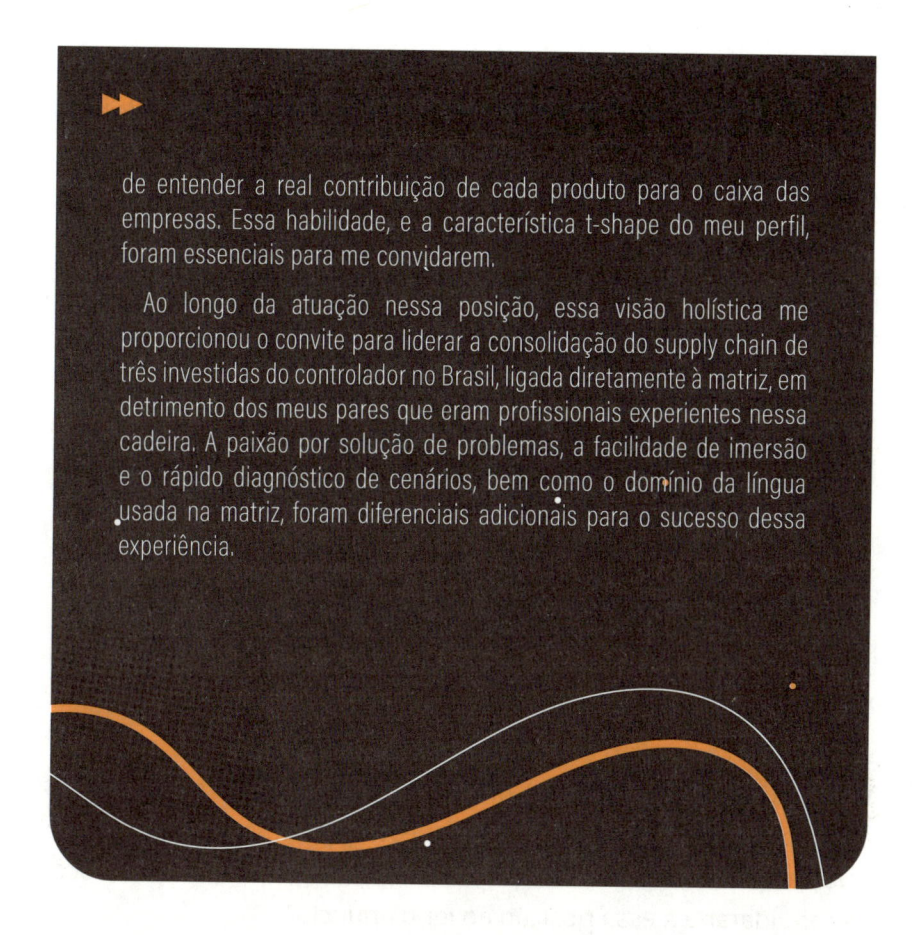

Ao longo da atuação nessa posição, essa visão holística me proporcionou o convite para liderar a consolidação do supply chain de três investidas do controlador no Brasil, ligada diretamente à matriz, em detrimento dos meus pares que eram profissionais experientes nessa cadeira. A paixão por solução de problemas, a facilidade de imersão e o rápido diagnóstico de cenários, bem como o domínio da língua usada na matriz, foram diferenciais adicionais para o sucesso dessa experiência.

Desapegue-se de Moldes

Tendo um desenho bem definido da posição a ser ocupada, agora é hora de analisar como essa contratação pode gerar impacto real e consequentes melhorias no time.

Aumentar a diversidade em seu time pode ser um aspecto bastante valoroso (falaremos um pouco mais sobre diversidade no

Capítulo 17) que trará diferentes perspectivas. Ainda, essa é a oportunidade de abrir espaço a alguém com determinado comportamento, conhecimento, habilidade ou atitude que esteja faltando no time e, assim, elevar o nível da equipe.

Independentemente de quais sejam as metas e prioridades previamente estabelecidas, um ponto de qualquer pessoa que deve sempre ser avaliado, a pergunta que você deve se fazer ao avaliar e contratar alguém deve ser: "Esta pessoa sobe a régua do time em quais aspectos? E desce a régua em quais aspectos?" Porque o impacto causado por este novo membro no time vai muito além da função que ele ocupará e terá influência direta na sua posição, na sua influência, nos seus resultados e no seu moral; praticamente todas as contratações impactam e modificam o modus operandi do time.

Mas como chegar a esses candidatos? A primeira possibilidade, e talvez a mais óbvia, é publicar a vaga nos meios de comunicação da empresa (site, mídias sociais ou sites de terceiros nos quais a empresa costuma divulgar as posições em aberto). Escreva uma descrição bem detalhada do que espera da posição e quais são os desafios. O retorno dos candidatos estará diretamente ligado ao quão atrativos são a sua empresa e o projeto dessa posição. Você se candidataria a essa posição ao ler o anúncio?

A outra possibilidade é selecionar candidatos de bancos de dados, sejam pagos ou gratuitos, adequados à posição que pretende preencher e buscar pelo perfil previamente definido. No processo de *hunting*, você, ou um profissional especificamente capacitado para essa busca, "sai à caça" de profissionais com o perfil desejado e os contata diretamente. Essa ferramenta é importante quando você já tem claro quais profissionais as empresas têm como alvo.

Por último, há as indicações, que podem vir tanto do seu networking quanto de funcionários; existem empresas, inclusive, que têm programas de recompensas para funcionários que indicam profissionais que sejam contratados. Mas é importante dizer que, no processo de recrutamento, a maior chance de a contratação dar certo sem que você tenha que oferecer grandes salários ou fazer concessões reside no candidato que está buscando a oportunidade, e não sendo buscado.

Por essa razão, é preciso estar ciente de quais são os elementos-chave para poder atrair os melhores, que se adéquam ao seu ambiente. O primeiro deles é a atratividade — as pessoas querem trabalhar com quem se identificam ou aspiram estar próximas para se desenvolver. Por isso vale esta velha máxima: "Os melhores atraem os melhores." A cultura da empresa, pautada em um ambiente agradável onde as pessoas possam ser elas mesmo, também é fundamental nesse sentido; sendo o segundo elemento-chave. Já o terceiro é o employer branding, isso é, a imagem que a empresa constrói e divulga de si mesma como empregadora, e não só como produtora de um serviço ou produto no mercado, mas no seu propósito, no impacto que quer deixar para a sociedade. Isso faz com que o público a enxergue como uma marca bacana para se trabalhar. Um bom exemplo é o Nubank no Brasil, que, devido à abordagem leve, dinâmica e criativa, criou uma força muito grande no mercado e consegue atrair bons talentos.

A ideia de que "One size fits all", ou seja, a de que uma abordagem "tamanho único" pode ser usada em todo o processo de recrutamento, não se aplica aqui. A estratégia que estou propondo é justamente a contrária: "One size does not fits all", porque não dá para ter a mesma abordagem para selecionar candidatos de diferentes áreas ou níveis de senioridade. Um banco de dados que seja muito bom para consultar candidatos na área de tecnologia não necessariamente é o melhor para a área de vendas. Você pode pedir indicações para uma coordenação ou gerência em aberto, mas não pede indicações publicamente para uma vaga de CEO, ou de diretor, ou quando precisa fazer uma substituição. É preciso personalizar.

Hoje, quando falamos de recrutamento, é impossível desenhar qualquer estratégia sem pensar em social media — muito além do LinkedIn. Social media são todas as redes nas quais o candidato que você busca eventualmente esteja presente. E vale lembrar que esse candidato não será atraído simplesmente pela publicação da sua vaga no LinkedIn ou em qualquer outra rede social; na verdade, caso queira seguir por esse caminho, você deve pensar em como começar uma conversa com esses potenciais talentos muito antes de precisar contratar. O contato prévio e a geração de conteúdo de valor nas redes fazem com que esse profissional, esse talento, queira ficar próximo de você. Independentemente de você estar contratando ou de ele estar buscando ou não uma posição, é interesse já plantar essa semente.

E é aí que a criatividade entra em jogo. A minha própria atuação no Instagram e no LinkedIn é um exemplo disso. Atualmente, uma parte importante das contratações que tenho feito são de pessoas que me seguem, acompanham meu conteúdo, gostam da minha forma de pensar e de propor soluções, e se interessam em ter uma conversa de carreira comigo. Isso vem me ajudando muito, tanto para contratar para a minha empresa, quanto também a contratar para os clientes que nós atendemos.

O Spotify envia playlists personalizadas aos candidatos, encorajando-os a participar do processo seletivo, com músicas com títulos sugestivos, como "Headhunter" e "Talent Magnet". Já a Zappos costumava postar em seu site um vídeo dos funcionários vestindo fantasias, brincando com NERFs ou cantando no Karaokê, para mostrar um pouco do ambiente. Isso é fundamental para mostrar um pouco da empresa e do time, indo além de uma job description quadrada e valoriza muito o employer branding.

Portanto, o líder jamais deve terceirizar a seleção totalmente para o RH. Sem dúvida nenhuma, o departamento de recursos humanos ou as empresas de recrutamento darão um suporte valioso ao processo, mas é imprescindível que o gestor faça o contato cara a cara e defina quem será contratado.

Cada empresa tem uma forma de operacionalizar esse recrutamento. Existem empresas nas quais não há nenhum suporte extra, e o gestor é responsável por correr atrás de todo mundo, fazer as entrevistas e definir a pessoa que será contratada. Em outras, existe um RH interno, com recrutadores, bastante eficiente para ajudar no processo. Algumas empresas têm a estrutura de RH, mas ela por si só é ineficiente, seja pelo volume da demanda, ou pela falta de habilidades do setor. Existem organizações, por sua vez, que terceirizam o processo para empresas de recrutamento, como a Michael Page, por exemplo.

Qualquer empresa ou área interna que vá auxiliar no processo precisa estar extremamente alinhada com você. A intenção é colocar no funil o maior volume possível de pessoas com as qualificações predeterminadas, para filtrar nas etapas seguintes, como se fosse um funil de vendas. Afinal, queremos filtrar por habilidades e conhecimentos e depois contratar por comportamentos e valores.

Você tem que trabalhar duro no mapeamento. As empresas de recrutamento costumam analisar mais de 500 currículos para cada posição; falar ao telefone com, pelo menos, 70 candidatos; entrevistar de 20 a 30; e a partir daí encaminhar 5 finalistas para a empresa. Então, toda vez que achar que não está conseguindo preencher determinada posição porque o perfil que você busca não existe, pense nesse volume: será que o candidato desejado não ficou perdido entre tantos? Nenhum recrutador tem uma fábrica de candidatos perfeitos — eu adoraria ter uma! —, mas é preciso garantir que, dentro da maior amostragem possível, esteja selecionando a melhor opção.

É necessário ter cuidado ao planejar essas etapas e a avaliação, para visualizar eventuais gargalos. No mundo ideal, você incluiria inúmeros testes na seleção (teste comportamental, técnico, de experiência) e finalizaria com a entrevista. Contudo, além de esses testes terem muitos vieses e nem sempre refletirem a realidade, talvez os candidatos não estejam interessados em investir um tempão em fazê-los e desistam do processo. Então o que você precisa é arquitetar essa dinâmica.

Um bom recrutamento consiste em três ferramentas:

- Uma boa entrevista: que depende da habilidade do entrevistador.
- Um bom teste: seja técnico, comportamental, de valores; ou solução de um case. Existem muitos no mercado que podem ajudá-lo.
- Boa coleta e análise de referências: as referências são muito importantes, e talvez este seja um dos maiores erros que vejo no Brasil — a quantidade de gente que é contratada sem que suas referências sejam verificadas; algumas empresas contatam apenas o contato de referência indicado pelo candidato, porém, depois de tantos anos como headhunter, eu nunca vi uma pessoa indicar um contato de referência que possa falar coisas negativas sobre ela. Aqui, até mesmo seu networking pode ajudá-lo a saber mais sobre esse candidato.

Esses são os três pilares para o recrutamento; entretanto, se não tiver um norte muito claro do que quer das pessoas que vai avaliar — e não há problema em mudar de ideia durante o processo, conforme faz novas descobertas e confronta a realidade do mercado —, não tem ferramenta que faça milagre para você.

Um desafio aqui é administrar o próprio viés de confirmação. Inconscientemente, formamos uma opinião a respeito das pessoas em menos de dez segundos e depois saímos em busca de motivos racionais para justificar a decisão já tomada pelo irracional. Para escapar disso, é preciso um modo de se concentrar em critérios lógicos.

Monte uma lista com os critérios que quer avaliar — "Então quero avaliar esse comportamento, essa experiência, esse *fit* com a cultura da empresa" — e, conforme for entrevistando e os candidatos avançarem no processo, crie uma matriz em que possa dar uma nota de 1 a 5 para cada um desses critérios, definidos previamente, a fim de tornar a avaliação mais objetiva.

	Fit Cultural	Comunicação e Sociabilidade	Experiência em Projetos	Total
João	3	4	2	9
Marina	5	5	4	13
Otto	4	5	3	12
Marcia	2	3	5	10

Com esse mapa claro, começa a ficar mais fácil definir qual é o papel de cada entrevistador. Muitas vezes, um erro que as empresas cometem é que os entrevistadores não se falam, não combinam um papel, não trocam informações de uma etapa de entrevista para a outra com o mesmo candidato. Assim, além de o processo ficar superchato para o candidato, porque muitas vezes ele está repetindo as mesmas coisas, todo mundo perde tempo e sempre começa cada etapa do zero.

Todos os entrevistadores devem ser livres para dar seu ponto de vista sobre o que é esperado da posição, e sobre qual é a expectativa da interação entre áreas. É preciso, contudo, que exista alinhamento entre todos os envolvidos. Se escolherem a abordagem *"good cop, bad cop"*, um ser o "policial bonzinho" e o outro, o "malvado", isso deve ser combinado previamente.

Não deixe a pressa atropelá-lo. Com frequência, vejo empresas que têm um bom processo de recrutamento desenhado, só que toda vez chega uma posição que precisa ser preenchida com urgência, e o plano é automaticamente deixado de lado. Cuidado para não deixar que tudo vire exceção.

Elabore um estudo de caso, ou simule uma situação incomum que a pessoa possa viver no cargo, para avaliar o que ela faria, qual é a base de análise dela sobre tal decisão, porque isso diz muito sobre os resultados que ela entregará. Caso atue com comércio exterior, por exemplo, pergunte o que ela faria caso enviasse uma carga e só depois descobrisse que o país de destino impõe regras rígidas para o recebimento desse determinado produto: ela acionaria os órgãos competentes a fim de lidar com os desembaraços aduaneiros? Providenciaria eventuais documentações necessárias enquanto a carga ainda está em trânsito? Assumiria o prejuízo do frete?

Vá além das perguntas técnicas e óbvias, e evite perguntar só o que está no currículo. Direcione a entrevista para obter respostas baseadas em competências, tendo em mente o modelo STAR, definido no Capítulo 12, que é baseado em descrever uma situação; detalhar a tarefa esperada para aquele cenário; narrar a ação usada para sanar o problema; e mensurar o resultado final.

Ao entrevistar, gosto de fazer algumas perguntas e, então, entrar no racional de cada uma delas (a razão pela qual elas são relevantes para o processo seletivo), por exemplo:

- **Quando as pessoas não gostam de você, normalmente qual é o motivo?**

    Eu quero saber se essa pessoa tem autoconhecimento, como ela se percebe no ambiente e se consegue perceber quando vacila. Esse é o tipo de pergunta que não tem resposta certa, mas tem duas muito erradas. A primeira: "Olha, normalmente todos gostam de mim"; ao ouvir isso, eu até brinco e falo "Poxa, nem Jesus Cristo agradou a todo mundo, e nós temos aqui o primeiro caso de alguém que agrada a todos!" E a segunda resposta muito errada: "Sabe que, quando as pessoas não gostam de mim, normalmente elas não falam..."; ora, isso é claro, normalmente é assim mesmo, mas cabe à pessoa perceber isso e discernir as razões.

- **De qual parte do currículo você tem mais orgulho?**

    Isso dá pistas muito importantes sobre o propósito, a paixão e a força motriz da pessoa.

- **Conte-me sobre uma dificuldade que você teve.**

    Um dos grandes erros em processos seletivos é explorar apenas o que deu certo, sendo que aprendemos muito com o que deu errado. Costumo até brincar que currículo é igual a epitáfio, só tem coisa boa — você nunca vê uma lápide escrita "Aqui jaz um sacana que devia para o cunhado". Eu não gostaria de contratar alguém que só acertou, porque ele talvez venha a errar justamente na minha empresa e não saberá como lidar. Prefiro contratar alguém que tenha cometido erros, aprendido e venha justamente para me ajudar a não cometê-los também.

- **Se eu ligar para a sua empresa anterior, quais referências vou ouvir?**

    Isso também ajuda a entender como a pessoa se percebe no ambiente e é possível comparar, inclusive, a leitura que ela tem de si com as referências que serão tomadas posteriormente.

- **O que não está em seu currículo que eu deveria saber?**

    Para além do que está escrito no currículo, essa pergunta geralmente demonstra como o candidato é como pessoa.

- **Que fatores da sua vida o fazem ser quem você é hoje?**

    De novo, ir além do currículo e conhecer um pouco do que a pessoa passou ao longo da vida e o que a formou ajuda a entender como ela baliza as experiências.

Considere que uma parte importante das pessoas vai exagerar um pouco no que diz sobre si mesma; uma parte talvez chegue até a mentir. Mais do que para saber o que é verdade, verificar as referências é importante para evitar um ponto de vista distorcido do candidato e avaliar a credibilidade dele. Outras, talvez por timidez ou insegurança, deixaram de falar tudo do que são capazes, e você precisa então saber extrair essas informações — sim, entrevistar não é tão simples quanto pode parecer em um primeiro momento.

Na hora em que estiver avaliando, mais do que os resultados passados, é preciso avaliar qual foi a atitude, o comprometimento e a resiliência para chegar a esses resultados. O ser humano tende a repetir comportamentos, então este é um fator-chave: um ótimo resultado pelo qual a pessoa não precisou se esforçar tanto pode ter sido sorte ou ter sofrido influência do time; um resultado ruim, porém precedido de uma trajetória de muita resiliência, esforço e governança, que gerou bons aprendizados, pode ser ainda mais enriquecedor.

Recrutar dessa maneira fará com que você conheça a pessoa além do profissional. Vários livros de gestão falam: "Contrate pessoas diferentes de você." Só que essa é uma frase incompleta. A meu ver, a perspectiva certa é: contrate pessoas diferentes de você, mas que compartilhem dos mesmos valores. Essa condição é o que faz toda a diferença, porque pessoas diferentes, sem dúvida nenhuma, se complementam e são fundamentais para o sucesso do time, entretanto, se não compartilharem os mesmos valores, dificilmente vai dar certo.

Algumas empresas de tecnologia no Vale do Silício ranqueiam colaboradores que não são do RH para que atuem como entrevistadores. Além disso, os profissionais que são contratados têm a performance avaliada nos primeiros doze meses; quanto mais eficiente a contratação, mais pontos ganha o entrevistador, que vai conquistando status dentro da empresa, o que pode resultar em promoções, bônus e o torna mais visado para ser considerado como entrevistador em outros processos seletivos.

Eu sempre digo que, depois de checar as referências, principalmente se o contato foi todo virtual, é bacana tentar conhecer o candidato em outro ambiente, se possível presencialmente, seja para tomar um café ou almoçar, porque isso permite capturar muitos outros detalhes. Observe, por exemplo, como a pessoa lida com distrações; como divide a conversa entre os interlocutores (caso você esteja com mais alguém da empresa); como ela trata o garçom; como ela escuta e o quanto fala.

Falamos muito sobre a formação da cultura de uma empresa; portanto, é preciso ter em mente que as quatro formas mais potentes por meio das quais a cultura se forma são:

1. quem você contrata;
2. a quem você dá aumento;
3. quem você promove;
4. e quem você demite.

Por fim, quando estiver avaliando "Será que essa pessoa tem a mesma cultura e os mesmos valores que eu?", faça uma pergunta simples a si mesmo: "Eu chamaria essa pessoa para um almoço de família e me sentiria confortável com ela?" Essa é uma boa análise para avaliar se você está no caminho certo.

> **Oito Passos para Usar as Redes Sociais como Aliadas no Processo de Recrutamento**
>
> As redes sociais hoje são uma ferramenta vital para o processo de recrutamento. Em seu livro *Social Media Recruitment: How to successfully integrate social media into recruitment strategy* (*Recrutamento pelas Redes Sociais: Como ser bem-sucedido ao integrar as redes sociais à estratégia de recrutamento*, em tradução livre), o especialista em recrutamento e autor best-seller Andy Headworth indica oito passos para elaborar um framework de sucesso, a fim de usar essa ferramenta de maneira inteligente e efetiva:
>
> 1. **Determine os objetivos:** defina o que você espera de cada uma das redes sociais utilizadas e direcione o foco para esse fim.
>
> 2. **Defina seu público:** tenha em mente qual é o perfil do candidato ideal para a posição e, então, busque-o na rede.
>
> 3. **Escolha a rede social a ser utilizada:** selecione qual delas tem mais a ver com o perfil que você busca. Profissionais de marketing e publicidade, voltados a tendências, podem ser identificados no Instagram; gestores e executivos, no LinkedIn, por exemplo.

4. Busque ajuda no seu time: identifique na equipe quem já tem familiaridade com essas redes e peça ajuda ou sugestões durante a busca.

5. Forneça treinamento: uma possibilidade interessante é a empresa treinar os colaboradores a fim de que eles possam ajudar ainda mais a identificar nas redes talentos com potencial para contribuir para o time.

6. Elabore uma estratégia de criação e publicação de conteúdo: para ter atratividade nas redes, a organização, o recrutador ou o gestor deve publicar conteúdos interessantes relacionados ao mercado e/ou à posição e que criem engajamento.

7. Mensure: use métricas e ferramentas de analytics, para avaliar quão bem-sucedida tem sido sua estratégia nas redes sociais e quanta repercussão e engajamento ela tem gerado.

8. Monitore: acompanhe os comentários online a respeito da sua empresa (tanto de colaboradores quanto de clientes) e dos produtos ou serviços prestados.

Normalmente, é tão difícil encontrar o candidato certo, que contratamos o "menos pior", ou nos enganamos ao não querer enxergar os pontos fracos e comprometedores do profissional. Na maior parte das vezes, é aí que dá errado. Por isso, filtre por experiência e conhecimento técnico, mas não vire as costas para atitudes e valores. Só então esteja preparado para fazer uma proposta.

O Todo É Maior do que a Soma das Partes

De tudo o que falamos até agora sobre o recrutamento, o mais importante é ter claro o que norteia alguém que terá alta performance. Sabemos que experiência anterior não necessariamente é garantia de sucesso. Como assim? Por exemplo, um médico que já fez mais de mil cirurgias naquela determinada especialidade certamente desenvolveu uma eficiência que faz toda a diferença; ou um piloto de avião que tenha mais de 15 mil horas certamente já passou por muitas experiências que o tornaram muito mais habilidoso.

Mas a maior parte das posições não segue uma sequência tão lógica de experiência a ser utilizada como um piloto de avião ou um médico. (Nas faculdades de letras, costuma-se brincar que medicina é muito mais fácil do que linguística, porque um rim é sempre um rim; já a língua está em constante transformação.) Por isso, o histórico de solucionar problemas e a visão sistêmica somados à bagagem de experiências pode resultar em uma performance muito mais valiosa do que trinta anos de experiência sem esse mix de qualidades.

Nesse sentido, o real interesse do candidato em assumir a função, os projetos, enfrentar os desafios, bem como vivenciar a cultura e os valores da empresa deve ser levado em conta desde o princípio da avaliação. É um risco contratar alguém que não se identifica com o que ela vai encontrar.

Portanto, da mesma forma que se fala muito sobre a experiência do cliente ao longo do processo de compra, dos primeiros contatos que ele tem com a empresa e o produto até decidir comprar, passando para o pós-venda, deveríamos olhar qual é a experiência do candidato. Como ele teve contato com as primeiras informações sobre a empresa e a posição; qual foi a experiência em preencher os primeiros formulários e mandar o currículo.

E tudo isso é importante por três aspectos:

1. engajar o participante ajuda a empresa a não perder muita gente boa que gostaria de trabalhar lá, mas que não se engaja, e não tem paciência ao longo do processo seletivo porque a experiência não é positiva;

2. a imagem que a empresa deixa no processo servirá como referência para um futuro cliente e no employer branding dela;

3. as informações que o candidato terá no processo seletivo servem como ponte para o onboarding, facilitando (ou não) a "integração".

Muitas vezes as dinâmicas são tão distintas, e tão distantes, que a experiência que o candidato teve ao longo do processo seletivo não necessariamente conversa com o onboarding. O que é um paradoxo, pois o recrutamento deveria estar diretamente ligado a ele.

Por essas razões, empresas que conseguem fazer o onboarding dos profissionais contratados mais rápido conquistam uma vantagem competitiva, porque têm um retorno mais rápido das contratações e reduzem o risco de as pessoas deixarem a companhia em um espaço de tempo mais curto do que deveriam. Esse é um tema que vem ganhando cada vez mais força porque, se antigamente você tinha profissionais que ficavam 20 anos numa empresa, hoje eles ficam cada vez menos tempo, às vezes até mesmo entre 2 ou 3 anos. Então, caso a rotatividade seja alta, o retorno do investimento da contratação em formato de performance não acontece.

Um bom programa de onboarding não se limita à primeira semana. Recomenda-se atualmente um programa de, pelo menos, doze meses, que, obviamente, é muito mais intenso nas primeiras semanas, mas se estende ao longo do ano até que o funcionário realmente se encaixe e faça parte da casa.

E vale lembrar que, como em tudo na vida, a primeira impressão é a que fica. Nesse caso, ela começa no processo seletivo, que é o primeiro contato, e se solidifica no onboarding. Um primeiro dia especial na empresa; uma empresa organizada; bons relacionamentos interpessoais; e receptividade, sem dúvida, fazem toda a diferença.

Durante o processo de socialização organizacional, os recém-contratados ainda lidam com múltiplas incertezas na nova posição, com dúvidas a respeito de terem feito ou não a melhor escolha ao aceitar a posição em determinada empresa e inseguranças quanto a se terão aderência à cultura da organização. Nesse período de dúvidas, o recém-contratado pode ser abordado para outras oportunidades no mercado de trabalho e, eventualmente, até continuar participando dos processos seletivos que já estavam em andamento. À medida que a insegurança sobre a escolha cresce, ele pode inclusive intensificar a busca por outros processos seletivos para que a correção de rota na carreira seja ajustada o mais rápido possível.

Framework para um Onboarding Vencedor

- **Proporcione um primeiro dia especial para os novos funcionários.** Encontre-se com eles, assegure-se de que saibam onde fica o banheiro, onde almoçar e que não fiquem perdidos ou desacompanhados.

- **Reconheça seu papel como gestor.** Dedique um tempo aos recém-chegados e faça com que se sintam bem-vindos e acolhidos. A postura do líder transmite sinais poderosos que impactam diretamente a primeira impressão.

- **Verifique se tudo está indo bem.** Confirme com quem estiver acompanhando os novos colaboradores se eles aparentam estar à vontade e se todas as dúvidas foram sanadas. Se possível, dedique um tempo para responder a eventuais questões no fim do primeiro dia ou semana.

- **Lembre-se de que os novos funcionários sempre querem causar uma boa impressão.** Mantenha uma atitude positiva e demonstre o quanto está satisfeito com a chegada deles.

- **Apresente e explique as regras e os procedimentos internos logo no início.** A melhor forma de familiarizar a todos com as normas internas é dedicar-se a apresentá-las e explicá-las logo no início, para não pegar ninguém de surpresa com uma advertência e gerar mal-estar.

- **Seja consistente com o processo de onboarding.** A recepção dos novatos deve ser a mesma para todos os colaboradores a qualquer tempo, salvo as particularidades de certos setores ou atualizações dos procedimentos. Assim, todos se verão como iguais.

- **Assegure-se de que os valores e a cultura da empresa se reflitam na chegada.** Esta é uma etapa vital para demonstrar com exemplos a solidez e a coerência da cultura da empresa, a fim de que os colaboradores se envolvam com ela dali em diante.

- **Estabeleça períodos para dar devolutivas e verificar o andamento da integração.** Dar feedbacks após uma semana, um mês, dois meses, três meses e seis meses é uma boa estratégia, bem como receber devolutivas dos colaboradores.

Com a palavra...

Jean Nogueira
Diretor-executivo de Gente e Cultura — Gol Linhas Áreas

Em nossa trajetória de vida, seja no âmbito pessoal ou profissional, desenvolvemos traços que nos fazem assumir características singulares na forma com a qual lidamos com os problemas do cotidiano. A única certeza é que estaremos sempre cercados por desafios e fazendo uma gestão de conflitos ininterrupta. Isso não deve gerar medo ou angústia, pois são processos fundamentais para nos reinventarmos e consolidarmos uma caminhada coerente com os nossos aprendizados e vitórias.

Nos últimos anos, tive a oportunidade de fazer reflexões sobre o futuro e desenvolver um projeto denso de transformação de cultura organizacional. Aprendi que cultura traduz a forma como agimos e nos comportamos em grupo e que, em uma empresa, ela dita o grau de maturidade e de reconhecimento dos indivíduos dentro do grupo. Aqui as singularidades convergem para o objetivo e foco do negócio, com traços de um organismo novo que surge a partir da condensação do perfil único gerado por aquele grupo. Quando essa sinergia atinge um nível consistente, a cultura acaba contribuindo significativamente na experiência do colaborador, como uma retroalimentação do negócio. Numa ciranda natural, não forçada e que colhe frutos de um processo de reconhecimento de fragilidades e conversas muito corajosas. A cultura numa organização é o fio condutor dessa jornada de fortalecimento individual, coletivo e do próprio negócio, como uma teia que se interliga em uma comunicação humana. A arte de comunicar e criar propósito em conjunto é fundamental para o resultado de uma cultura única e frutífera.

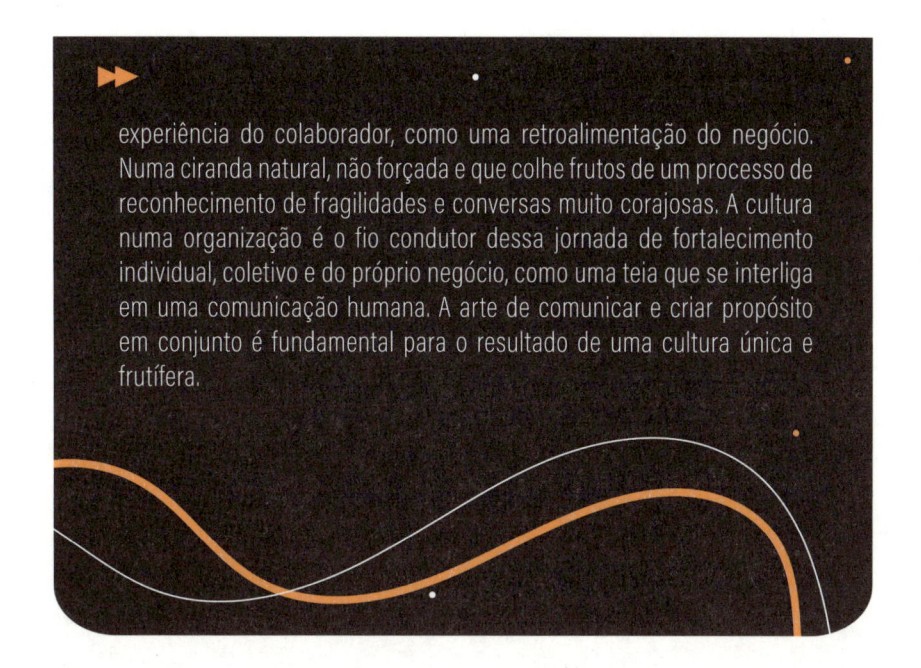

Capítulo 16

O Outro Lado do Espelho da Alta Performance

Objetos tão triviais no nosso dia a dia, os espelhos carregam várias míticas: a de que a imagem que vemos de nós mesmos nunca será perfeita e, portanto, nunca conheceremos exatamente a nossa aparência; a de que há seres misteriosos vivendo do outro lado do espelho ou fazendo peripécias pelas nossas costas enquanto os observamos; e a própria Alice, no clássico livro, quando se aventurou através do espelho, se deparou com um complexo xadrez de vida ou morte.

Agora, iniciaremos a nossa viagem através do espelho. Tivemos várias oportunidades de refletir sobre os temas abordados neste capítulo ao longo deste livro. Porém, a partir daqui, os trataremos sob a perspectiva do lado invertido: a do líder.

Plano de Desenvolvimento Individual — PDI

O gestor precisa munir-se de ferramentas que o ajudem a conduzir a própria trajetória, mas também que lhe permitam colaborar para o desenvolvimento dos seus funcionários. Nesse sentido, o plano de desenvolvimento individual (PDI) nada mais é do que um mapa de onde você está até onde quer chegar. Mas um mapa só é bom se for claro e suas rotas forem bem delineadas, caso contrário só servirá para confundir e deixá-lo ainda mais perdido. Portanto, o PDI deve ser elaborado como um plano de ação, baseado na autoconsciência, nos valores, reflexões e definição de metas, visando a atingir um objetivo — que pode ser tanto de carreira, educação, relacionamento ou de desenvolvimento pessoal (nosso foco, neste livro, é carreira, mas saiba que você pode ir muito além com ele).

A vantagem do PDI é que, além de dar o caminho de forma clara para se chegar ao objetivo, ele permite mensurar esse avanço. Um erro bastante comum é alguém notar que precisa se desenvolver, mas não ter nitidez de como fazê-lo; então, mesmo ciente da própria meta, ele não sabe como esse desenvolvimento será medido. O PDI, alinhado ao feedback, é fundamental para que tanto o gestor quanto o colaborador avaliem e mensurem os avanços com objetividade.

Ao longo do tempo, é natural que você identifique diversos pontos de desenvolvimento e melhoria, mas, se não priorizar o que mais importa, existe uma chance de usar seu tempo em coisas que não necessariamente farão diferença e acabar se desgastando. Esse plano lhe permite, então, concentrar energia no que realmente mexe os ponteiros na sua carreira.

E o que não dever faltar em um bom PDI? Primeiro, saber quais são os objetivos de desenvolvimento, de forma clara, e por que você tem que desenvolver esses objetivos; então, motivação para chegar aonde quer. Um bom PDI não deveria passar de três itens de desenvolvimento (no máximo cinco, se não der para escapar, afinal, se você tem muitas prioridades, significa que não tem prioridade alguma), então, escolha-os muito bem. A seguir, defina as ações para desenvolver cada um dos pontos escolhidos e as métricas que utilizará para mensurá-los.

Baseie-se no modelo de metas SMART para elaborar seu plano:

S	M	A	R	T
Específico (specific)	Mensurável (measurable)	Atingível (achievable)	Relevante (relevant)	Temporal (time bound)
O que você busca?	Como saberá que alcançou a meta?	É possível alcançar esta meta?	Qual o impacto desta meta?	Quando você deseja atingir a sua meta?

O PDI é uma ferramenta muito boa, vale dizer, mas infelizmente não é mágica. Ela precisa vir acompanhada de uma boa estratégia (e depois uma grande dose de ação e dedicação). Por essa razão, todos os seus pontos norteadores devem estar delineados, bem como o *roadmap* a ser seguido ao longo desse processo.

O OUTRO LADO DO ESPELHO DA ALTA PERFORMANCE

Um plano de ação eficaz pode ser alcançado por meio da definição do 5W2H:

- *Where* (onde).
- *When* (quando).
- *What* (o quê).
- *Why* (por quê).
- *Who* (quem).
- *How* (como).
- *How much* (quanto).

Uma dúvida bastante comum é se devemos focar os pontos fortes ou os pontos fracos durante a elaboração do plano. O que eu costumo dizer é que você deveria potencializar sempre os seus pontos fortes, mas precisa, sim, lidar com os seus pontos fracos a fim de minimizá-los até que deixem de ser um empecilho. O equilíbrio-chave, portanto, é potencializar os pontos fortes e mitigar os fracos até que estes parem de impactar seus resultados. E talvez alguns desses pontos fracos continuem a ser o seu ponto de atenção; afinal a gente tropeça em pedra, e não em montanhas.

O plano, como o próprio nome diz, é individual e deve ser elaborado pelo próprio interessado. Contudo, ele pode designar pessoas capazes de o ajudarem a cada estágio, por exemplo, quando for necessário acionar alguns contatos. Mas reforço: o desenvolvimento do colaborador, independentemente da posição na cadeia hierárquica, depende majoritariamente dele, e não da empresa — e isso também vale para você, gestor.

> O PDI deve ser elaborado após uma avaliação de desempenho e ser baseado em dados, nunca em achismos. Sobretudo, ele tem que ser construído a quatro mãos, com líder e liderado em comum acordo.
>
> Existem várias situações em que você, gestor, pode ajudar na construção do PDI de alguém:
>
> - Ao conversar com um profissional sobre a progressão de carreira dele de uma maneira mais tradicional.
> - Quando algum funcionário está passando por um momento desafiador, prestes a ser demitido, mas você entende que é possível corrigir os pontos mais críticos.
> - Quando alguém que foi promovido recentemente acaba de chegar ao cargo (nesse caso, tendo como vista que este funcionário já tem PDI, a PDI é revisitada porque algumas prioridades mudam).
> - Ao ouvir do colaborador que ele precisa de ajuda para atingir metas de desenvolvimento alcançáveis.

O caminho ideal para que o gestor colabore para o PDI do funcionário deve começar com uma reunião para falar desse plano, após a avaliação de performance. Essa conversa serve para definir, de maneira personalizada, cada um dos componentes do plano 5W2H; entender, então, como o gestor pode suportar esse desenvolvimento em alguns aspectos; combinar os encontros periódicos, nos quais o liderado trará as evidências de por que entende estar evoluindo ou não, e o gestor fará o mesmo, sob a perspectiva dele. Então, ambos se comprometem a cumprir sua parte no processo de desenvolvimento e com prazos claros, com expectativas alinhadas. Seria um erro grosseiro só o líder propor e se envolver com o PDI, e entregá-lo pronto na mão do liderado que não enxerga valor naquilo que está sendo proposto.

Busque eliminar o fator subjetividade. Muitas vezes, as pessoas chegam ao ponto absurdo de não saber se serão promovidas ou demitidas, de tão no escuro que elas estão. Dessa forma, falando de resultados e desenvolvimento, todos estarão na mesma página.

Gestor, não caia na cilada de se esquivar do propósito de elaborar um plano de desenvolvimento *individual* com seus funcionários. Um plano generalista, para ser usado por diversas pessoas, foge totalmente ao escopo do PDI (talvez possa ser chamado de treinamento, mas nunca de PDI). Sentar individualmente com o colaborador, e elaborar com ele um plano a quatro mãos, transmite uma mensagem importante de que o líder está comprometido com a equipe e com cada um dos liderados.

É triste (e corriqueiro) quando o gestor consegue identificar os pontos de melhoria, mas não conhece quais são as melhores ferramentas para desenvolvê-los. Existe o caso clássico de funcionários que precisavam ser desenvolvidos em liderança e foram colocados em MBA de Gestão Estratégica de Pessoas. Procure o RH ou pessoas mais experientes com quem você possa discutir sobre a melhor ferramenta.

Outro erro comum é colocar apenas treinamentos externos para desenvolvimento. O PDI não é agendamento de treinamento externo. O PDI pode conter inúmeras ferramentas, afinal a forma de se transmitir e receber conhecimento vem evoluindo: desde a leitura de um livro a acompanhamento de perfis em redes sociais, palestras no YouTube, podcasts, participação em lives, uso de ferramentas internas como mentoria com outra área, *job rotation*, liderança situacional, desenvolvimento de um projeto com equipes de outras áreas, acompanhamento em reuniões estratégicas etc.

Avaliações de Desempenho

Com base na minha experiência, digo sem muita dúvida que a maior parte das pessoas odeia avaliações de desempenho. O que é um sentimento bastante injusto, porém justificado, visto que empresas e líderes não costumam fazê-las da forma correta, sem ter métricas nem ferramentas estruturadas que os deem suporte. Assim, a avaliação perde o sentido.

Não dá para fazer um manual de cem páginas que você ou seus funcionários vão consultar a cada passo, mas é preciso ter em mente que "o combinado não sai caro". Por isso, o alinhamento das expectativas entre líder e liderado é fundamental. Obviamente, é impossível combinar tudo de antemão, da mesma forma que é impossível avaliar tudo o que os seus subordinados fazem. Você precisa, novamente, explicitar quais são as prioridades e o que deve balizar os resultados, tanto da equipe quanto individuais, para que ninguém fique às cegas e todos saibam exatamente pelo que serão cobrados.

Na medida em que você analisa quais são as metas e os comportamentos que vai avaliar, não importa se usará um sistema supercomplexo, uma planilha no Excel ou uma folha de sulfite para sistematizar o processo. A ferramenta tem que ser um facilitador e dar tranquilidade para que as pessoas façam o seu melhor na avaliação, permitindo-lhe conduzir e formalizar o que está sendo escrito. Em vez de se concentrar em formulários e burocracias, dedique sua energia a criar *rapport* e a se conectar de verdade com o seu funcionário.

Para estabelecer o método (e/ou ferramenta) a ser usado em sua equipe ou em toda a organização, considere:

- A possibilidade de aplicação dele.
- A facilidade de analisar os dados.

- O número de pessoas envolvidas na realização do processo.
- A tecnologia disponível.
- O histórico de avaliações da empresa.
- As metas e os objetivos da avaliação.

A avaliação de desempenho deve ser intrinsecamente ligada à estratégia da empresa e está atrelada a diferentes fatores. O primeiro deles é quem são as pessoas envolvidas. Na maior parte das vezes, ela envolve o líder e o liderado, mas, em algumas situações, há empresas que envolvem também o RH; outras envolvem ainda o líder do líder. Caso haja outras pessoas envolvidas, todos precisam concordar previamente que o elo entre líder e liderado deve ser priorizado, e que a posição dos demais não é supervisionar ou julgar a condução do líder durante a conversa.

O segundo fator são os dados disponíveis para a avaliação. A partir do momento que você define as metas, é preciso ter a segurança de que os dados que tem em mãos são confiáveis para analisar o histórico do funcionário e o cenário em que se encontra. Analise-os para ter certeza de que desenharão a melhor solução para a empresa.

Por fim, a periodicidade estará diretamente ligada às necessidades da empresa, bem como à interferência que essas intervenções poderão causar, de modo que as avaliações não tenham um efeito reverso e causem perda de produtividade. A maior parte das empresas adota avaliações anuais; outras as fazem a cada seis meses; e algumas chegam a fazer a cada três meses. Como diz a executiva e autora M. Tamra Chandler, a avaliação deve impulsionar o desempenho, não acabar com ele.

O foco da avaliação deve estar nas pessoas, no desempenho delas, e não no método de avaliação. Evite se prender a ferramentas muito objetivas, que coloquem os funcionários em caixinhas. De novo, não se trata de querer que pessoas se comportem como máquinas que atendem a um manual. As individualidades contam muito, por isso é importante que a condução seja feita com respeito, sem preconceito e de forma honesta.

Uma avaliação de desempenho não deveria ter nenhuma surpresa — ela deveria ser consequência dos feedbacks e das conversas anteriores, uma forma de abordar tudo o que já aconteceu de maneira integrada. O objetivo aqui não é "dar porrada", e sim olhar para o passado e para o presente, e identificar os pontos de melhoria, a fim de discutir metas e objetivos específicos para o futuro. De novo, atente-se ao modo de se comunicar, para que os liderados não se sintam ameaçados nem fiquem na defensiva.

No entanto, esteja ciente de que não será uma conversa que resolverá tudo. Possivelmente, todos sairão com lições de casa, no que se refere ao que tem que ser feito quanto ao acompanhamento e o suporte do gestor, para que o processo de melhorias seja contínuo, e não pontual.

Olhe o Problema Mirando na Solução

Há quem idealize trabalhar na aldeia dos Smurfs, onde todos trabalham de maneira síncrona, com propósitos semelhantes e poucas divergências banais. Nem preciso dizer que isso não existe — nem deveria. Pessoas, por natureza, têm opiniões distintas e desacordos sempre existirão, e o trabalho do líder é justamente mediá-los, visando a potencializar a combinação de ideias divergentes.

Para mitigar conflitos contraprodutivos no trabalho, é preciso livrar-se do conceito de "pessoas difíceis" e mirar na ideia de que o que existem são comportamentos belicosos, ideias divergentes, backgrounds incompatíveis, e não simplesmente seres humanos intratáveis.

Em um ambiente de conflito, a linguagem utilizada na mediação o atenuará ou o potencializará. O gestor, nesse caso, deve atentar-se às linguagens verbal e não verbal usadas para gerir a situação e posicionar-se de modo a mitigar o conflito sem simplesmente oprimir as opiniões que estão sendo expressas. O autoritarismo aqui serve apenas para sufocar o conflito, não para resolvê-lo, e transforma o ambiente em uma panela de pressão. Para isso, a preparação é chave. Nunca comece uma mediação de conflitos no *freestyle*. Tente desenhar os cenários, entender as percepções de cada pessoa, o que elas estão buscando, visando a definir acordos específicos que de fato possam sanar a questão.

Seja, sobretudo, um bom ouvinte. Entenda também que ao longo do processo você tem que deixar que cada pessoa identifique, aceite e administre as próprias emoções. Todo mundo pode sentir raiva, tristeza, ou frustração, isso faz parte. Não cabe a você julgar as pessoas por elas estarem sentindo uma emoção.

O desafio na mediação talvez esteja em lidar com os manipuladores emocionais. No livro *Dealing With The Tough Stuff: How to achieve results from key conversations* (*Lidando com Situações Difíceis: Como obter resultados por meio da conversa certa*, em tradução livre), os autores — psicólogos e especialistas em ciência comportamental — indicam que existem dois tipos de manipuladores emocionais: os traumatizados e os psicopatas. Os traumatizados, eventualmente, podem mudar de comportamento; os psicopatas, não. Então, reconhecer a existência dessas personalidades na hora de gerir um conflito é fundamental.

Ao ouvir os dois lados, atente-se para a diferença entre estratégia e necessidade. Por exemplo, a estratégia de alguém é dizer que é a favor do porte de armas; por trás dessa estratégia está o motivador, a necessidade real, que é mais segurança no lugar onde mora, não viver com medo de ser assaltado. A estratégia apresentada para suprir essa necessidade é portar uma arma, mas existem diversas outras possíveis. Muitas vezes, pessoas em conflito têm a mesma necessidade, apenas estão se concentrando em estratégias diferentes.

Mitigar um conflito, porém, não se trata de eliminar a diferença, mas de focar os pontos de convergência. Em seu livro *Ideias Rebeldes*, o autor Matthew Syed passa por estudos da psicologia, antropologia e economia, para enfatizar o quão poderoso é congregar pontos de vista diversos, justamente porque eles estimulam a divergência e, em consequência disso, uma amplitude de resultados muito mais poderosa, que gera soluções criativas — falaremos de diversidade mais à frente.

Mas qual é o limite? A maioria das pessoas já trabalhou, ou trabalha, com alguém que pode ser taxado como difícil, que causa problemas no ambiente de trabalho, e todos reconhecem o quanto essa pessoa causa interferências no ambiente. Lembra-se da fórmula da performance: performance = talento - interferência. Então, o limite é a quantidade de interferências que essa pessoa pode causar até que comece a prejudicar a performance.

Nesse caso, se o líder se omite, acaba potencializando dois problemas: o primeiro deles é que a pessoa acha que está certa e vai cada vez mais conquistando espaço; o segundo é que quem está ao redor dela passa a acreditar que você, gestor, é conivente com tais comportamentos. Isso acaba tendo consequências ainda mais extremas: pessoas muito boas saem, porque se deparam com uma cultura deturpada; ou, ainda pior, o funcionário-problema se torna referência para quem quer crescer na empresa, e o comportamento dele passa a ser emulado.

A organização não pode ficar refém de um funcionário-problema até que ele se encaixe, independentemente da entrega de resultados individuais, caso seus comportamentos sejam prejudiciais para a equipe. Se tiver passado por todo o processo de feedback; avaliação de desempenho; elaboração de um PDI; acompanhamento periódico; e advertências, é preciso encarar a possibilidade de demissão.

Com a palavra...

Bruno Szarf
**Diretor-executivo de RH
na Cruzeiro do Sul Educacional**

Em 2012, eu era gerente de Operações recém-promovido em uma grande distribuidora de energia e passava boa parte do meu tempo longe de casa, em deslocamentos entre as cidades que faziam parte da regional. Tínhamos, na empresa, aquelas regionais que eram consideradas as "melhores", principalmente porque tinham menos conflitos, melhores resultados e um senso de engajamento de dar inveja. Tínhamos também outras que eram exatamente o oposto, dentre elas Franco da Rocha.

Em Franco da Rocha tínhamos muito de tudo, dificuldade de relacionamento, problemas na gestão e ambiguidade entre os ambientes interno e externo. Mais ou menos nesse período, o então gerente de Franco da Rocha saiu da empresa e, a partir daí, gerou a necessidade de alguém que pudesse levar a unidade definitivamente a "um outro patamar". Antes de me oferecer para posição, pedi uma conversa e fui entender do diretor de Operações, à época, qual era a necessidade da empresa, onde estava a dor, onde ela mais precisava de ajuda. Mesmo depois de toda essa conversa, o diretor à época que me disse por, pelo menos, três vezes que eu "não precisava ir", apesar de sempre voltar ao ponto de que era onde mais a empresa precisava naquele momento. Depois de algum tempo de conversa, resolvi dar um novo olhar ao tema e perguntar a ele o que supostamente aconteceria se "desse certo"? A resposta foi empolgante: "Se der certo, você está apto a se tornar um executivo e buscar voos maiores."

Foram dois anos intensos, de muito aprendizado. Reconquistar um time é complexo. Dar o senso de profissionalismo muito mais. Bastante coisa mudou durante esse período, tanto na empresa quanto comigo e, principalmente, com Franco da Rocha. Nossos colaboradores passaram a se orgulhar do que faziam e de tudo que estavam produzindo. Muita gente mudou, muitos líderes mudaram. Até que as coisas definitivamente melhoraram e a Franco da Rocha deixou de ser um problema.

Pouco tempo depois, a empresa novamente se reorganizou e surgiu uma posição de Executivo Regional de Operações. Ao final de todo processo, a última pergunta que tive na entrevista, feita pelo então diretor de Operações foi o "porquê eu deveria escolher você para a posição de executivo"? Ao que respondi: "A nossa conversa de dois anos atrás!"

Metas, Incentivos e Recompensas

As metas, no ambiente corporativo, envolvem a estruturação de práticas que permitam ao líder usar uma metodologia que o leve ao objetivo predefinido, por meio de uma estratégia clara. Em suma, para atingir um objetivo, é preciso definir metas atingíveis e superá-las passo a passo.

Por essa razão, ter a convicção de estar no caminho certo é uma parte importante da motivação dos seres humanos, para que queiram continuar no caminho rumo aos objetivos. Entregar o que é esperado e atingir as expectativas são pontos-chave para essa convicção. De acordo com o professor Claudio Zanutim, a busca por objetivos é inerente à experiência humana, porém nem todos sabem defini-los para, posteriormente, alcançá-los. É importante, então, conhecer métodos e ferramentas que os tornem acessíveis.

Ao definir suas metas individuais, certifique-se de que estejam alinhadas com a entrega esperada pela empresa. Em uma ocasião, fui chamado para conduzir a contratação de um presidente para uma empresa — um dos motivos para a demissão do então presidente era que a empresa estava há cinco anos operando no prejuízo e sem bater as metas; por outro lado, 80% das pessoas estavam com uma avaliação de desempenho acima da média, ou seja, estavam atingindo muito bem suas metas. Fazer o desdobramento das metas e calibrá-las é uma arte importante. Tenha a visão do que os acionistas esperam da empresa; de como o CEO estabelece as metas, baseadas nas prioridades; e, a partir daí, "fatie" as metas, do nível mais alto ao mais baixo, para efetivamente ter clareza do que esperar das pessoas.

Em seu livro *Como Construir Objetivos e Metas Atingíveis*, Zanutim descreve cinco regras-chave para que o desdobramento das metas culmine no alcance dos objetivos:

1. **Exprima seu objetivo em termos positivos:** defina o que você deseja que aconteça, usando termos positivos. É comum as pessoas exprimirem como metas o que *não* querem que aconteça, e perdem de vista o que realmente desejam.

2. **Seja o mais específico possível:** descreva minuciosamente os resultados desejados, fazendo com que seu cérebro os foque e delineie com precisão.

3. **Tenha um procedimento evidente:** visualize como você vai se sentir quando alcançar os resultados, como isso se refletirá na realidade. Isso o ajuda a reconhecer o que eventualmente já conquistou.

4. **Esteja no controle:** assuma as rédeas e não perca os objetivos de vista. Não dependa demais das outras pessoas e guie as mudanças necessárias.

5. **Verifique se o seu objetivo é ecologicamente sadio e desejável:** projete no futuro as consequências de sua meta atual. Todo objetivo precisa beneficiar você e os demais.

Nesse sentido, os incentivos e as recompensas conforme as metas forem atingidas são importantes, mas não se limitam a dinheiro. A estratégia usada para recompensar deve estar atrelada à mensagem que se deseja transmitir, modelada pela cultura da empresa. Vale lembrar que tudo o que você faz pode claramente impactar a motivação e a atitude das pessoas, possibilitando-lhe extrair o máximo que pode de cada um.

O incentivo modela o comportamento. Se você está acostumado a pagar 3% de comissão para os seus vendedores, e de uma hora para a outra diz que as vendas para os novos clientes vão render em vez de 3%, 10% de comissão, visando a aumentar sua base de clientes, provavelmente verá seus funcionários deixando de atender os clientes atuais e focando só novos clientes. Sua primeira reação será culpar os vendedores por não terem bom senso e responsabilizá-los pela perda dos clientes atuais. Contudo, a mensagem que terá transmitido com essa recompensa discrepante é: "Clientes novos valem três vezes mais que os clientes atuais." Então, não culpe os seus funcionários por fragilidades na sua estrutura de incentivos.

E quando falo que apenas dinheiro não é incentivo eficiente, é porque normalmente o dinheiro é o mais óbvio e, muitas vezes, serve como muleta quando não há mais nada a oferecer. Casos de pessoas que largam empregos muito bem remunerados porque estão insatisfeitas com outros fatores na empresa e sem nenhuma motivação para continuar são comuns. Então, se você tem na sua empresa uma estrutura na qual as pessoas aprendem, são reconhecidas, e têm um bom projeto, não será fácil para um concorrente "roubar" um funcionário seu — se a pessoa está motivada e comprometida com a empresa, o outro terá que colocar um caminhão de dinheiro na mesa para tirá-la de onde está. Estar de acordo com os valores e o propósito de cada um é o incentivo mais genuíno que se pode proporcionar.

Aumentos de salário

Este é sempre um tema bastante complexo, porque o maior ativo das empresas hoje são as pessoas. À medida que elas não se sintam reconhecidas ou recompensadas de forma justa, a chance de saírem para buscar algo fora é muito grande, e o impacto disso na organização é profundo.

Ao avaliar se as pessoas estão sendo reconhecidas e recompensadas da forma certa, lembre-se de que nem toda valorização é financeira, porém não calibrar esse fator gera riscos internos e externos. O risco interno é ter pessoas que têm senioridade, responsabilidade e função parecidas, mas remuneração muito distinta — ou seja, há perda da equidade. O risco externo é quando se tem alguém dentro da empresa recebendo menos do que ela vale no mercado por suas competências ou atuais responsabilidades; então, se uma empresa puder pagar mais a ela, você poderá perdê-la. O ideal é mitigar esses riscos de forma proativa, mapeando-os e gerenciando-os conforme for possível; entretanto, você também terá que lidar de forma reativa, conforme surgem as situações.

Um desafio que se soma a essa mistura é quando você sabe que precisa lidar com colaboradores introvertidos. Normalmente, eles não têm o perfil de quem vá pedir um aumento ou uma promoção, mas isso não significa que estejam contentes. Muitas vezes, você só descobre que existe um *gap* quando eles já estão pedindo demissão, com tudo resolvido para trabalhar em outro lugar, e não há tempo para interferir. Então, caso tenha introvertidos na sua equipe, preste uma atenção especial a eles, para que não tenha perdas evitáveis.

Minha recomendação é que, sempre que alguém vem pedir um aumento, entenda o que está por trás desse pedido, qual é a causa raiz dele. Observe se é uma necessidade financeira desse colaborador, se é uma barganha ou se provém de uma falta de reconhecimento que precisa ser corrigida. Não diga simplesmente "Vou ver... vou fazer contas... daqui a seis meses acho que posso te dar um aumento" — não faça promessas para ganhar tempo, a não ser que você já tenha a formalização de que poderá cumpri-las.

Normalmente, um aumento de salário é dado por alguns motivos: reconhecer a competência ou a habilidade de alguém em uma determinada função; recompensar alguém que assumiu mais responsabilidades; reconhecer performance, aquela pessoa está performando bem, com consistência; fazer um alinhamento de salário com o mercado ou uma equidade interna; ou, muitas vezes, você dá um aumento salarial para o valor ser compatível com o custo de vida que aquela pessoa tem por estar em uma nova cidade em função da empresa e precisar equilibrar os custos.

Lembrando que equiparação salarial não é um aumento nem meritocracia e precisa ser calibrado na mensagem que chega ao colaborador.

Fique atento às regras da empresa para dar aumentos ou promoções. Existem empresas nas quais só se pode dar um aumento ou promover a cada seis meses ou a cada ano. Então, esteja ligado e se planeje de acordo com isso.

No Capítulo 7, falo sobre como negociar um aumento ou uma promoção enquanto colaborador e afirmo que uma conversa aberta entre gestor e funcionário é necessária para que este saiba que está, ou não, no caminho certo e o que precisa fazer para conquistar o que deseja em um prazo coerente para todos. Aqui, para você, gestor, digo o mesmo: seja aberto e sincero com o funcionário: se ele não estiver no caminho certo para receber o aumento que deseja, avise-o; se conceder o aumento, esteja tranquilo de que foi pelos motivos certos. E principalmente: não trate todos da mesma forma e com o mesmo percentual de aumento. Dessa forma, você desmotiva os de alta performance e continua "mantendo" os medianos como se fossem talentos.

Promoções

Uma pesquisa feita com 400 mil trabalhadores nos Estados Unidos, e publicada na *Harvard Business Review*, identificou que as pessoas que trabalham em empresas nas quais as promoções são bem gerenciadas têm a probabilidade de produzir 2x mais e desenvolver planos de longo prazo com a organização. Além disso, elas têm uma probabilidade 5x maior de confiar na liderança e têm um forte valor de integridade, de acordo com um estudo feito com a Fortune 500. Com isso, o retorno é impressionante, e as ações dessas empresas tendem a ser valorizadas até 3x mais.

O ambiente de trabalho altamente competitivo com o qual as novas gerações se deparam, aliado à cultura da alta performance e da meritocracia, faz com que as pessoas tenham uma expectativa de serem promovidas mais rapidamente e com mais frequência do que nas gerações anteriores. Com isso, inclusive, certas empresas têm feito algumas análises de como organizar seus cargos e salários para não deixar a estrutura tão achatada, talvez do ponto de vista de cargos, para que as pessoas tenham um sentimento de estarem avançando.

Dito tudo isso, o desafio é fazer as promoções na hora certa, com as pessoas certas e da forma certa. Afinal, quando você deixa de dar uma promoção que deveria acontecer, corre o risco de desmotivar ou até perder a pessoa; e quando dá a promoção, mas a pessoa ainda não está pronta, tem o risco de queimar quem está sendo promovido e desmotivar as pessoas ao redor, além de obter descrédito em relação à sua liderança. Nesse sentido, a promoção difere do aumento — com ela, vêm novas responsabilidades, e todo o cenário ao redor sofre interferência.

Para promover de forma adequada, conheça muito bem o seu time, avalie o potencial dele, e principalmente identifique as aspirações individuais e coletivas. À medida que as oportunidades de promoção surgirem, tenha critérios claros, que possam ser explicitados para todos, seja para explicar por que uma pessoa está sendo promovida ou não.

Não caia na cilada de:
- Promover alguém por motivos superficiais ou muito subjetivos.
- Promover para atingir um objetivo isolado.
- Promover sem que a pessoa demonstre o desenvolvimento de skills e resultados consistentes.
- Usar a promoção simplesmente como forma de recompensa ou para motivar.
- Responder à pressão de quem pede mais.
- Promover alguém com quem você tem uma relação de proximidade maior, sem deixar claro que ele é absolutamente capaz e merecedor dessa promoção.
- Promover ou reconhecer todos da mesma forma e com os mesmos percentuais.

Pode parecer estranho ter que explicar o motivo de alguém ser ou não promovido, mas isso serve justamente para reforçar o que importa. Dessa forma, eles poderão continuar focando as entregas e habilidades que sejam estratégicas e compreender o que os atrapalha. Esses critérios resultam em um mix de skills e performance que será visado por todos, facilitando sua avaliação e impulsionando os resultados.

Quando tiver certeza de que promoverá alguém, certifique-se de que a pessoa aceitará o desafio pelo retorno, e não apenas pelo título (ou salário) do novo cargo. Não existe nada mais frustrante do que promover alguém e ele não querer assumir o cargo ou aceitá-lo apenas por se sentir obrigado. Então, avaliar se a pessoa quer a responsabilidade, se quer ter aquela demanda e aquela carga de trabalho, e ter tudo isso pelo salário que você pode oferecer, é imprescindível.

> **Indicadores de que pode estar na hora de promover alguém:**
> - A pessoa está com fome de novos desafios, quer avançar e não está satisfeita apenas com o que tem.
> - Ela está performando em um nível muito acima do necessário para a posição atual, ou seja, já está entregando um extra.
> - A pessoa já definiu o próximo passo, tem clareza dos desafios que a esperam e está se preparando para eles.
> - Quem tem boas soft skills, inteligência emocional, sabe lidar com situações inusitadas e demonstra adaptabilidade.
> - A pessoa se comporta como se estivesse no cargo acima.

A partir daí, tenha um plano para ajudar o funcionário que foi promovido a se encaixar na nova posição. Leia nos Capítulos 13 e 15 como um bom plano de onboarding pode ser conduzido para que ele chegue ao novo cargo com o pé direito.

Por fim, é importante dizer que você nem sempre terá a capacidade de promover todas as pessoas que merecem uma promoção, e para mitigar o risco de perder essas pessoas vem a necessidade de ser criativo e encontrar outros caminhos. Muitas vezes, a pessoa merece ser promovida, mas não será, porque não há uma posição para ela, ou porque muitas vezes as promoções estão congeladas, ou porque a estrutura hierárquica é muito achatada. Então, seja criativo acerca das opções de como manter as pessoas motivadas.

Quase todos querem crescer na carreira, ganhar mais e ter maior poder de decisão. Mas é fato que uma parte menor realmente tem perfil de liderança e se sente confortável com a promoção. A maioria só aceita porque o plano de carreira da empresa é chegar ao cargo de liderança, criando os famosos "ótimos especialistas e péssimos gestores".

A primeira alternativa é considerar movimentações laterais, que proporcionem novos desafios — um chacoalhão que pode fazer sentido para suas carreiras. Outra opção é focar o desenvolvimento da pessoa; você não pode promovê-la, mas mostra que ela está se desenvolvendo, lhe dá um projeto, um suporte, um feedback específico, ou um treinamento, para que ela se sinta reconhecida. A terceira, é buscar efetivamente o que move essa pessoa, qual é a paixão dela, e tentar equilibrar seu dia a dia com mais fatores que a motivem e reduzam as interferências na sua performance.

Por Fim, a Demissão

A não ser que seja um sádico, ninguém gosta de demitir alguém. Lidar com a demissão de alguém do seu time talvez seja um dos eventos mais estressantes, chatos, e até mesmo tristes. E também não é uma decisão fácil, além de ser estressante, porque você normalmente faz uma avaliação criteriosa até mesmo da sua postura e atenção: "Será que eu fiz tudo o que poderia por essa pessoa? Será que realmente chegou ao limite? Ou será que estou sendo extremista em demiti-la, e deveria lhe dar mais uma chance?" Esse é um grande desafio.

E por mais que seja alguém que não está performando ou esteja causando algum tipo de problema, ele tinha minimamente alguma responsabilidade e conduzia algum tipo de atividade que precisarão ser reequilibradas com o time; você contratará alguém novo e precisará ajudar essa pessoa a se adaptar. Portanto, demitir normalmente resulta em mais trabalho, e possivelmente em sobrecarga, no curto prazo.

Para evitar tudo isso, você pode cair em algumas armadilhas, como colocar na cabeça que só demitirá quando encontrar uma solução ou encontrar a pessoa ideal para a substituição — e acaba se acostumando à situação-problema. Talvez fique com pena da pessoa e, por mais que não esteja contente, não tem coragem de demiti-la. Nesse caso, temos que ser muito justos: sem dúvida nenhuma é ruim demitir alguém, mas é cruel manter alguém que não tem futuro na organização; é cruel manter uma pessoa que não vai crescer nem avançar na carreira. E, muitas vezes, a demissão, pensando no médio e longo prazos, é uma oportunidade de a pessoa encontrar um caminho mais adequado do que permanecer "no limbo" dentro da empresa atual.

Então, o mais importante na hora em que você pensa em demitir alguém é ter certeza de que fez o necessário; deu os feedbacks; tentou aplicar um PDI; forneceu suporte; buscou alternativas — pois talvez ela não seja boa para essa posição, mas faça sentido em outras áreas ou negócios da empresa.

Uma análise interessante a se fazer é avaliar há quanto tempo você cogita tomar essa decisão; se há muito tempo você pensa em demitir alguém, esse é um indicador de que talvez você já tenha tentado tudo o que deveria. Observe também quanta energia poderá investir nessa pessoa.

A não ser que estivermos falando de uma falha ética (em que você precisa de uma decisão rápida) ou uma decisão de redução de quadro (que vem de cima), o mais importante é que a demissão não deve ser uma surpresa para o demitido, porque à medida que você dá feedbacks, acompanha, faz PDI, define metas e não vê uma evolução, ambos os lados estarão cientes de que a relação não está dando certo e esse ciclo precisa se encerrar.

Tomada a decisão de demitir, comunique o RH (ou o profissional que faz esse controle para você); verifique se existe algum empecilho para a demissão dessa pessoa, questões relacionadas a sindicato ou férias; e prepare-se para comunicar sua decisão. Agende uma reunião, preferencialmente presencial (mas, se a conjuntura não permitir, tudo bem fazer virtual). Preferencialmente, esteja acompanhado de alguém que possa servir como testemunha; seja esse o caso ou não, a conversa deve ocorrer em um ambiente reservado, sem a presença de pessoas que não sejam estritamente necessárias.

Informe sua decisão e apresente o motivo da demissão. Esse não é o momento de dar feedbacks ou perguntar se a pessoa concorda; você não precisa abrir a conversa, porque isso dificultará ainda mais. Seja assertivo, mas empático, tendo cuidado com as palavras usadas, e esteja preparado para uma reação emocional; se necessário, ofereça água, suporte e dê um tempo para a pessoa se recompor dentro da sala.

Quanto mais claro você foi nos feedbacks anteriores e no alinhamento de expectativas, mais fácil será o momento da demissão e o processo de comunicá-la.

Oriente-a para os próximos passos, como conversa com o RH, exame demissional, devolução de chaves, retirada de pertences etc. Esse papo é importante porque, muitas vezes, a pessoa demitida congela e não sabe o que fazer.

Existem algumas teorias sobre demitir a pessoa na segunda-feira, ou na sexta-feira. Não tenho uma opinião formada sobre isso. Eu particularmente prefiro demitir no início da semana, mas o importante, a meu ver, é fazê-lo logo no início do dia, pois é muito frustrante deixar a pessoa trabalhar o dia inteiro e demiti-la no final.

Então, conduza o pós-desligamento com a sua equipe. Se for um time pequeno, reúna-o presencialmente. Senão, faça um comunicado rápido e bastante cuidadoso, informando do desligamento. Diga que a empresa tomou a decisão de desligar a pessoa, que todos são gratos pelo trabalho feito por ela, mas que nesse momento essa decisão foi necessária; explique como ficarão as responsabilidades dessa pessoa, se ela será substituída e por quem, ou se temporariamente as atividades ficarão com alguém. Assim, evitam-se especulações e burburinhos, que minam o clima e a produtividade de todos.

Com a palavra...

Felipe Calbucci
Diretor de Vendas no Indeed

Eu havia acabado de assumir o desafio de realizar o turnaround de uma equipe comercial que não atingia metas por dois anos. Logo de início busquei colocar em prática tudo que havia aprendido em minha carreira e nada dava certo. Quanto mais pressionava, menos eles faziam; e quanto mais tentava lhes convencer de alguma estratégia, menos eles a executavam.

Eu queria trocar o time todo, começar do zero e isso não era possível. Foi então que participei de um treinamento (na verdade alguns) sobre segurança psicológica e resolvi colocar o que aprendi em prática! Em vez de focar as metas passei a focar as pessoas. Prestava atenção se minhas palavras e ações faziam com que todos do time se sentissem seguros para errar, se acreditariam que todas opiniões seriam ouvidas, respeitadas e consideradas, que todos teriam condições iguais e que eu verdadeiramente queria apoiar seu desenvolvimento.

A partir desse ponto, a base de nossa relação se tornou de confiança e todos passaram a estar abertos às estratégias da empresa (que frequentemente eram adaptadas devido a brilhantes ideias do time). Passei a focar "o porquê" em vez do "o que" e demos mais um salto coletivo, passei a ser direto, transparente e gentil. Aprendi isso com um gestor excepcional. Ele dizia que a coisa mais gentil que você pode fazer a um profissional é lhe dar um feedback transparente (assim lhe dando a oportunidade de refletir e melhorar).

O resultado foram dois anos de metas atingidas em sequência. Segurança psicológica não é sobre ser soft e sim sobre criar um ambiente positivo no qual as pessoas querem fazer seu melhor e se esforçam para alcançar altíssima eficiência.

Capítulo 17

O Céu É o Limite

Cada organização é a soma de infinitas histórias. Um se vê no outro, e, entre tanta gente, desejamos ver a nós mesmos, estarmos em nós, vislumbrar nossos objetivos, semear e frutificar; assim, nunca estaremos sós.

Longevidade Saudável dos Times

Muitas vezes, um gestor fala que ele "tem trinta pessoas no time", quando, na verdade, é justamente o contrário: são as trinta pessoas que têm ele. Ele é quem as coordena, desenvolve, suporta, incentiva, e conduz conforme as regras e a cultura da empresa; além de buscar alinhar os objetivos de cada um aos objetivos da organização.

Toda pessoa, por mais profissional que seja, tem uma agenda própria, que envolve o seu plano de carreira, seus interesses, suas motivações (e seu propósito), que podem impactar definitivamente no alinhamento e no comprometimento que ela tem com a empresa. Por essa razão, os incentivos são especialmente importantes quando se espera uma iniciativa de um empregado. Organizações são o composto de como as pessoas são organizadas e coordenadas para fazer o que precisa ser feito.

O gestor, portanto, é quem precisa estabelecer um padrão de recursos e fluxos de informação; distribuir autoridade; alocar responsabilidades; dar autonomia; gerir relações; criar um ambiente saudável; estipular rotinas organizacionais e o processo de tomada de decisão; difundir ideias e conhecimentos gerados, a fim de promover aprendizado.

O primeiro passo ao desenhar essa condução é determinar quais decisões serão centralizadas; quem deve tomá-las; quais informações serão enviadas para instâncias superiores, que devem endossar certas decisões; e o que será distribuído para baixo para ser executado.

Toda empresa precisa ter essa coordenação e motivação para garantir que o interesse dos colaboradores e o interesse dos acionistas estejam minimamente alinhados. Dentro dessa dinâmica, poder e cultura são dois aspectos-chave, uma vez que os gestores variam em sua habilidade de fazer os subordinados cooperarem.

PODER ≠ AUTORIDADE

> Capacidade de obrigar, por causa de sua posição ou força, os outros a obedecerem à sua vontade, mesmo que eles preferissem não fazê-lo.

> Habilidade de levar os outros, de boa vontade, a fazerem sua vontade.

Existem três formas principais de poder: o poder legítimo, o mais óbvio, é aquele conquistado ao longo da história da pessoa, devido à capacidade dela e à posição em que se encontra; já o poder coercitivo é assegurado pela força; e o poder por imagem está relacionado à imagem, à reputação e ao status que a pessoa tem.

O poder de um funcionário aumenta em relação à empresa — ou a empresa aumenta seu poder em relação ao funcionário — à medida que reduz a dependência um do outro. Quando um funcionário depende menos da empresa, tem mais poder; quando a empresa depende menos do funcionário, ela tem mais poder. Esse é um insight bacana a se ter em mente.

E o poder sempre será acumulado pelos colaboradores que têm recursos ou habilidades essenciais para a operação da empresa.

Então, quanto mais você tem essas habilidades estratégicas, mais poderoso se torna nessa dinâmica.

Exemplos de habilidades estratégicas:

- Conhecimento sobre a empresa e inteligência organizacional.
- Domínio do conhecimento técnico essencial para a empresa.
- Relacionamento comercial fundamental para a operação da empresa.

Lembrando que o poder funciona: é possível conseguir as coisas por imposição, mas não por um longo tempo. O poder, quando usado com frequência, fragiliza os relacionamentos e construção deles no médio e longo prazos.

Já a cultura é o grupo de valores, crenças e normas compartilhadas que influenciam o comportamento e a preferência dos funcionários. A cultura é a forma como as pessoas decidem, criam relações e se comunicam. Ela tem o papel fundamental de servir como guia para relações que os contratos formais e manuais não alcançam.

Adam Smith sugere que as pessoas, e consequentemente as empresas nas quais elas atuam, ganham ao se especializar, já que isso aumenta a produtividade. Na medida em que as pessoas são mais especialistas, a necessidade de coordenar o que cada uma faz aumenta, sendo preciso associar a produção de uma pessoa com a produção de outra, visando o todo.

O grande desafio é que, apesar de sermos muito simpáticos, nós confiamos bem pouco uns nos outros, o que impede que uma série de transações e associações aconteçam de forma natural. Isso tem um custo econômico para a empresa. Nesse sentido, o maior problema de coordenação nas organizações é determinar o que deveria ser feito, como o resultado deve ser atingido, e quem deve fazer o quê. Portanto, é imprescindível que o líder defina quem toma a decisão, com qual informação, em que nível a decisão é tomada e como organizar esses sistemas de informação, para garantir que você tenha a entrega necessária.

A maior parte das decisões nas empresas pode caminhar por três armadilhas:

1. a pessoa está tomando a decisão com base em seu medo de ser demitida, e ela tem que resolver determinado problema para "tirar o dela da reta";

2. ela toma a decisão porque isso lhe dá visibilidade, para que ganhe mais cargos, poder e responsabilidades; ou

3. a pessoa acredita que isso lhe dará visibilidade e, eventualmente, conseguirá um emprego melhor em outra empresa. Esses três fatores influenciam muito a agenda pessoal dos executivos, que, como grandes gestores, têm que garantir o equilíbrio e a coordenação entre as agendas pessoais e a agenda da empresa.

O framework Find-Grow-Value é uma ferramenta que possibilita ao gestor sistematizar o gerenciamento do time de forma resumida, por meio do alinhamento das funções específicas.

- *Find* (Encontrar) significa a maneira como você, líder ou gestor, procura e seleciona pessoas para trabalhar em seu negócio.

  Antes de tudo, planeje-se e pergunte a si mesmo: "Quantas vagas tenho disponíveis em meu time?", "De quantas pessoas preciso?", "Qual é o perfil das pessoas que necessito?" Para encontrar colaboradores, utilize os valores, os objetivos e os propósitos da empresa como base. O ideal é contratar funcionários alinhados com a empresa.

- *Grow* (Desenvolver) é o que o líder fará para desenvolver o time.

  Dentro deste escopo, o processo mais negligenciado costuma ser o onboarding, que é extremamente crítico e representa a imersão de um novo membro na equipe após a contratação (momento de apaixonamento entre o novo funcionário e a empresa), quando ele deve ser apresentado aos valores da empresa, aos procedimentos e processos, e a tudo que for necessário para a realização do trabalho.

- *Value* (Valorizar) representa o momento de demonstrar ao funcionário o valor que ele ajudou a empresa a gerar.

A contrapartida ao valor gerado podem ser remunerações financeiras (que incluem salário, bônus, comissões, ações da empresa etc.) ou não financeiras (como prêmios, cursos e benefícios diversos). A promoção também é uma representação do *value*, porém exige um contexto mais abrangente, como posição disponível e possibilidades de sucessão.

Conforme cresce, todo gestor vai percebendo a importância de ter métricas, trabalhar com fatos e dados e fazer mensurações claras. Você começa a achar que uma medição exata aumenta o senso de transparência e responsabilidade — e, sim, isso é um fato. No entanto, é preciso ter cuidado para não ficar tão dependente das métricas e começar a acreditar que elas são um substituto para a experiência pessoal e o talento. Saiba calibrar métricas com a experiência de gestão, o contato com as pessoas, a empatia, e a compreensão da análise do valor gerado pelo time, para que você possa extrair o melhor de cada um.

Em seu livro *Os 5 Desafios das Equipes*, Patrick Lencioni lista as cinco principais disfunções das equipes como:

1. Falta de atenção aos resultados.
2. Não se responsabilizar.

3. Falta de comprometimento.

4. Medo de conflitos.

5. Falta de confiança.

Segundo o autor, cabe ao líder conduzir o grupo e estabelecer uma gestão orientada a resultados, o que inclui recompensar, bem como corrigir e dar feedbacks quando necessário. É imprescindível, ainda, liderar pelo exemplo.

Engajamento e Motivação

Uma parte considerável deste livro foi dedicada ao autoconhecimento — a fim de que as pessoas se conheçam melhor, descubram seu lugar de potência, melhorem as relações e encontrem um modelo de gestão que extraia o melhor de cada um. A motivação está intrinsecamente relacionada a isso.

Quando se fala de motivação, o tal "foco no resultado" não basta. Ninguém se motiva a fazer exercícios porque terá problemas de saúde daqui a dez anos, e sim porque a atividade se encaixa na dinâmica de vida atual, acarreta benefícios visíveis e, de alguma forma, gera prazer. No trabalho, principalmente o intelectual e criativo, a motivação impacta a qualidade da entrega.

Mas como um gestor pode motivar as pessoas? Eis o X da questão: o Bernardinho, uma grande referência em liderança, costuma dizer que ninguém motiva ninguém — a motivação vem de cada um. Normalmente, ela está atrelada a dois aspectos: necessidade ou paixão. A necessidade pode ir embora depois de um tempo; então, o maior fator de motivação em que se pode confiar é a paixão.

(É por isso que o efeito de palestras motivacionais não dura mais do que dois ou três dias, afinal, não se gera impacto pelo que se fala, e sim pelo que move as pessoas).

A motivação é o combustível para a performance. O sucesso, por sua vez, resulta da combinação entre motivação, disciplina, propósito e engajamento. Uma grande crítica que tenho em relação às lideranças em algumas organizações é que elas passam muito tempo falando de estratégia, objetivos, novos modelos de negócio, e pouquíssimo tempo refletindo sobre como fazer o time se sentir parte disso tudo, visando a engajar justamente quem vai executar a estratégia.

A gestão da atualidade deve promover engajamento, satisfação e crescimento dos funcionários, de forma que agregue valor aos clientes internos e externos, fornecedores e acionistas. A Gestão 3.0, como define o autor Jurgen Appelo, estabelece práticas e princípios de modo sistemático para colocar esses objetivos em prática, proporcionando uma gestão mais flexível.

Fica claro, então, que o engajamento vai muito além da satisfação. O sentimento de pertencer, o vínculo criado entre o funcionário e o que ele faz, entrega e enxerga com suas atividades e a empresa gera uma relação de reciprocidade na qual todo mundo ganha. Nesse contexto, o colaborador é um potencial futuro líder, que também vai inspirar e engajar. Cria-se, assim, um ciclo virtuoso.

A Importância da Diversidade

No livro *Ideias Rebeldes*, já mencionado, Matthew Syed define diversidade como *inteligência coletiva* e a aponta como o ingrediente que impulsionou a evolução da nossa espécie. Atualmente, nas organizações, a diversidade deixou de ser uma função social e se consolidou como um fator estratégico, uma vez que empresas mais diversas apresentam resultados muito melhores do que empresas que não têm diversidade.

O mundo hoje é muito mais complexo, competitivo e ágil, e é fundamental ter diferentes cérebros, com pessoas de diferentes origens, gêneros, etnias e backgrounds, que tragam diferentes prismas e experiências.

No que se refere à cultura, a forma como você lida com a diversidade impacta diretamente a sua capacidade de atrair e reter talentos. Cada vez mais as pessoas querem estar em um ambiente que esteja alinhado às suas convicções, e os maiores talentos do mercado (pelo seu poder de escolha) costumam se posicionar de maneira veemente quanto a isso. Os consumidores, por sua vez, têm selecionado as empresas de quem comprarão com base nas atitudes e nos posicionamentos delas, incluindo o impacto social que eventualmente gerem.

A equação da performance, como vimos, é o resultado de talento menos interferências. Em ambientes conservadores e com pouca diversidade, muitos funcionários acabam despendendo uma energia excessiva para se adaptar ou se moldar a um estereótipo que diverge da própria identidade deles, quando toda essa energia — e um vasto potencial criativo — poderia ser direcionada a entregar resultados, se engajar e se desenvolver.

Permitir e incentivar as pessoas a serem quem são, em sua essência, pragmaticamente é fazer com que elas não desperdicem energia se preocupando com julgamentos ou comportamentos que são irrelevantes na entrega dos resultados. O sucesso das organizações, portanto, depende de aproveitar as nossas diferenças e canalizá-las em prol de interesses comuns.

No entanto, diversidade, hoje, tem sido mais uma palavra que está no radar das empresas do que uma prática efetiva. Não adianta, por exemplo, ter um processo seletivo supostamente inclusivo, que analisa currículos às cegas e prioriza a diversidade se a empresa não tiver uma gestão inclusiva, que permita que as pessoas se sintam acolhidas, se sintam efetivamente parte do grupo e possam ser quem são. É preciso ressaltar que promover a diversidade é diferente de prevenir práticas discriminatórias; esta última deve ser uma política, de modo que não haja brecha para tais práticas acontecerem. Lembrando que a discriminação pode ocorrer entre quaisquer colaboradores. A diversidade, por sua vez, resulta na aceitação do diferente, no respeito à multiplicidade.

Vejo empresas investindo muito no recrutamento, porque é isso que aparece para o board ou para a sociedade, mas, quando olhamos para os cargos de liderança, eles são ocupados por pessoas absolutamente homogêneas. Quantas mulheres ou pessoas negras estão em posições de liderança na sua empresa? Crie uma cultura e invista menos na publicidade de tais ações e mais no preparo das lideranças, para que tenha um ambiente de fato inclusivo. Costumo dizer que diversidade é convidar pessoas diferentes para a festa; inclusão é tirá-las para dançar.

Novamente, esqueça a máxima "trate as pessoas como gostaria de ser tratado". O que você deve fazer é tratar as pessoas como elas desejam ser tratadas — não é sobre você, afinal, você não é parâmetro para os demais (e muito menos para o mundo). As pessoas são diferentes, têm pautas e dinâmicas próprias. Uma grande armadilha, nesse sentido, é o nosso viés inconsciente, ligado aos preconceitos que, por razões históricas e culturais, são tão arraigados. Nesse caso, ouvir o outro, de mente aberta e com disposição, é muito importante para criar espaços diversos e uma cultura ainda mais potente.

Os desafios em relação à diversidade podem mudar de país para país, ou até mesmo entre regiões de um mesmo país. Questões de gênero e de orientação sexual são abordadas no mundo todo, apesar de cada país estar em um estágio diferente acerca da discussão sobre o tema; desafios que envolvem, por exemplo, etarismo, capacitismo, racismo, xenofobia, preconceito religioso e de classe, por sua vez, encontram debates muito diferentes ao redor do mundo e também exigem abordagens bastante cuidadosas e inclusivas.

É comum os gestores falarem sobre os resultados da empresa, e eu mesmo, ao longo deste livro, falei diversas vezes sobre "mover o ponteiro" da empresa e gerar resultados, o que pode induzi-lo a pensar que "resultados" e "mover os ponteiros" se referem estritamente a resultados financeiros ou participação de mercado. Isso é um equívoco. A liderança precisa exaltar também a multiplicidade da equipe, as vozes dissonantes que se encontram e buscam pontos de convergência, a correção de um problema ou a nova ideia que só surgiu graças ao grupo heterogêneo que se debruçou sobre ela.

O cérebro humano se expandiu ao longo de milhões de anos estabelecendo relações socioculturais e criando redes de contatos para sobreviver e evoluir. Nós nos diferenciamos dos outros animais, entre outros fatores, pela nossa capacidade de recombinar coletivamente nossas ideias e modificar nossa trajetória. A humanidade, portanto, se consolidou graças à diversidade e depende da diversidade para progredir.

Liderando Líderes

Falamos tanto dessa entidade "empresa" que, muitas vezes, é como se ela fosse uma espécie de criatura ou divindade com vontades próprias. Contudo, trago-lhe notícias chocantes: a empresa não é nada além de um CNPJ, um contrato, e um nome. O que a compõe é o que realmente importa: um conjunto de pessoas. E a forma como esse conjunto de pessoas é organizado e liderado, sim, faz a diferença individual, coletiva, social e economicamente.

Sob essa perspectiva, entendo que as empresas vitoriosas daqui para a frente serão as empresas que têm um propósito sólido — e pessoas alinhadas com ele. Obviamente, não me refiro ao propósito de ganhar dinheiro (ingrediente básico para que ela possa sobreviver). No mundo volátil e disruptivo em que vivemos, sobreviverão as empresas que resolvem um problema da sociedade de uma forma que permita a elas ganhar dinheiro. É preciso, então, identificar quem são as pessoas que ajudarão a resolver esse problema de forma sustentável para o planeta e para a organização e ganharão dinheiro dessa forma.

Aqui jaz o comando e controle. O tal do "manda quem pode, obedece quem tem juízo" morreu! A autoridade sob jugo do poder opressor é ainda mais falha quando se chega ao ponto de liderar outros líderes — sem dúvidas, uma das tarefas mais difíceis da gestão.

Neste capítulo, para consolidar tudo o que venho falando até aqui, a palavra-chave poderia ser "engajamento". Afinal, quanto mais competente e talentosa é essa pessoa, maior a chance de ela não estar lá só pelo dinheiro, mas pelos desafios e pelas conquistas que a esperam; pelo resultado que ela pretende gerar e pela transformação que ela deseja ver na organização e na sociedade, por meio do trabalho. Liderar líderes é, sobretudo, engajar e inspirar.

Chega um momento da nossa carreira em que fazer é fácil; o difícil é fazer fazer. Você terá alcançado esse estágio de maneira bem-sucedida quando sua equipe deixar de fazer as tarefas dela mediante ordens, e sim pela inspiração. É preciso persuadir as pessoas a agir, de modo que elas entendam a importância do que está sendo feito. Seja transparente sobre o que acontece na empresa (o que não for sigiloso, obviamente), sobre o que é importante e o que tem que ser feito.

Escute a todos igualmente. Os líderes que se reportam a você, mais do que ouvir conselhos, querem ser ouvidos, porque eles também têm experiência. Seja capaz de acolher e entender os diferentes pontos de vista, e com isso formar a sua visão e direcionar a empresa.

Outra tarefa importante é viabilizar que as pessoas que estão abaixo de você tenham uma boa relação, criar uma dinâmica de time e gerar colaboração. Quanto mais cresce, maior a chance de elas estarem alinhadas às suas pautas. Gerar um ambiente colaborativo e manter diálogo com todos não pode sair do radar.

Dê autonomia para os seus líderes trabalharem, fortificando um ambiente que empodere pessoas, e conduza a dinâmica de trabalho para o acompanhamento dos resultados, a fim de estabelecer uma disciplina de execução. Reconheça-os como os líderes que são, mostrando o respeito que tem pela experiência deles.

A base da gestão ao liderar outros líderes é a confiabilidade. Por isso, a comunicação é um fator-chave, afinal, será preciso criar conexões e mostrar aos seus subordinados que você se importa com eles, que os projetos deles importam igualmente, e que vocês trabalharão juntos para atingir os objetivos. Reconheça a força que as suas palavras têm. Esta é uma relação ganha-ganha, porque você também poderá contar com essas pessoas.

Não limite sua liderança à posição que ocupa nem faça com que ela dependa do seu carisma. Lidere em função do seu propósito e das suas habilidades.

Semear e Frutificar: Preparando os Sucessores

O melhor termômetro que indica que um líder está no caminho certo é o time funcionar sem ele. Então, esse deve ser o seu norte, até porque você dificilmente será promovido, ganhará novas responsabilidades, ou novos desafios (ou conseguirá tirar férias!), se o time não tiver o mínimo de autonomia. Existe um pensamento antiquado, e muito errado, de que você não pode treinar ninguém, porque essa pessoa pode assumir o seu lugar, então o ideal é deixar a empresa o mais dependente possível de você para garantir o seu emprego.

Esse é o último pensamento que você pode ter. Ele é mesquinho, e pouco ambicioso, pois não lhe permite crescer. Pessoas talentosas dificilmente vão se apegar à estagnação. Então, desapegue, e pense que sua cadeira, um dia, pode ser ocupada por outro. Fazer um mapeamento das pessoas que você tem no time, pensando na sucessão, o ajuda inclusive a mantê-las no radar internamente ou até mesmo em uma futura empresa.

Por outro lado, nunca prometa o seu cargo a ninguém. Por mais talentoso que um colaborador seja, nada pode ser assegurado dessa forma. Uma coisa é a fila andar — você ser promovido ou sair da empresa — e a outra é ser o primeiro da fila.

> As consultoras e especialistas em recursos humanos Norma Dávila e Wanda Piña-Ramirez sugerem que o líder visando a própria sucessão deve:
> - Estabelecer os seus objetivos e resultados esperados.
> - Comunicar o próprio plano aos líderes e aos subordinados com o máximo de transparência.
> - Identificar os cargos cruciais e os possíveis sucessores para cada um deles.
> - Incluir eventuais candidatos externos para eventuais substituições na equipe.
> - Promover ativamente o desenvolvimento dos seus sucessores.
> - Refletir e analisar os aspectos da sucessão em um processo contínuo.

Lembre-se de que o time cresce com os erros. Quanto mais você protege o time, evitando que erre, menos potencial ele desenvolve (evite o tal do paternalismo). Então calibre os erros e entenda que parte deles é o custo de treinamento e desenvolvimento dessas pessoas.

Tenha clareza de quais são os desafios atuais e futuros da sua posição. Seu plano de sucessão também deve estar ligado ao seu plano de contratações para a área. Quando olhar para o seu pipeline de potenciais sucessores, caso faltem pessoas com o perfil necessário, comece a incluir candidatos que possam somar e ajudá-lo a construir o seu plano de sucessão.

E a partir daí teste o seu time. Delegue, dê espaço para as pessoas trabalharem, saia do caminho para que todos possam ter confiança de assumir os próprios riscos e executar. Dessa forma, você entende como pode extrair o máximo de cada um e quão distante estão de uma eventual sucessão.

De modo bem objetivo, vale dizer que todos os colaboradores, inclusive os líderes de qualquer escalão, são pagos para dar resultados. Sobressaem-se aqueles que dão resultados extraordinários.

Em suma, ao caminhar pela trajetória da liderança, você sabe quem você é e o que procura. Dá feedback; constrói um PDI; define metas e objetivos para as pessoas. Trabalha com os incentivos. Cria uma equipe diversa e de alta performance. Entrega resultados. Mostra seu valor. Em um grande tabuleiro de xadrez, todas as peças se movem em sincronia — mas não sem dificuldades — para que não só o trabalho hoje seja feito da melhor forma possível, mas para corrigir os *gaps* na execução de hoje e assegurar a continuidade dos negócios. Assim, você constrói. Cresce. E avança. Rumo ao topo.

Com a palavra...

Andre Mendoza
General Manager Brazil na ISDIN

Era meados de 2011, quando eu trabalhava no quartel general global de uma grande farmacêutica britânica. Eu era diretor de Preços e Licitações para os mercados emergentes, posição que assumi em 2008. Apesar do clima em Londres não ser tão favorável para um carioca, confesso que me adaptei muito bem e tinha uma qualidade de vida excepcional.

Nesse momento, a África era considerada a próxima fronteira dos mercados emergentes e com um potencial enorme de crescimento. Não somente o potencial de negócios, mas também a necessidade e o compromisso crescentes de melhorar o acesso de medicamentos na África Subsaariana. Surgiu, então, uma vaga de gerente-geral para Angola e Moçambique, países nos quais o trabalho era desenvolver o negócio do zero. Por serem países de língua portuguesa, a empresa buscou candidatos nas filiais de Portugal e Brasil, mas não houve interesse. Foi quando eu levantei o braço (figurativamente falando) e aceitei o desafio.

Lá estava: gerente-geral da Angola, um mercado muito pequeno e caótico. Foi muito difícil, mas, depois de um ano muito intenso trabalhando duro para superar todos os tipos de obstáculos, consegui

O CÉU É O LIMITE

estabelecer os canais de distribuição, contratar e treinar pessoas e principalmente ampliar o acesso aos nossos medicamentos. O negócio começava a decolar. Dentro de todas as minhas responsabilidades e objetivos, consegui organizar uma vacinação-piloto para a nossa vacina contra o HPV (Human papiloma virus). Até então era mais um projeto desafiador como outros que havia passado na minha carreira e não medi esforços para concluí-lo. Chegou o dia da vacinação: imagine agora um hospital público em Angola, centenas de pacientes em todo lugar esperando por atendimento médico. Em seguida, havia uma fila enorme de meninas para serem vacinadas e seus pais. Além de funcionários do governo, mídia local e muitas pessoas curiosas. A primeira menina foi vacinada, e algo aconteceu comigo naquele momento. Percebi todo o trabalho duro que eu havia aplicado para que aquele momento acontecesse. E por esse motivo aquela menina estaria protegida contra o HPV e potencialmente não morreria de câncer. É como se de repente eu entendesse por que eu acordava todos os dias para trabalhar.

Aprendi que na África pequenas ações podem fazer uma grande diferença e que tudo é possível, mesmo nas piores condições. O nome dessa menina é Margarida. E essa primeira experiência me levou a sete anos em países diferentes no continente, onde tive a oportunidade de impactar positivamente várias vidas, ser empreendedor e desenvolver negócios éticos e sustentáveis em condições adversas.

Capítulo 18

Erros Comuns que Pessoas Espertas Não Vão Cometer — E Isso Inclui Você

Este é o melhor, ou o pior, jogo dos sete erros de um profissional. Para fechar com chave de ouro, aí vão sete erros para sete momentos da sua carreira, que você, leitor esperto, jamais vai cometer (ou repetir). Lembrando que essas lições são acumulativas, claro.

ERROS COMUNS QUE PESSOAS ESPERTAS NÃO VÃO COMETER...

1. Início de carreira

1. Não cumprir prazos e compromissos acordados.
2. Levar as críticas para o lado pessoal.
3. Acreditar que a empresa é responsável pelo seu desenvolvimento.
4. Confundir autenticidade e personalidade com falta de soft skills.
5. Esperar as demandas e pedidos chegarem até você.
6. Fingir que sabe mais do que realmente sabe.
7. Acreditar que apenas os resultados importam.

2. Quando você quer dar um próximo passo

1. Acreditar que networking é coisa de puxa-saco.
2. Acreditar que a empresa ou seu gestor lhe devem alguma coisa.
3. Esquecer o poder do histórico e da reputação.
4. Ajudar quem gosta e usar regras para não fazer com quem não gosta.
5. Acreditar que as etapas serão claras e o cenário sempre fixo.

LUGAR DE POTÊNCIA

6. Acreditar que só porque faz bem sua função atual, está pronto para a próxima função.

7. Acreditar que basta fazer um bom trabalho para que alguém perceba e o reconheça.

Com a palavra...

Marcelo Miranda
CEO da Consolis Tecnyconta na Espanha

Trabalhei no início de minha carreira em grandes e tradicionais empresas do setor de construção. Empresas com bons resultados, reconhecidas no que faziam, nas quais aprendi muito. Mas duas coisas me incomodavam. Primeiro, o famoso status quo. A cultura de fazer as coisas sempre do mesmo jeito, já que dava certo. E, em segundo, a relação da indústria da construção com o meio ambiente, cujo impacto é relevante, mas na prática pouco estava sendo feito para transformar para melhor.

Tentei dentro de minhas competências ajudar a mudar isso, a implementar mudanças, a criar inovações, a transformar cultura nessas empresas. Mas não consegui. Para mudar algo que está enraizado, precisava de outras competências. E, refletindo, quando você quer fazer algo para ajudar a mudar o mundo, e não está conseguindo, a primeira coisa é mudar a você mesmo. Por menor que acredite ser a sua contribuição.

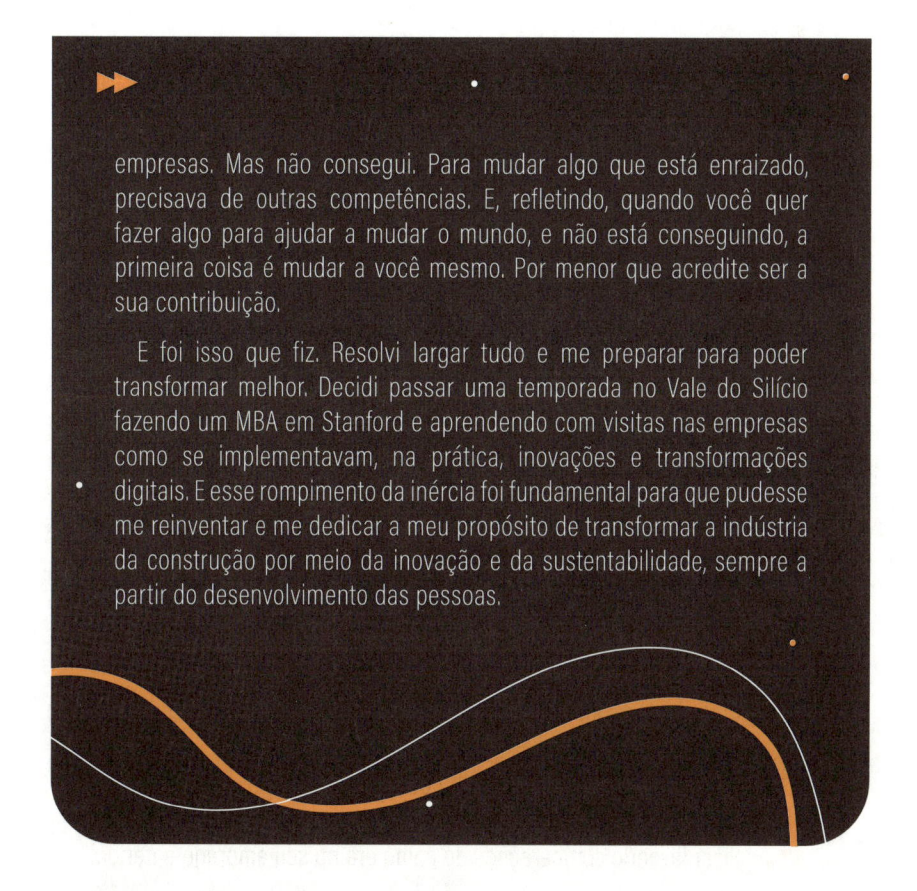

E foi isso que fiz. Resolvi largar tudo e me preparar para poder transformar melhor. Decidi passar uma temporada no Vale do Silício fazendo um MBA em Stanford e aprendendo com visitas nas empresas como se implementavam, na prática, inovações e transformações digitais. E esse rompimento da inércia foi fundamental para que pudesse me reinventar e me dedicar a meu propósito de transformar a indústria da construção por meio da inovação e da sustentabilidade, sempre a partir do desenvolvimento das pessoas.

3. Quando quer mudar de emprego

1. Não saber o que você quer.

2. Não ter uma agenda externa a empresa.

3. Acreditar que a grama do vizinho é sempre mais verde.

4. Não se preparar para as entrevistas.

5. Não sair do seu atual emprego de forma adequada.

6. Tomar decisões baseadas apenas no salário.

7. Olhar apenas para oportunidades iguais a que você tem ou teve.

4. Quando chega a um novo emprego

1. Ter receio de perguntar e esclarecer as dúvidas.

2. Não investir tempo em se aproximar dos veteranos, indiferentemente da posição.

3. Não alinhar expectativas e entregas com seu gestor.

4. Cuidado com quem você se aproxima, não quem te dá atenção primeiro.

5. Esperar por validação de tudo que faz.

6. Ficar fazendo comparações de como era no seu emprego anterior.

7. Não se dedicar a conhecer e se encaixar na cultura da empresa.

Com a palavra...

Paula Harraca
Diretora de Futuro, Estratégia, ESG e Inovação

Quando ingressei na ArcelorMittal, em 2003, ainda era uma "menina" que tinha muitos sonhos a serem alcançados. Eu sabia que ingressar em uma empresa como a ArcelorMittal, me possibilitaria conhecer um novo mundo. Foi então que ambicionei três grandes objetivos no início dessa jornada: aprender coisas novas; ter a oportunidade de vivenciar experiências internacionais dentro da multinacional; e chegar a ser responsável pela área de pessoas.

Mas, quando olho para trás, a história construída por mim foi bem mais longe do que eu imaginei. Durante esses anos, como a boa esportista que fui na adolescência, vesti a camisa do time e encarei muitos desafios. Um deles foi trabalhar em seis países diferentes da América e da Europa, vivenciando a rica e complexa diversidade cultural das muitas plantas do Grupo. Quando cheguei ao Brasil, por exemplo, me encantei com o cuidado com as pessoas e a cultura de segurança. Outro ponto desafiador foi estar à frente de diversas equipes, gerindo e aprendendo.

5. Quando se torna líder

1. Não escutar as pessoas e nem se interessar por elas de forma genuína.
2. Não ser transparente ou prometer o que não está na sua mão.
3. Não priorizar suas responsabilidades como líder.
4. Não saber negociar ou falar não para o seu gestor.
5. Esquecer que seu sucesso será consequência do sucesso do seu time.
6. Não reconhecer suas limitações, tentar ser o herói perfeito.
7. Não ser o exemplo.

6. Quando já é um líder experiente

1. Parar de aprender.
2. Perder o contato com quem está na base da operação.
3. Se deixar consumir pelo dia a dia.
4. Confundir objetivos pessoais com o melhor para a empresa.
5. Não valorizar as pessoas e oportunidades diferenciadas.
6. Ser consumido pela agenda interna e perder contato com o mercado.
7. Descuidar da comunicação e conexão com as pessoas.

Com a palavra...

Mateus Almeida
CFO do Citi Hong Kong

Uma passagem marcante na minha trajetória foi durante a crise financeira global em 2008. No auge da crise, trabalhando como analista financeiro do Citi em Nova York, o time no qual eu trabalhava acabou se tornando parte da Citi Holdings, organização criada pelo Citi para gerenciar e vender negócios considerados não estratégicos para a organização.

Parecia um paradoxo para muitos. O êxito poderia significar um retrocesso na carreira. Para muitos colegas, de fato, foi desafiadora a ideia de trabalhar em uma organização na qual o êxito — a venda dos negócios administrados — significava não ter um trabalho garantido no futuro.

Entendi rapidamente que esta era uma oportunidade única de carreira, em termos de aprendizado e impacto em um momento importante para a empresa, indústria e economia. Compreendi que a trajetória possui a real força que move os nossos propósitos. Insights que o profissional de mercado deve exercitar no seu dia a dia.

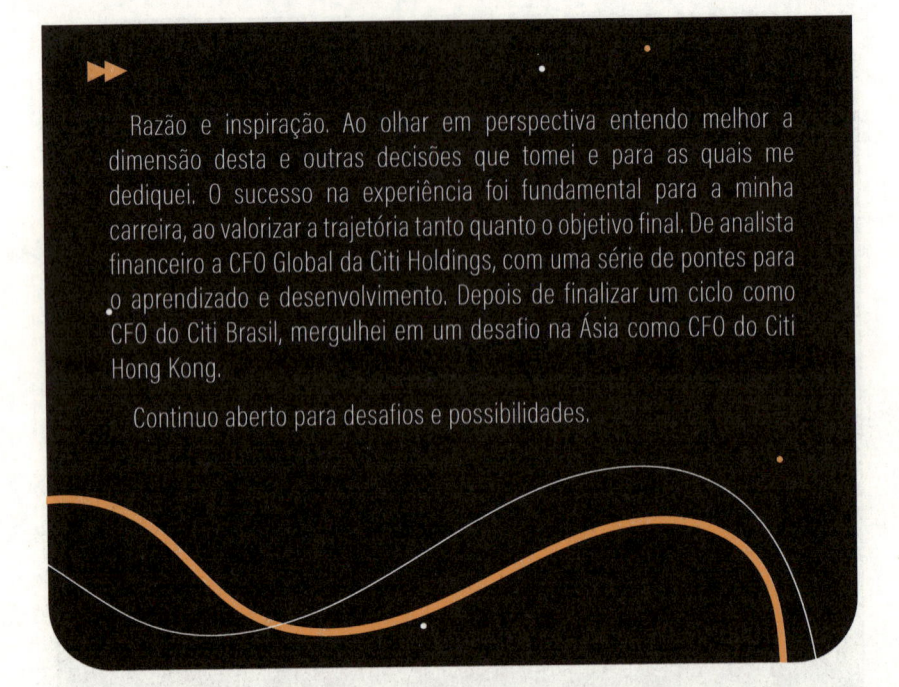

> Razão e inspiração. Ao olhar em perspectiva entendo melhor a dimensão desta e outras decisões que tomei e para as quais me dediquei. O sucesso na experiência foi fundamental para a minha carreira, ao valorizar a trajetória tanto quanto o objetivo final. De analista financeiro a CFO Global da Citi Holdings, com uma série de pontes para o aprendizado e desenvolvimento. Depois de finalizar um ciclo como CFO do Citi Brasil, mergulhei em um desafio na Ásia como CFO do Citi Hong Kong.
>
> Continuo aberto para desafios e possibilidades.

7. Em qualquer fase da sua carreira

1. Não ter humildade para buscar ajuda.
2. Deixar o ambiente ou um gestor impactar na sua motivação.
3. Ter compromisso maior com a sua opinião do que com a solução.
4. Não cuidar da sua saúde física e mental.
5. Não ter objetivos claros.
6. Esquecer o poder do otimismo.
7. Ser consumido pela vaidade.

Com a palavra...

Samantha Politano
Diretora de RH na GOCIL

Nunca fui a melhor aluna da sala, não era a mais inteligente e nem a mais popular; e foi exatamente isso que me fez chegar tão longe em minha carreira profissional. Sim, saber que eu tenho a meu favor a minha força de vontade, minha resiliência para as mais diversas situações e pessoas que me amam ao meu redor para me apoiar, sempre foi o meu maior diferencial.

Se me disponho a fazer um curso, posso não ser a melhor a aluna, e estou longe de ser a mais brilhante da turma, mas sou, sem dúvida, incansável na minha determinação. A mais dedicada, a pessoa presente e participativa, que sempre está disposta a entregar mais, e fazer diferente, disposta a olhar o lado positivo das situações e sempre buscando fazer de todo novo desafio uma longa caminhada de aprendizagem.

Hoje na posição de direção, quando tenho que orientar um profissional iniciante, sempre digo que o meu maior segredo é não ter segredos. Sei que frustro muitos que buscam respostas prontas e rápidas, mas de fato não as tenho. O que digo é: trate sua vida profissional com a mesma intensidade e responsabilidade que você trata o seu final de semana; com a mesma dedicação, empolgação e simplicidade que trata a sua vida pessoal. E procure aprender coisas novas todos os dias, cada dia um pouquinho mais, um pequeno passo por dia. Dessa forma, a aprendizagem é contínua e praticamente sem grandes esforços, evitando o estresse das enormes mudanças!

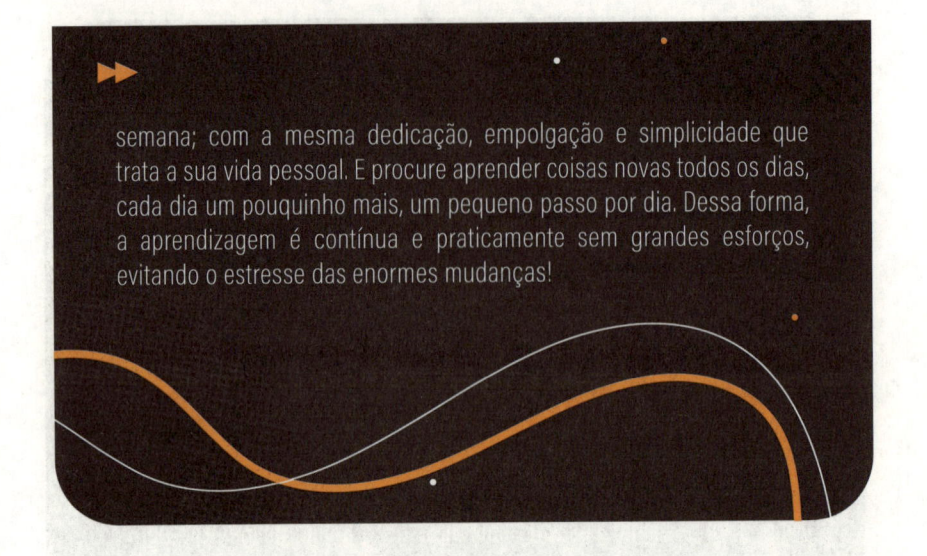

Mapa Mental

No Topo

ENFIM, LÍDER!

- Autogestão
- Gestão do Time
- Gestão da Estratégia e dos Resultados

ALTA PERFORMANCE

→ Formar Sucessores
→ Crescer ainda +

BIBLIOGRAFIA

20 MINUTE MANAGER. *Giving Effective Feedback: Check in regularly Handle tough conversations Bring out the best.* Harvard Business School Publishing Corporation, 2014.

ABRAHAMS, Robin; GROYSBERG, Boris. What Your Brain Needs Now. Harvard Business School, 2020.

ACUFF, Jon. *Do Over Make Today the First Day of Your New Career.* Penguin Random House LLC, 2017.

ADAMS, Scott. Career Advice. Dilbert blog, 2017.

ALVARENGA, Darlan. Desemprego no Brasil salta a taxa recorde de 14,6% no 3º trimestre e atinge 14,1 milhões. G1, 2020.

AMABILE, T., M.; KHAIRE, M. Creativity and the Role of the Leader. Harvard Business Review Home, 2008.

AMABILE, Teresa; KHAIRE, Mukti. Creativity and the role the leader. Publicado em: Blog Join the conversation with Teresa Amabile about the challenges of managing creativity, 2008.

Amazônia: "Mil campos de futebol desmatados por hora em junho e tendência é de piora, indicam especialistas.", Notícias UOL, 2019.

ANDELMAN, Bob; GROPPEL J. L. *The Corporate Athlete: How to Achieve Maximal Performance in Business and Life.* Wiley, 1999.

APPELO, Jurgen. *Managing for Happiness: Games, Tools, and Practices to Motivate Any Team.* Wiley, 2016.

BASAGLIA, Ricardo. Além da Liderança: A visão de um headhunter aplicada à transformação de carreiras.

BASAGLIA, Ricardo. Onboarding: a percepção de profissionais recém-contratados no primeiro ano. Fundação Getúlio Vargas: Escola de administração de empresas de São Paulo, 2019.

BAUER, T. N. SHRM Foundation's Effective Practice Guidelines Series: Onboarding New Employees: Maximizing Success.

BEATO, Singleton; DAY, Charles. The Diversity Leader. Fearless: The Art of Creative Leadership podcast. The Looking Glass, 2018.

BESANKO, D. et. al. *A Economia da Estratégia.* Bookman Editora, 2018.

BESHARA, Tony. *Acing the Interview How to Ask and Answer the Questions That Will Get You the Job!.* AMACOM, 2008.

BOLLES, R. N. *What Color Is Your Parachute? A Practical Manual for Job-hunters And Career-Changers.* Ten Speed Press, 2008.

BRIEF, A. P. *Diversity at Work.* Cambridge UP, 2008.

BRIGHT, Deb. *The Truth Doesn't Have to Hurt: How to Use Criticism to Strengthen Relationships, Improve Performance,* and Promote Change. American Management Association, 2014.

BROWN, Jennifer. *How to Be an Inclusive Leader: Your Role in Creating Cultures of Belonging Where Everyone Can Thrive.* Berrett-Koehler, 2019.

BURNISON, Gary. *Lose the Resume, Land the Job.* Wiley, 2018.

BUSH, M., C.; ONYEAGORO, C.; ROHMAN, J. How You Promote People Can Make or Break Company Culture. Harvard Business Review Home, 2018.

CALDAS, Edson. Não aceite o plano B, diz empreendedor que inspirou "À Procura da Felicidade", Época Negócios, 2017.

CARDOSO, Letícia. No Brasil, cerca de 90% estão infelizes no trabalho. Extra, 2018.

"Certas músicas deixam profissionais mais confiantes antes de entrevista de emprego", diz pesquisa. Extra, 2014.

CHANDLER, M. T. *How Performance Management Is Killing Performance–and What to Do About It.* Berrett-Koehler, 2016.

CHARAN, Ram. *Leaders at All Levels: Deepening Your Talent Pool to Solve the Succession Crisis.* Jossey-Bass, 2007.

CHARAN, Ram; WILLIGAN, Geri. *The High-Potential Leader: How to Grow Fast, Take on New Responsibilities, and Make an Impact.* Wiley, 2017.

CHRISTIANSEN, Lilith; STEIN, M. A. *Successful Onboarding: Strategies to Unlock Hidden Value Within Your Organization.* McGraw-Hill, 2010.

COSTA, Armando Dalla. História e historiografia empresarial: acesso e utilização de arquivos e fonte. Texto publicado como capítulo de livro in: DALLA COSTA, A. e GRAF, M. Estratégias de desenvolvimento urbano e regional (orgs.), 2004.

COVEY, R. S. *Os 7 Hábitos das Pessoas Altamente Eficazes.* Best Seller, 2017.

COVEY, S. M. R.; MERRILL, R. R. *The Speed of Trust The One Thing That Changes Everything.* Simon & Schuster, 2006.

COVEY, S.; HULING, J.; MCCHESNEY, C. *As 4 Disciplinas da Execução.* Alta Books, 2018.

COWIE, Denise; PACHTER, Barbara. *The Essentials of Business Etiquette: How to Greet, Eat, and Tweet Your Way to Success.* McGraw-Hill, 2013.

DAHL, Jean. *Leading Lean: Ensuring Success and Developing a Framework for Leadership.* O'Reilly, 2020.

DÁVILA, Norma; PIÑA-RAMIREZ, Wanda. *Passing the Torch: A Guide to the Succession Planning Process.* ATD, 2015.

DE SOUZA, T.; CAPPI, L. G. Bacharéis obsoletos em 10 anos. Eu, Estudante, 2017.

DEAL, J. J.; LEVENSON, A. Generational Conflict at Work: separating fact from fiction. SHRM Foundation.

DUARTE, S.; DWECK, C. *Mindset: A nova psicologia do sucesso.* Objetiva, 2017.

DUNNING, Donna. *10 Career Essentials Putting Your Personality Type to Work.* Nicholas Brealey Publishing, 2010.

EDMONDSON, A. C. *A organização sem medo: Criando segurança psicológica no local de trabalho para aprendizado, novação e crescimento.* Alta Books, 2020.

FEITOSA, C., D., A.; FERNANDES, M., A. Afastamentos laborais por depressão. Universidade Federal do Piauí, 2020.

FILHO, Alfredo Lamy. A Função Social da Empresa e o Imperativo de sua Reumanização. 1992.

FOWLER, Susan. *Why Motivating People Doesn't Work... and What Does.* Berrett-Koehler, 2014.

FOX, J. J. *How to Become a Great Boss: The Rules for Getting and Keeping the Best Employees.* Hyperion, 2002.

GALLO, Amy. Giving a High Performer Productive Feedback. Harvard Business Review Home, 2009.

GALLO, Amy. How to Give Your Boss Feedback. Harvard Business Review Home, 2010.

GARNER, Janine. *It's Who You Know: How a Network of 12 Key People Can Fast-track Your Success.* Wiley, 2017.

GRANT, Maddie; NOTTER, Jamie. *When Millennials Take Over: Preparing for the Ridiculously Optimistic Future of Business.* Ideapress, 2015.

GURNEY, D. W. *Never Apply For A Job Again!: Break the Rules, Cut the Line, Beat the Rest.* Career Press, 2012.

HADEN, Jeff. *The Motivation Myth: How High Achievers Really Set Themselves Up to Win.* Penguin Random House LLC, 2018.

HALVORSON, Heidi Grant. *9 Atitudes das Pessoas Bem-Sucedidas.* Sextante, 2014.

HAUDAN, Jim. *The Art of Engagement: Bridging the Gap Between People and Possibilities.* McGraw-Hill, 2008.

HAWK. Ryan. *Welcome to Management: How to Grow from Top Performer to Excellent Leader.* McGraw-Hill, 2020.

HEADWORTH, Andy. *Social Media Recruitment: How to Successfully Integrate Social Media into Recruitment Strategy.* Kogan Page, 2015.

HEDGES, Kristi. 5 Questions to Help Your Employees Find Their Inner Purpose. Harvard Business Review Home, 2017.

HEEN, Sheila; STONE, Douglas. *Obrigado pelo Feedback: A ciência e a arte de receber bem o retorno de chefes, colegas, familiares e amigos.* Companhia das Letras, 2016.

HILL, A.; HILL, D.; RICHARDSON, S. *Dealing With The Tough Stuff: How To Achieve Results From Key Conversations.* Wiley, 2012.

HOEKSTRA, Judd; PETERSON, Rick. *Crunch Time: How to Be Your Best When It Matters Most.* Berrett-Koehler, 2017.

HUNKINS, Alain. *Cracking the Leadership Code: Three Secrets to Building Strong Leaders.* Wiley, 2020.

JEFFREY, Scot. How to Craft a Personal Development Plan That Inspires Meaningful Results.

JOHNSON, Kerry. *Novo mindset, novos resultados.* Alta Books, 2020.

JUNIOR, Luis Vabo. Tudo que você precisa saber sobre o Framework Find-Grow-Value para aumentar os resultados do seu negócio! Alémdafacul.

KLEIN, Gary. *Seeing What Others Don't The Remarkable Ways We Gain Insights.* Public Affairs, 2013.

KNAFLIC, Cole Nussbaumer. *Storytelling with Data: A Data Visualization Guide for Business Professionals.* Wiley, 2015.

KRASMAN, Michael. Three Must-Have Onboarding Elements for New and Relocated Employees. Publicado online em Wiley Online Library, 2015.

KRUSE, Kevin. *15 Secrets Successful People Know About Time Management: The Productivity Habits of 7 Billionaires, 13 Olympic Athletes, 29 Straight-A Students, and 239 Entrepreneurs.* Kruse Group, 2015.

LAI, Lisa. Managing When the Future Is Unclear. Harvard Business Review Home, 2019.

LAI, Lisa. Strategic Thinking: Managing When the Future Is Unclear. 2019.

BIBLIOGRAFIA

LENCIONI, Patrick. *Os 5 Desafios das Equipes*. Sextante, 2015.

LENCIONI, Patrick. *The Ideal Team Player: How to Recognize and Cultivate The Three Essential Virtues*. Jossey-Bass, 2016.

LOEHR, Jim; SCHWARTZ, Tony. *The Power of Full Engagement: Managing Energy, Not Time, is the Key to High Performance and Personal Renewal*. Division of Simon & Schuster, 2003.

MAIDIQUE, A.; N. J. HILLER. The Mindsets of a Leader Modesto. MIT Sloan Management Review, 2018.

MARGOLIS, S. L. *Job Seeker Manual: A Step-by-Step Guide for Using Culture Fit to Find the Right Workplace for You*. Workplace Culture Institute, 2016.

MAXWELL, J. C. *Leadershift 11 Essential Changes Every Leader Must Embrace*. HarperCollins Leadership, 2019.

MAXWELL, J. C. *The 17 Indisputable Laws of Teamwor*. Thomas Nelson, 2001.

MCKEOWN, Max. *Adaptability: The art of winning in an age of uncertainty*. Kogan Page, 2019.

MCSILL, James. *5 Lições de Storytelling: Fatos, Ficção e Fantasia*. DVS Editora, 2015.

MEFANO, Arnaldo. Guia para um Perfil de Sucesso no LinkedIn. Por Arnaldo Mefano, 2014.

MITCHELL, Pamela. *The 10 Laws of Career Reinvention: Essential Survival Skills for Any Economy*. Prentice Hall Press, 2011.

MORGAN, Jacob. *The Future Leader: 9 Skills and Mindsets to Succeed in the Next Decade*. Wiley, 2020.

MORGENSTERN, Julie. *Never Check E-mail in the Morning: And Other Unexpected Strategies for Making Your Work Life Work*. Fireside Books, 2005.

MUSSER, Chris. Give Employees the Right Kind of Feedback at the Right Time. Gallup, Inc, 2019.

MUSSI, Veronica. Dicas para montar um perfil atraente LinkedIn. 21212 Academy, 2015.

NAIMAN, Linda. What is Creativity? (And why is it a crucial factor for business success?).

NOSSEL, Murray. *Powered by Storytelling: Excavate, Craft, and Present Stories to Transform Business Communication*. McGraw-Hill, 2018.

PETERSON, Joel. *The 10 Laws of Trust: Building the Bonds That Make a Business Great*. AMACOM, 2016.

PINCUS, Marilyn. *Managing Difficult People: A Survival Guide For Handling Any Employee*. Adams Media, 2004.

POZEN, Robert. *Extreme Productivity: Boost Your Results, Reduce Your Hours*. HarperBusiness, 2012.

PRICE, Colin; TOYE, Sharon. *Accelerating Performance: How Organizations Can Mobilize, Execute, and Transform with Agility*. Wiley, 2017.

Resumes and Cover Letters: An Extension School Resource. Harvard Extension School, 2020.

ROBERTO, A. Michael. *Unlocking Creativity: How to Solve Any Problem and Make the Best Decisions by Shifting Creative Mindsets*. Wiley, 2019.

ROBINSON, Ken. *Out of Our Minds: The Power of Being Creative*. Capstone, 2017.

ROSENBERG, M. B. *Comunicação Não Violenta: Técnicas para aprimorar relacionamentos pessoais e profissionais*. Editora Ágora, 2006.

ROSS, J. *Everyday Bias: Identifying and Navigating Unconscious Judgments in

Our Daily Lives. Rowman & Littlefield Publishing Group, 2014.

ROTHWELL, W. J. *Effective Succession Planning: Ensuring Leadership Continuity and Building Talent from Within*. AMACOM, 2001.

RUSSEL, Jeffrey; RUSSEL, Linda. *Fearless Performance Reviews: Coaching Conversations that Turn Every Empoyee into a Star Player*. McGraw-Hill, 2013.

RYE, David E. *1,001 Ways to Get Promoted*. Career Press, 2000.

SALACUSE, J. W. *Leading Leaders: How to Manage Smart, Talented, Rich, and Powerful People*. AMACOM, 2005.

Salário mínimo ideal ao brasileiro é de R$ 4,3 mil, diz Dieese. Istoé Dinheiro, 2020.

SALMON, Michael. *Super Networking Reach the Right People, Build Your Career Network, and Land Your Dream Job-Now!* Career Press, 2003.

SHCH, Anastacia. The Role of Creativity in Business: 5 ways organizations can benefit from encouraging creativity in the workplace. 2020.

SOLOMON, Muriel; HAKIM, Amy C. *Working with Difficult People*. Penguin Group, 2002.

SUSS, Liana. Candidato tem cinco minutos para causar uma boa impressão. Gazeta do Povo, 2015.

SUTTON, Richard. *The Stress Code: From Surviving to Thriving*. Pan Macmillan, 2018.

SYED, Matthew. *Ideias Rebeldes: A diversidade de pensamento transformando mentes*. Alta Life, 2021.

TALEB, Nassim N. *Antifragile: Things That Gain from Disorder*. Random House, 2012.

WATKINS, Michael. *The First 90 Days: Critical Success Strategies for New Leaders at All Levels*. Harvard Business Review Press, 2003.

WEINSTEIN, Louisa. *The 7 Principles of Conflict Resolution: How to resolve disputes, defuse difficult situations and reach agreement*. FT Publishing, 2018.

WESTLAKE, Jaclyn. The Ultimate Job Search Guide: Literally Everything You Need to Know to Land a Job You'll Love. The Muse, 2020.

WICKRE, Karen. *Taking the Work Out of Networking: An Introvert's Guide to Making Connections That Count*. Simon & Schuster, 2018.

WILDE, Sari; ROCA, Jaime. *The Connector Manager: Why Some Leaders Build Exceptional Talent-And Others Don't*. Portfolio, 2019.

WILKINSON, David.*The Ambiguity Advantage: What Leaders are Great at*. Palgrave Macmillan, 2006.

WONG, Kristin. A Woman's Guide to Salary Negotiation: Women face unique challenges when it comes to negotiating. Use this guide to project assertiveness and confidence and earn your true value. *The New York Times*, 2019.

ZACHARY, J, Lois. *The Mentor's Guide: Facilitating Effective Learning Relationships*. Jossey-Bass, 2011.

ZAGURI, Yanay. 5 Steps to Create a Successful Onboarding Process. Kryon Sistems.

ZAHARIADES, Damon. *The Procrastination Cure: 21 Proven Tactics For Conquering Your Inner Procrastinator, Mastering Your Time, And Boosting Your Productivity!* Publicação Independente, 2017.

ZAHARIADES, Damon. *To-Do List Formula: A Stress-Free Guide To Creating To-Do Lists That Work!* Publicação Independente, 2016.

ZANUTIM, Claudio. *Como Construir Objetivos & Metas Atingíveis*. DVS Editora, 2018.

Índice

A

acionar seu networking
    lista norteadora, 223
a regra dos 6, 234
autoconhecimento
    Roda da Vida, 46
        ferramenta, 46

B

barreiras da distância, 8
bloqueador de carreira, 171
brilho no olho, 38
    vontade de vencer, 38

C

comportamento evitativo, 133
cultivar seu netweaver, 63
currículo certeiro, 237
custo
    da transação, 66
    de entrada, 10
    de influência, 306

D

discernir e diferenciar
    sentimentos, 102
diversidade, 373
    inteligência coletiva, 373
    multiplicidade da equipe, 376

E

efeito Netflix, 175
employer branding, 323
equação da performance, 31
escutatória, 100

F

fase REM, 201
feedback
    de avaliação, 180
    de coaching, 180
    de reconhecimento, 180
    modelo SCI, 183
formação da cultura
    potências, 331

framework
  5 Cs, 288
  Find-Grow-Value, 370

G

gerente conector, 119
gestão
  3.0, 373
  da energia, 197
grupos de alumni, 117

H

habilidades
  convencionais, 69
  de autoconhecimento, 45
  de reflexão, 13
  estratégicas
    exemplos, 369
  intelectuais, 15
  tribais, 70
hora da entrevista, 256
  erros para não cometer, 260
  evite fazer críticas, 264
  follow-up, 271
  perguntas
    sobre a empresa, 268
    sobre função/cargo, 268
  proposta de remuneração, 273
hunting ground, 318

J

janela de Johari
  ferramenta de autoconhecimento, 228

L

liderança, 296
  desenvolvimento, 297
  principais habilidades, 309
liderar líderes, 378
lifelong learning, 167
longevidade profissional, 23

M

método
  educacional, 16
  STAR, 265
  VAC, 166
mindset
  certo, 41
  de aprendizado, 41
  ideal, 43

comportamento benéfico, 43
força de vontade, 43
fuja do pensamento de negação, 43
método "se-então", 43
monitorar o progresso, 43
ser otimista e realista, 43

modelo
de integração, 287
de metas SMART, 342
pontos norteadores, 342
roadmap, 342
expositivo, 170

mundo
BANI, 10
do imediatismo, 24
VUCA, 10

N

negócios
evolução, 7

networking, 115

nova empresa
elevator pitch, 287
fase de descoberta, 285
framework do onboarding, 286
4 Cs, 287

O

objetivo
da crítica, 107
imaginário, 36

orçamento para investir, 146

otimismo realista, 90

P

plano
de ação
5W2H, 343
mitigar fracos, 343
potencializar pontos fortes, 343
de carreira, 141
de contratações, 380
de desenvolvimento individual
mensurar o avanço, 341
PDI, 341
de sucessão, 380

poder
coercitivo, 368
de decisão, 360
legítimo, 368
por imagem, 368
poses de, 101

R

recrutamento
- ferramentas, 326
- por competências, 32
- por propósito, 32
- redes sociais, 332
- técnico, 32
- tipos de serviço, 245
    - assessment, 247
    - coaches de carreira, 248
    - job boards, 247
    - outplacement, 246

rede de conexões
- quem evitar, 119

relações
- de confiança, 156
- éticas, 17
- interpessoais
    - dinâmica, 56
- saudáveis, 17

S

síndrome do impostor, 161
solucionador de problemas, 161
storytelling, 97

T

teoria de múltiplas inteligências, 61
- autoconhecimento, 61
- interpessoal, 61
- intrapessoal, 61

V

valor
- para a empresa, 152
- para o mercado, 151

vieses inconscientes, 108

visão
- analítica, 70
- da árvore, 21
- da floresta, 21
- de futuro, 89

vitalidade intelectual, 42

W

worklife balance, 196

Z

zona de conforto
- ampliar, 233

Projetos corporativos e edições personalizadas
dentro da sua estratégia de negócio. Já pensou nisso?

Coordenação de Eventos
Viviane Paiva
viviane@altabooks.com.br

Assistente Comercial
Fillipe Amorim
vendas.corporativas@altabooks.com.br

A Alta Books tem criado experiências incríveis no meio corporativo. Com a crescente implementação da educação corporativa nas empresas, o livro entra como uma importante fonte de conhecimento. Com atendimento personalizado, conseguimos identificar as principais necessidades, e criar uma seleção de livros que podem ser utilizados de diversas maneiras, como por exemplo, para fortalecer relacionamento com suas equipes/ seus clientes. Você já utilizou o livro para alguma ação estratégica na sua empresa?

Entre em contato com nosso time para entender melhor as possibilidades de personalização e incentivo ao desenvolvimento pessoal e profissional.

PUBLIQUE SEU LIVRO

Publique seu livro com a Alta Books.
Para mais informações envie um e-mail para: autoria@altabooks.com.br

/altabooks   /alta-books   /altabooks   /altabooks

CONHEÇA OUTROS LIVROS DA ALTA BOOKS

Todas as imagens são meramente ilustrativas.

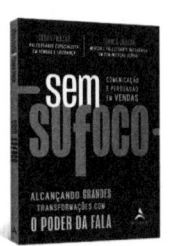